Economics Applied Mathematics

经济应用数学

刘静　李凤 /主编

山东人民出版社
国家一级出版社　全国百佳图书出版单位

图书在版编目（CIP）数据

经济应用数学/刘静，李凤主编.--济南:山东人民出版社，2016.9（2025.1重印）

ISBN 978-7-209-09714-7

Ⅰ.①经… Ⅱ.①刘… ②李… Ⅲ.①经济数学-高等职业教育-教材 Ⅳ.①F224.0

中国版本图书馆CIP数据核字(2016)第144673号

经济应用数学

刘 静　李 凤　主编

主管单位　山东出版传媒股份有限公司

出版发行　山东人民出版社

社　　址　济南市市中区舜耕路517号

邮　　编　250003

电　　话　总编室（0531）82098914

　　　　　市场部（0531）82098027

网　　址　http://www.sd-book.com.cn

印　　装　日照报业印刷有限公司

经　　销　新华书店

规　　格　16开（184mm×260mm）

印　　张　17.25

字　　数　340千字

版　　次　2016年9月第1版

印　　次　2025年1月第7次

ISBN 978-7-209-09714-7

定　　价　48.00元

前言

为了满足高职高专教育应用型人才培养目标的要求，适应高职院校课程改革发展的需要，以教育部《关于全面提高高等职业教育教学质量的若干意见》为指导编写了这本《经济应用数学》。在编写过程中，坚持“应用为目的，必须够用为度，学有所需，学有所用”的定位原则，以培养造就高职院校学生可持续发展的职业能力和迁移能力为目标，全面提升学生素质。作为一门面向高职学生的基础课程，重组教材结构，精选教学内容，以培养学生职业能力所需的数学知识为核心，以实际岗位能力为需求，以项目及任务教学模式为主导进行教学设计。在保证高职数学教学“必需、够用、会用”基础上，突出“两个结合、两个服务”的特色，一要结合高等数学基础知识与基本能力要求，二要结合运用现代化教学手段；一要服务于专业的应用实践，二要立足于学生的职业岗位所需的数学能力，服务于学生的后续工作。

本教材有以下特点：

一、教材采用了项目化教学模式，将经济应用数学整个内容设计分为四个项目：经济现象的描述、分析与计算；经济问题的数表处理、优化设计；经济现象的推断分析；经济问题数学实验。每一部分设计遵循“案例驱动，任务导向”的原则，体现高职特色的“任务式”教学方法，适合高职高专人才培养目标和经济管理类专业学生的实际水平及专业需求。难度适中，淡化理论重视应用，数学知识表达准确，课程内容设计新颖独特，便于教师教学和学生学习。

二、强化学生应用能力的培养，注重数学思想和方法在实际生活中的应用。教材编写重构了课程知识的教学体系，体现了数学课程教学与学生专业需求之间的关系，实际应用的案例使学生将数学知识转化为应用的技能和解决问题的能力，引导学生突显数学知识在实际问题中的应用性，展现数学运用的魅力，使数学的工具性得到充分的体现。

三、注重培养学生利用计算机和数学软件计算求解数学问题的实际应用能力，将数学演算转变为以计算机专业软件为主的数学操作，开展数学实验。教材的编写充分体现MATLAB软件与微积分、线性代数、概率论与数理统计的教学紧密结合的特点；实现图形的可视化，进行简单的数学建模。既能提高学生的综合实践动手能力，又让学生充分认知现代工具的快捷性和实用性。

四、精选例题习题，题型注重多样化、多层次。将习题融入专业知识背景，提供了生动的实例，每节后面配有同步练习题，适合数学基础相对薄弱的高职学生；每章配有习题与自测题，自测题分基础题和提高题，以便实施分层教学，满足不同基础的学生学习的需要，拓宽了学生知识面，培养了学生解决实际问题的能力。

本书数学知识内容主要包括函数、极限与连续、导数与微分、导数应用、不定积分、定积分、行列式、矩阵、线性方程组、线性规划、随机事件与概率、随机变量的概率分布及其数字特征、数理统计初步、数学实验等内容。教材内容精炼而丰富，重点突出，层次分明。

在本书的编写过程中，参考了李润英老师《经济应用数学》教材和陈笑缘老师《经济数学》教材，参考了有关数学实验等方面的书籍，在此向作者表示衷心感谢。

另外，参加本书编写的人员还有：王红、王桂珍、杨志刚、秦国明。

由于我们水平所限，书中不当之处敬请读者和同仁给予批评指正。

编　者

2016年7月

目录

项目一

经济现象的描述、分析与计算

知识目标

1. 掌握简单的数学建模;
2. 理解极限思想,掌握运用运算法则求简单函数的极限;
3. 理解导数定义,掌握运用导数的计算公式进行导数运算;
4. 理解边际与弹性的数学原理及经济含义;掌握解决实际问题的方法;
5. 掌握不定积分与定积分的定义及计算.

能力目标

1. 能根据收入、成本、利润等实际问题进行简单的数学建模;
2. 根据运算法则会求简单函数的极限;
3. 根据导数的计算公式会求导数;
4. 能根据边际与弹性的数学原理分析边际的经济含义,并会解决实际问题;
5. 能根据公式求不定积分与定积分;并能根据积分的思想解决实际经济问题.

本项目共有三个任务: 任务一:极限与连续

任务二:导数与微分

任务三:不定积分与定积分

任务一 极限与连续

1-1 函数建模与经济数学模型

创设情境

在社会经济活动中,往往会涉及一些经济变量,它们之间有着各种依存关系.用数学方法解决问题时,就要找出这些经济变量之间的函数关系,然后利用微积分等知识分析这些经济函数的特性,建立数学模型.下面介绍一些常见的经济函数模型.

案 例 某商品当售价为每件70元时,市场需求量为0.9万件,若该商品每件降低3元,需求量将增加0.03万件;当售价为每件70元时,生产厂商愿意向市场提供1万件商品,若该商品每件增加3元,生产厂商就多提供0.06万件商品,当商品售价为多少元时,商品的需求与供给达到平衡?(设需求与供给均为线性函数)

任务导入 任务一:由实际问题建立需求、价格与供给函数模型;

任务二:运用函数模型探讨实际经济问题的解决.

知识掌握

一、需求函数、价格函数与供给函数模型

(一)需求函数

消费者愿意购买而且有支付能力购买的商品数量称为需求(或需求量).消费者对某种商品的需求量,与消费者的人数、收入、习惯、嗜好、季节以及该商品的价格等诸多因素有关.为简化分析,假定其他因素不变,只考虑商品的价格对需求量的影响,为此建立商品的需求量 Q 与该商品价格 p 的函数关系,称其为需求函数,记为 $Q=Q(p)$,其中价格 p 是自变量,$p\geq 0$.

一般地,需求量随价格上涨而减少,因此需求函数是价格的单调递减函数.在企业管理和经济学中常见的需求函数有:

线性需求函数：$Q=a-bp$，其中 $b\geqslant0$，$a\geqslant0$ 均为常数；

二次曲线需求函数：$Q=a-bp-cp^2$，其中 $b\geqslant0$，$a\geqslant0$，$c\geqslant0$ 均为常数；

指数需求函数：$Q=Ae^{-bp}$，其中 $A\geqslant0$，$b\geqslant0$ 均为常数.

（二）价格函数

需求函数 $Q=Q(p)$ 的反函数就是价格函数，记作 $p=p(Q)$.

价格函数也反映商品的需求与价格的关系，所以它也称为需求函数.

（三）供给函数

在市场经济规律作用下，市场上某种商品的供应量（称为商品供给量）的大小依赖于该商品的价格高低. 影响商品供给量的因素很多，通常情况下最重要的因素是商品价格，记商品供给量为 S，p 为商品的价格，则商品供给量 S 是价格 p 的函数，称为供给函数，记作 $S=S(p)$.

一般地，商品供给量随商品价格的上涨而增加. 商品供给函数 S 是商品价格 p 的单调递增函数. 常见的供给函数有：

线性供给函数：$S=ap-b(a>0,b>0)$；

二次供给函数：$S=ap^2+bp-c(a>0,b\geqslant0,c>0)$；

指数供给函数：$S=Ae^{kP}-B(B>A>0,k>0)$.

需求函数与供给函数可以用来分析市场规律. 若把需求曲线和供给曲线（供给函数的图形）画在同一坐标系中（如图 1－1－1），则由于需求函数 Q 是单调递减函数，供给函数 S 是单调递增函数，所以它们将相交于一点 (p_0,Q_0). 这里的 p_0 就是使供、需平衡的价格，叫作均衡价格，Q_0 就是均衡商品量.

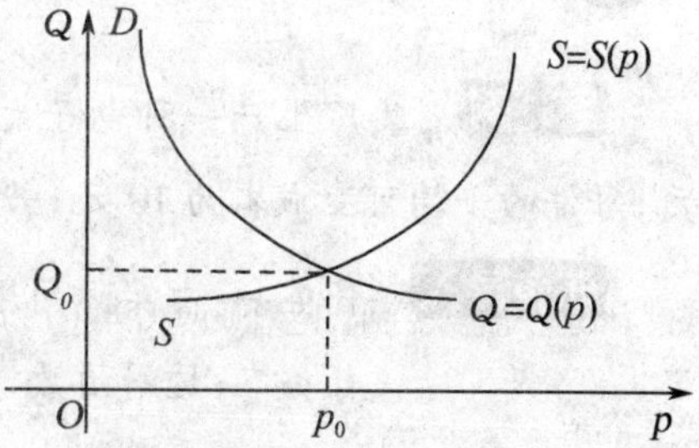

图 1－1－1

在市场经济中，当某种商品的价格小于均衡价格时，反映在市场上就会出现 $Q>Q_0$，即出现“供不应求”的局面，这时将会导致该商品的价格上涨；当商品的价格大于均衡价格时，反映在市场上就会出现 $Q<Q_0$，即出现“供过于求”的局面，这时将会导致该商品的价格下跌. 在纯粹的市场经济中，商品的价格 p 的变动取决于市场的供需关系，它总是围绕着均衡价格 p_0 左右摆动，这就是所谓的供求规律.

案例的讨论解决

讨论分析：该案例分为三步解决

（1）求该商品的线性需求函数；

（2）求该商品的线性供给函数；

（3）求当商品售价为多少元时，商品的需求与供给达到平衡？

解：(1)设线性需求函数为 $Q=a-bp$，

则 $\begin{cases}0.9=a-70b,\\0.93=a-67b,\end{cases}$

解得 $a=1.6, b=0.01$，所以需求函数为 $Q=1.6-0.01p$.

(2)设线性供给函数为 $S=ap-b$，

则 $\begin{cases}1=70a-b,\\1.06=73a-b,\end{cases}$ 解得 $a=0.02, b=0.4$，

所以供给函数为 $S=0.02p-0.4$.

(3)由供需均衡条件 $S=Q$，得 $1.6p-0.01p=0.02p-0.4$，解得 $p=66.7$，即当商品售价为66.7元时，商品的需求与供给达到平衡.

应用训练：

例1 设需求函数 $Q=53-2p^2$，供给函数 $S=p-2$，求均衡价格和均衡商品量.

解：根据供需均衡的条件，则 $p-2=53-2p^2$，解得 $p_1=-5.5, p_2=5$.

由于价格不取负值，故得均衡价格 $p=5$，均衡商品量 $Q=5-2=3$.

创设情境

案 例 某厂生产一种电子元件，设计能力为日产100件，每日的固定成本为150元，每件的平均可变成本为10元；若每件售价14元，求该商品经营活动的无盈亏点.

任务导入 任务一：由实际问题建立常见的成本、收益与利润函数模型；

任务二：运用函数模型探讨实际经济问题的解决.

知识掌握

二、成本函数、收益函数与利润函数

(一)成本函数

产品的生产需要有场地(厂房)、机器设备、劳动力、能源、原材料等投入，称之为生产成本. 在成本投入中可分为两部分，一是不随产品产量变化而变化的固定成本，如厂房、设备等，常用 C_0 表示；二是随产品产量的变化而变化的可变成本，如原材料、能源等，常用 $C_1(q)$ 表示，q 是产品产量.

生产 q 个单位产品时的可变成本 $C_1(q)$ 与固定成本 C_0 之和，称为总成本函数，记作 $C(q)=C_0+C_1(q)$；总成本函数是一个单调递增函数.

只给出总成本不能说明企业生产的好坏，经济分析中常用到平均成本. 生产 q 个单位产品时的平均成本，记作 $\overline{C}(q)$，即 $\overline{C}(q)=\frac{C(q)}{q}=\frac{C_0}{q}+\frac{C_1(q)}{q}$.

(二)收益函数

总收益是销售者售出一定数量商品所得的全部收入，常用 $R(q)$ 表示；设商品的销售量为 q，单位价格为 p，则总收益函数 $R(q)=pq$；平均收益是单位商品的销售价格，常用 $\overline{R}(q)=\frac{R(q)}{q}=p$ 表示.

(三)利润函数

生产一定数量产品的总收益与总成本之差就是它的总利润，记作 $L(q)=R(q)-C(q)$，其中 q 是产品销量；它的平均利润记作 $\overline{L}=\overline{L}(q)$.

利润函数 $L(q)$ 出现了三种情形：

(1) $L(q)=R(q)-C(q)>0$，此时称为有盈余生产，即生产处于有利润状态；

(2) $L(q)=R(q)-C(q)<0$，此时称为亏损生产，即生产处于亏损状态；

(3) $L(q)=R(q)-C(q)=0$，此时称为无盈亏生产，则把无盈亏生产时的产量记为 q_0，称为盈亏转折点或保本点. 无盈亏分析常用于企业经营管理和经济学中分析各种定价和生产决算.

案例的讨论解决

讨论分析：该案例分为三步解决

(1)求该商品的总成本函数；

(2)求该商品的收益函数；

(3)求该商品的产量为多少时，商品的成本与收益达到平衡？

解：(1)总成本函数为 $C(q)=150+10q, q\in[0,100]$；

(2)收益函数为 $R(q)=14q, q\in[0,100]$；

(3)根据题意得：$C(q)=R(q)$，即 $150+10q=14q$，解得 $q=37.5$，故该商品经营活动的无盈亏点为 $q=37.5$.

应用训练：

例 2　某厂生产某种产品的最大生产能力为 5000 个单位，至少要生产 1000 个单位；固定成本为 2000 元，每生产 1 个单位产品，变动费用增加 10 元，试求总成本函数和平均成本函数.

解：根据题意，生产 q 个单位产品的可变成本为 $10q$ 元，而固定成本为 2000 元，所以总成本函数为

$$C(q)=2000+10q,q\in[1000,5000].$$

平均成本函数为

$$\overline{C}(q)=\frac{2000}{q}+10,q\in[1000,5000].$$

例 3　设某商品的价格函数是 $p=50-\frac{1}{5}q$，试求该商品的收益函数，并求出销售 10 件商品时的总收益和平均收益.

解：收益函数为 $R=pq=50q-\frac{1}{5}q^2$，

平均收益 $\overline{R}=\frac{R}{q}=p=50-\frac{1}{5}q$.

由此得到销售 10 件商品时的总收益和平均收益分别为

$$R(10)=50\times10-\frac{1}{5}\times10^2=480,$$

$$\overline{R}(10)=50-\frac{1}{5}\times10=48.$$

例 4　已知生产某种商品 q 件时的总成本(单位:万元)为 $C(q)=10+6q+0.1q^2$，如果该商品的销售单价为 9 万元，试求：

(1)该商品的总利润函数；

(2)生产 10 件该商品时的总利润和平均利润；

(3)生产 30 件该商品时的总利润.

解：(1)该商品的总收益函数 $R(q)=9q$，从而总利润函数为

$$L(q)=R(q)-C(q)=3q-10-0.1q^2.$$

(2)生产 10 件该商品时的总利润为

$$L(10)=3\times10-10-0.1\times10^2=10(\text{万元}),$$

此时的平均利润为

$$\overline{L}(10)=\frac{L(10)}{10}=\frac{10}{10}=1(\text{万元/件}).$$

(3)生产 30 件该商品时的总利润为

$$L(30)=3\times30-10-0.1\times30^2=-10(\text{万元}).$$

例 5　已知某一商品销售 q 件的成本函数为 $C(q)=12+3q+q^2$，若销售单价为 11 元/件，试求：

(1)该商品经营活动的无盈亏点；

(2)若每天销售 10 件该商品，为了不亏本，销售单价应定为多少才合适？

解：(1)利润函数

$$L(q)=R(q)-C(q)$$
$$=11q-(12+3q+q^2)$$
$$=8q-12-q^2.$$

由 $L(q)=0$，即 $8q-12-q^2=0$，解得两个盈亏点 $q_1=2$ 和 $q_2=6$.

由 $L(q)=(2-q)(q-6)$ 可以看出，当 $q<2$ 或 $q>6$ 时，都有 $L(q)<0$，这时生产经营是亏损的；当 $2<q<6$ 时 $L(q)>0$，生产经营是赢利的. 因此，$q=2$ 件和 $q=6$ 件分别是盈利的最低产量和最高产量.

(2)设定价为 p 元/件，则利润函数 $L(q)=R(q)-C(q)=pq-(12+3q+q^2)$，为使生产经营不亏本，须有 $L(10)\geqslant 0$，即 $10p-142\geqslant 0$，也就是 $p\geqslant 14.2$.

所以，为了不亏本，销售单价应不低于 14.2 元/件.

同步练习 1-1

1. 某厂生产一种元器件，设计能力为日产 120 件. 每日的固定成本为 200 元，每件的平均可变成本为 10 元.

(1)试求该厂此元器件的日成本函数及平均成本函数；

(2)若每件售价 15 元，试写出总收入函数；

(3)试写出利润函数并求盈亏转折点.

2. 某商品的成本函数(单位：元)为 $C=81+3q$，其中 q 为该商品的数量. 问：

(1)如果商品的售价为 12 元/件，该商品的保本点是多少？

(2)售价为 12 元/件时，售出 10 件商品的利润为多少？

(3)该商品的售价为什么不应定为 2 元/件？

3. 某商品的需求函数为 $Q=20-3p$，供给函数 $S=5p-4$，求：

(1)该商品的总收益函数；

(2)该商品的均衡价格及此时的总收入.

1-2 无限中的有限

创设情境

案例 1 公元前三百年左右，我国战国时期的哲学著作《庄子》记载："一尺之棰，日取其半，万世不竭."意思是说：一根一尺长的木棒，每天截去一半，永远也截不完. 我们用

数学的思想去理解，如果令天数为 n，第 n 天后剩下的部分为 a_n，这样就得到一个数列

$$\frac{1}{2},\frac{1}{2^2},\frac{1}{2^3},\cdots,\frac{1}{2^n},\cdots,$$

问剩余的棒长$\left\{\frac{1}{2^n}\right\}$的变化趋势如何？

案例 2 考察一个人沿直线朝着路灯正方向走时，其影子的长度如何变化？

任务导入 极限的概念及运算

知识掌握

一、极限的概念

(一)数列的极限

在案例 1 中，显然木棒的长度越来越少，可以想象当天数 n 无限增大时，剩余的棒长无限趋近于 0，这个例子反映了一类数列的共同特性——收敛性. 这就是我们要讨论的数列的极限问题.

定义 1　设有数列 $\{a_n\}$，如果当 n 无限增大时，a_n 无限趋近于某一常数 A，则称数列 $\{a_n\}$ 以 A 为极限，或称数列 $\{a_n\}$ 收敛于 A. 记为

$$\lim_{n\to\infty}a_n = A \text{ 或 } a_n\to A(n\to\infty).$$

案例1的讨论解决

$\lim\limits_{n\to\infty}\frac{1}{2^n}=0$ 或 $\frac{1}{2^n}\to 0(n\to\infty)$.

应用训练：

例 1　考察下列数列，写出它们的极限：

(1) 数列$\left\{\frac{n}{n+1}\right\}$；

(2) 数列$\left\{2+\frac{(-1)^n}{n}\right\}$；

(3) 数列$\{2n-1\}$；

(4) 数列$\left\{\frac{1+(-1)^{n+1}}{2}\right\}$.

解：数列趋近于某常数的方式有多种情况，$\left\{\frac{n}{n+1}\right\}$趋近 1 的方式是从 1 的左侧向 1 趋近；$\left\{2+\frac{(-1)^n}{n}\right\}$趋近于 2 的方式是从 2 的左右两侧向 2 趋近；数列$\{2n-1\}$当 $n\to\infty$ 时，数

列各项的值也无限增大,从而不能趋近于任何一个常数;而数列$\left\{\frac{1+(-1)^{n+1}}{2}\right\}$当 $n\to\infty$ 时,它的各项在 1、0 这两个数值之间跳跃,即随着 n 的无限增大,数列也不趋近于任何常数,所以这两个数列都没有极限.

若一个数列没有极限,则称这个数列不收敛或称其为发散数列.

(二)函数的极限

函数的极限分为两类:一类是当自变量 x 的绝对值无限增大(记为 $x\to\infty$)时,函数 $f(x)$ 的极限;另一类是当自变量 x 无限趋近于一个定点 x_0(记为 $x\to x_0$)时,函数 $f(x)$ 的极限.

1. $x\to\infty$ 时,函数 $f(x)$ 的极限

在数列极限中,记号 $n\to\infty$ 的意义是指数列的项数按自然数的顺序无限增大. 而函数的自变量 $x\to\infty$ 是指 x 的绝对值无限增大,它包含以下两种情况:

(1) x 取正值无限增大,记为 $x\to+\infty$;

(2) x 取负值,其绝对值无限增大,记为 $x\to-\infty$.

如果 $x\to+\infty$ 和 $x\to-\infty$ 两种情况都存在,则可以合并记为 $x\to\infty$.

例如观察一下函数 $f(x)=\frac{1}{x}$,当 $x\to\infty$ 时它的变化趋势.

由图 1-2-1 可以看出,不论当 $x\to+\infty$ 还是当 $x\to-\infty$ 时,$f(x)=\frac{1}{x}$ 都无限趋近于常数 0,即当自变量 $x\to\infty$ 时,函数 $f(x)=\frac{1}{x}$ 的极限是 0.

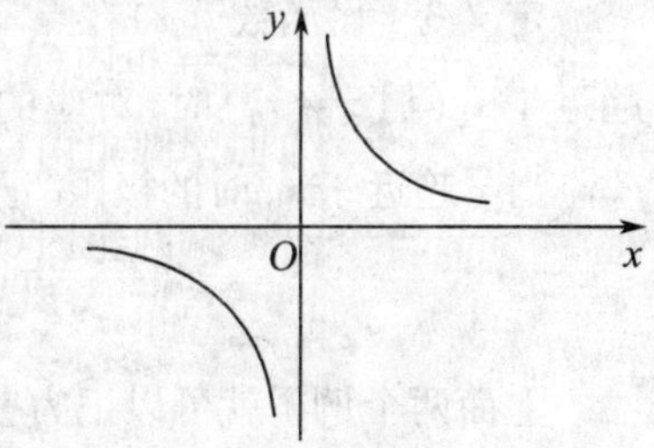

图 1-2-1

定义 2　如果当 x 的绝对值无限增大时,函数 $f(x)$ 无限趋近于常数 A,则称常数 A 为函数 $f(x)$ 当 x 趋于无穷大时的极限. 记为 $\lim\limits_{x\to\infty}f(x)=A$ 或 $f(x)\to A(x\to\infty)$.

对于 $f(x)=\frac{1}{x}$ 有 $\lim\limits_{x\to\infty}\frac{1}{x}=0$.

类似地,如果当 $x\to+\infty$(或 $x\to-\infty$)时,函数 $f(x)$ 无限趋近于一个常数 A,那么常数 A 就叫作当 $x\to+\infty$(或 $x\to-\infty$)时,函数 $f(x)$ 的极限. 记为

$\lim\limits_{x\to+\infty}f(x)$ 或 $\lim\limits_{x\to-\infty}f(x)=A$.

例如,由函数 $y=\arctan x$ 的图像知(附录 1)

$$\lim_{x\to+\infty}\arctan x=\frac{\pi}{2},\ \lim_{x\to-\infty}\arctan x=-\frac{\pi}{2},\ \lim_{x\to\infty}\arctan x\text{ 不存在.}$$

例 2　作下列函数的图像并判断是否有极限.

(1) $\lim\limits_{x\to\infty}\left(2+\frac{1}{x}\right)$;(2) $\lim\limits_{x\to+\infty}\left(\frac{1}{2}\right)^x$;(3) $\lim\limits_{x\to-\infty}2^x$.

解：分别做出函数 $y=2+\frac{1}{x}$，$y=\left(\frac{1}{2}\right)^x$ 和 $y=2^x$ 的图像（如图 1-2-2、1-2-3）.

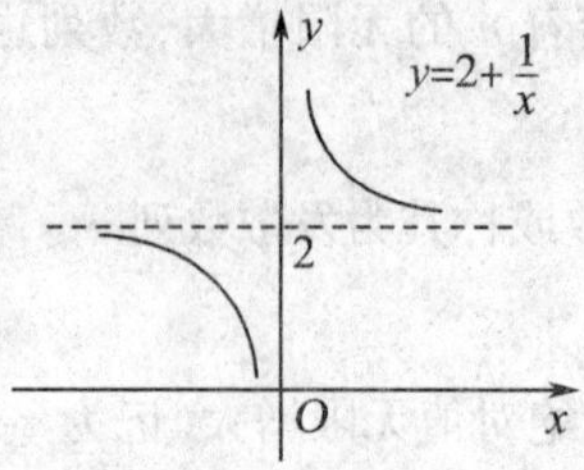

图 1-2-2

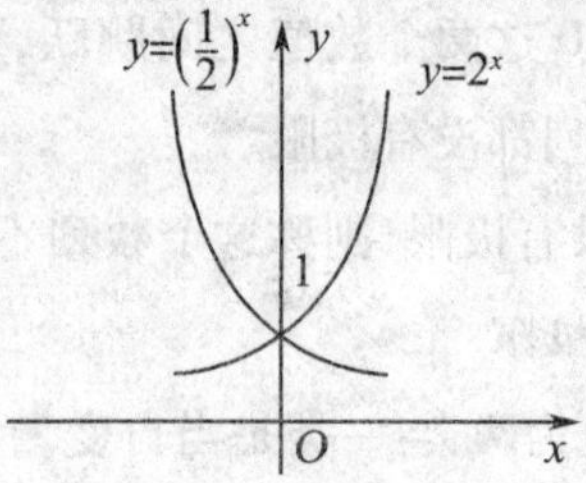

图 1-2-3

由图像可以看出 $\lim\limits_{x\to\infty}\left(2+\frac{1}{x}\right)=2$，$\lim\limits_{x\to+\infty}\left(\frac{1}{2}\right)^x=0$，$\lim\limits_{x\to-\infty}2^x=0$.

2. $x\to x_0$ 时，函数 $f(x)$ 的极限

对于函数 $f(x)=x^2+1$，当 $x\to2$ 时，容易看出函数 $f(x)$ 的函数值就无限趋近于 5；而函数 $f(x)=\frac{x^2-1}{x-1}$，当 $x\to1$，但 $x\neq1$ 时，对应的函数值也越来越趋近于 2.

上面两个例子有一个共同的特点是当 $x\to x_0$（但 $x\neq x_0$）时，对应的函数值 $f(x)$ 趋近于某一个常数 A，这时称当 $x\to x_0$ 时函数 $f(x)$ 存在极限 A.

定义 3　设函数 $f(x)$ 在点 x_0 的某一邻域内（可以是空心邻域）有定义，如果当 x 无限趋近于 x_0（但 $x\neq x_0$）时，对应的函数值 $f(x)$ 无限趋近于某一常数 A，则称常数 A 为函数 $f(x)$ 当 x 趋近于 x_0 时的极限. 记为

$$\lim_{x\to x_0}f(x)=A \text{ 或 } f(x)\to A(x\to x_0).$$

上面两个例子就可以记为 $\lim\limits_{x\to2}(x^2+1)=5$，$\lim\limits_{x\to1}\frac{x^2-1}{x-1}=2$.

注意：当 $x\to x_0$ 时，函数 $f(x)$ 的极限与函数在 x_0 点是否有定义及如何定义无关. 因为极限研究的是当 $x\to x_0(x\neq x_0)$ 时，函数 $f(x)$ 的变化趋势，是对其在该点附近的动态变化情况的描述，而不是其在该点上的静态描述.

在上述函数极限的讨论中，自变量 x 从 x_0 的两侧趋近于 x_0 的极限都存在且相等，但有些函数只是 x 从一侧趋近于 x_0 时函数有极限，下面给出函数左右极限的概念.

定义 4　(1) 如果当 x 从 x_0 的左侧（$x<x_0$）趋近于 x_0 时，对应的函数值 $f(x)$ 无限趋近于常数 A，则称常数 A 为函数 $f(x)$ 在 x_0 点的左极限. 记为

$$\lim_{x\to x_0^-}f(x)=A \text{ 或 } f(x)\to A(x\to x_0^-).$$

(2) 如果当 x 从 x_0 的右侧（$x>x_0$）趋近于 x_0 时，对应的函数值 $f(x)$ 无限趋近于常数 A，则称常数 A 为函数 $f(x)$ 在 x_0 点的右极限. 记为

$$\lim_{x\to x_0^+}f(x)=A \text{ 或 } f(x)\to A(x\to x_0^+).$$

定理1　函数$f(x)$当$x\to x_0$时极限存在的充分必要条件是$f(x)$在x_0处左右极限都存在且相等. 即

$$\lim_{x\to x_0}f(x)=A\Leftrightarrow\lim_{x\to x_0^-}f(x)=\lim_{x\to x_0^+}f(x)=A.$$

例3　设$f(x)=\begin{cases}1,x<0,\\x,x\geqslant0,\end{cases}$讨论当$x\to0$时,$f(x)$的极限是否存在.

解:因为$\lim\limits_{x\to0^-}f(x)=\lim\limits_{x\to0^-}1=1,\lim\limits_{x\to0^+}f(x)=\lim\limits_{x\to0^+}x=0.$

所以,由定理1可知当$x\to0$时,$f(x)$不存在极限

例4　求当$x\to0$时,$f(x)=|x|$的极限.

解:$f(x)=|x|=\begin{cases}-x,x<0;\\x,x\geqslant0.\end{cases}$

因为$\lim\limits_{x\to0^+}f(x)=\lim\limits_{x\to0^+}x=0,\lim\limits_{x\to0^-}f(x)=\lim\limits_{x\to0^-}(-x)=0.$

所以,由定理1可得$\lim\limits_{x\to0}|x|=0.$

案例2的讨论解决

如图1-2-4所示,设人到灯正下方那一点的距离为x,人的影子长为y,灯离地面高为h_1,人高为h_2,则由相似三角形比例关系得$\frac{h_1}{h_2}=\frac{x+y}{y}$,即$y=\frac{h_2x}{h_1-h_2}=kx$(其中$k=\frac{h_2}{h_1-h_2}$).

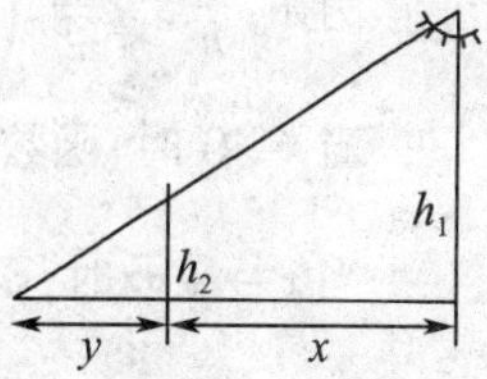

图1-2-4

显然,当此人向目标行进时,x越来越趋向于0,其影子长度y将越来越短,即y逐渐趋于0.

同步练习　1-2-1

1. 当$n\to\infty$时,下列数列极限存在的是(　　).

A. n　　B. n^2　　C. 2^n　　D. $\frac{1}{n}$

2. 当$n\to\infty$时,下列数列极限是1的是(　　).

A. $\frac{1}{n+1}$　　B. $\left(\frac{1}{2}\right)^n$　　C. $2+\frac{1}{n}$　　D. $\frac{n+1}{n}$

3. 当$x\to$______时,变量x^2-1的极限是0.

4. 极限$\lim\limits_{x\to\infty}\frac{1}{x}=$(　　).

A. 0　　B. 1　　C. 2　　D. 不存在

5. 极限 $\lim\limits_{x\to\infty}\arctan x=(\quad)$.

A. $\dfrac{\pi}{2}$　　B. $-\dfrac{\pi}{2}$　　C. 0　　D. 不存在

6. 设函数 $f(x)=\begin{cases}2x, x\geqslant 0,\\ x^2, x<0,\end{cases}$ 问极限 $\lim\limits_{x\to 0}f(x)$ 是否存在？若存在，求出 $\lim\limits_{x\to 0}f(x)$.

7. 设函数 $f(x)=\begin{cases}a, x>0,\\ 1+x^2, x<0,\end{cases}$ 且极限 $\lim\limits_{x\to 0}f(x)$ 存在，求 a 的值.

二、无穷小量与无穷大量

无穷小量与无穷大量是两个具有重要地位的特殊变量.

(一)无穷小量

1. 无穷小量的定义

定义　在某一变化过程中，以零为极限的变量称为该变化过程中的无穷小量，简称无穷小.

例如，$\dfrac{1}{n}, -\dfrac{1}{n^2}, \left(\dfrac{1}{2}\right)^n$ 都是当 $n\to\infty$ 这一变化过程中的无穷小量.

当 $x\to 0$ 时，函数 x^3, $\sin x$, $\tan x$ 都是无穷小量.

当 $x\to+\infty$ 时，函数 $\dfrac{1}{x^2}, \left(\dfrac{1}{2}\right)^x, \dfrac{\pi}{2}-\arctan x$ 都是无穷小量.

注意：无穷小量表达的是变量的变化状态，不是一个绝对值很小的常数，而是某个变化过程中的变量. 例如，由 $\lim\limits_{x\to 0}x^2=0$ 知，x^2 是 $x\to 0$ 时的无穷小；但由 $\lim\limits_{x\to 2}x^2=4$ 知，x^2 不是 $x\to 2$ 时的无穷小. 由于常数 0 的极限是 0，所以 0 是一个特殊的无穷小量.

例 5　自变量在怎样的变化过程中，下列函数为无穷小.

(1) $y=\dfrac{1}{x+1}$；　(2) $y=x-1$；　(3) $y=e^x$；　(4) $y=\left(\dfrac{1}{2}\right)^x$.

解：(1) 因为 $\lim\limits_{x\to\infty}\dfrac{1}{x+1}=0$，所以 $\dfrac{1}{x+1}$ 是 $x\to\infty$ 时的无穷小；

(2) 因为 $\lim\limits_{x\to 1}(x-1)=0$，所以 $x-1$ 是 $x\to 1$ 时的无穷小；

(3) 因为 $\lim\limits_{x\to-\infty}e^x=0$，所以 e^x 是 $x\to-\infty$ 时的无穷小；

(4) 因为 $\lim\limits_{x\to+\infty}\left(\dfrac{1}{2}\right)^x=0$，所以 $\left(\dfrac{1}{2}\right)^x$ 是 $x\to+\infty$ 时的无穷小.

2. 无穷小量的性质

性质 1　有限个无穷小量的代数和仍为无穷小量.

性质 2　有限个无穷小量的乘积仍为无穷小量.

性质3 有界变量与无穷小量的积仍为无穷小量.

例6 求极限 $\lim\limits_{x\to+\infty}\dfrac{1}{x^2}\sin x$.

解:因为 $x\to+\infty$ 时,函数$\dfrac{1}{x^2}$为无穷小量,$\sin x$ 为有界函数,

所以由性质3可知 $\lim\limits_{x\to+\infty}\dfrac{1}{x^2}\sin x=0$.

(二)无穷大量

1. 无穷大量的定义

定义 如果在某一变化过程中,函数 $f(x)$ 的绝对值 $|f(x)|$ 可以无限增大,则称变量 $f(x)$ 是这一变化过程中的无穷大量,简称无穷大. 记作 $\lim f(x)=\infty$.

相应地,若函数值 $f(x)$ [或 $-f(x)$] 无限增大,则称 $f(x)$ 为该变化过程中的正(或负)无穷大,记作 $\lim f(x)=+\infty$ [或 $\lim f(x)=-\infty$].

例如,函数 $f(x)=\dfrac{1}{x^2}$ 是 $x\to0$ 时的无穷大,可记为 $\lim\limits_{x\to0}\dfrac{1}{x^2}=\infty$;$2^x$ 是 $x\to+\infty$ 时的正无穷大,可记为 $\lim\limits_{x\to+\infty}2^x=+\infty$;$\ln x$ 是 $x\to0^+$ 时的负无穷大,可记为 $\lim\limits_{x\to0^+}\ln x=-\infty$.

注意:无穷大量也是变量,与自变量的变化过程相关,它不是一个绝对值很大的常数. 这里借用 $\lim f(x)=\infty$ 表示 $f(x)$ 是一个无穷大量,并不表示 $f(x)$ 的极限存在.

(三)无穷大量与无穷小量的关系

定理2 在自变量的同一变化过程中,无穷大量的倒数是无穷小量,非零无穷小量的倒数是无穷大量.

例如,当 $x\to-1$ 时,函数 $f(x)=x+1$ 是无穷小量,则$\dfrac{1}{f(x)}=\dfrac{1}{x+1}$是无穷大量;当 $x\to\infty$ 时,$f(x)=x+1$ 是无穷大量,则$\dfrac{1}{f(x)}=\dfrac{1}{x+1}$是无穷小量.

同步练习 1-2-2

1. 下列变量当 $x\to0$ 时是无穷小量的是( ).

A. $x+1$　　B. $x-1$　　C. $x+2$　　D. $2x$

2. 变量 $x-1$ 当 $x\to$( )时是无穷小量.

A. 0　　B. 1　　C. 2　　D. ∞

3. 下列变量在给定变化过程中是无穷小量的是( ).

A. $x-1(x\to1)$　　B. $x-1(x\to0)$　　C. $x-1(x\to2)$　　D. $x-1(x\to\infty)$

4. 下列变量在给定变化过程中不是无穷小量的是(　　).

A. $x(x\to1)$　　B. $x(x\to0)$　　C. $x-1(x\to1)$　　D. $x-2(x\to2)$

5. 下列判断正确吗?

(1)当 $x\to0$ 时,变量 x^2-1 是无穷小量;　　(　　)

(2)当 $x\to1$ 时,变量 x^2-1 是无穷小量;　　(　　)

(3)当 $x\to\pm1$ 时,变量 x^2-1 是无穷小量.　　(　　)

三、极限的四则运算

根据自变量的变化过程函数极限有以下七种情形:

$\lim\limits_{n\to+\infty}f(n)$, $\lim\limits_{x\to+\infty}f(x)$, $\lim\limits_{x\to-\infty}f(x)$, $\lim\limits_{x\to\infty}f(x)$, $\lim\limits_{x\to x_0}f(x)$, $\lim\limits_{x\to x_0^-}f(x)$, $\lim\limits_{x\to x_0^+}f(x)$.

下面以 $\lim\limits_{x\to x_0}f(x)$ 为例,讨论函数极限的性质和四则运算法则.

设当 $x\to x_0$ 时,函数 $f(x)$ 和 $g(x)$ 分别以常数 A 和 B 为极限,则可以证明以下运算法则成立(证明从略).

法则 1　两个函数代数和的极限等于它们极限的代数和. 即

$$\lim_{x\to x_0}[f(x)\pm g(x)]=\lim_{x\to x_0}f(x)\pm\lim_{x\to x_0}g(x)=A\pm B.$$

法则 2　两个函数乘积的极限等于它们极限的乘积. 即

$$\lim_{x\to x_0}f(x)g(x)=\lim_{x\to x_0}f(x)\lim_{x\to x_0}g(x)=AB.$$

推论 1　函数中的常数因子可以提到极限符号外边. 即

$$\lim_{x\to x_0}Cf(x)=C\lim_{x\to x_0}f(x)=CA(C\text{ 为常数}).$$

推论 2　$\lim\limits_{x\to x_0}[f(x)]^m=[\lim\limits_{x\to x_0}f(x)]^m=A^m$($m$ 为正整数).

法则 3　两个函数商的极限,当分母的极限不为零时,等于这两个函数的极限的商. 即

$$\lim_{x\to x_0}\frac{f(x)}{g(x)}=\frac{\lim\limits_{x\to x_0}f(x)}{\lim\limits_{x\to x_0}g(x)}=\frac{A}{B}(B\neq0).$$

法则 1 和法则 2 可以推广到有限个极限存在的函数的情形,即

$$\lim_{x\to x_0}[f_1(x)\pm f_2(x)\pm\cdots\pm f_m(x)]=\lim_{x\to x_0}f_1(x)\pm\lim_{x\to x_0}f_2(x)\pm\cdots\pm\lim_{x\to x_0}f_m(x),$$

$\lim\limits_{x\to x_0}[f_1(x)\cdot f_2(x)\cdots f_m(x)]=\lim\limits_{x\to x_0}f_1(x)\cdot\lim\limits_{x\to x_0}f_2(x)\cdots\lim\limits_{x\to x_0}f_m(x)$,其中 m 是正整数.

利用极限的性质和运算法则很容易求出一些较为复杂的函数极限.

应用训练:

例 7　求 $\lim\limits_{x\to2}(x^2-2x+3)$.

解: $\lim\limits_{x\to2}(x^2-2x+3)=\lim\limits_{x\to2}x^2-\lim\limits_{x\to2}2x+\lim\limits_{x\to2}3=(\lim\limits_{x\to2}x)^2-2\lim\limits_{x\to2}x+3$

$=4-4+3=3.$

例 8　求 $\lim\limits_{x\to1}\dfrac{x+1}{x^2-x+1}$.

解:因为 $\lim\limits_{x\to1}(x^2-x+1)=\lim\limits_{x\to1}x^2-\lim\limits_{x\to1}x+\lim\limits_{x\to1}1=1^2-1+1=1\neq0$,

所以 $\lim\limits_{x\to1}\dfrac{x+1}{x^2-x+1}=\dfrac{\lim\limits_{x\to1}(x+1)}{\lim\limits_{x\to1}(x^2-x+1)}=\dfrac{2}{1}=2$.

从例 7、例 8 可以看出,求当 $x\to x_0$ 时有理整函数(多项式)和有理分式函数(分母的极限不为零)的极限,只要把 x_0 的值代入函数就可以了.

设多项式 $f(x)=a_0x^n+a_1x^{n-1}+\cdots+a_n$,则

$$\begin{aligned}\lim_{x\to x_0}f(x)&=\lim_{x\to x_0}(a_0x^n+a_1x^{n-1}+\cdots+a_n)\\&=a_0(\lim_{x\to x_0}x)^n+a_1(\lim_{x\to x_0}x)^{n-1}+\cdots+a_n\\&=a_0x_0^n+a_1x_0^{n-1}+\cdots+a_n\\&=f(x_0).\end{aligned}$$

对于有理分式函数 $f(x)=\dfrac{P(x)}{Q(x)}$,式中 $P(x)$,$Q(x)$ 均为多项式,$Q(x_0)\neq0$,

有 $\lim\limits_{x\to x_0}f(x)=\lim\limits_{x\to x_0}\dfrac{P(x)}{Q(x)}=\dfrac{\lim\limits_{x\to x_0}P(x)}{\lim\limits_{x\to x_0}Q(x)}=\dfrac{P(x_0)}{Q(x_0)}=f(x_0)$.

例 9　求 $\lim\limits_{x\to3}\dfrac{x+4}{x-3}$.

解:因为当 $x\to3$ 时,分母的极限 $\lim\limits_{x\to3}(x-3)=0$,不能直接利用法则 3,但是当 $x\to3$ 时,分子的极限 $\lim\limits_{x\to3}(x+4)=7$,所以 $\lim\limits_{x\to3}\dfrac{x-3}{x+4}=0$,由无穷大与无穷小的倒数关系,$\lim\limits_{x\to3}\dfrac{x+4}{x-3}=\infty$.

例 10　求 $\lim\limits_{x\to2}\dfrac{x^2-x-2}{x-2}$.

解:因为当 $x\to2$ 时,分母的极限 $\lim\limits_{x\to2}(x-2)=0$,所以不能直接利用法则 3,但是当 $x\to2$ 时,可以有 $x\neq2$,即 $x-2\neq0$,因而可以约去分子分母中不为零的公因式 $x-2$,得到

$$\lim_{x\to2}\frac{x^2-x-2}{x-2}=\lim_{x\to2}\frac{(x-2)(x+1)}{x-2}=\lim_{x\to2}(x+1)=2+1=3.$$

例 11　求极限 $\lim\limits_{x\to1}\left(\dfrac{1}{1-x}-\dfrac{3}{1-x^3}\right)$.

解:因为当 $x\to1$ 时,$\dfrac{1}{1-x}$ 和 $\dfrac{3}{1-x^3}$ 的极限均不存在,因此不能直接利用运算法则 1,可以先将函数恒等变形,得

$$\frac{1}{1-x}-\frac{3}{1-x^3}=\frac{1+x+x^2-3}{1-x^3}=\frac{(x+2)(x-1)}{1-x^3}=-\frac{x+2}{x^2+x+1},$$

所以 $\lim\limits_{x\to1}\left(\dfrac{1}{1-x}-\dfrac{3}{1-x^3}\right)=\lim\limits_{x\to1}\left(-\dfrac{x+2}{x^2+x+1}\right)=-1.$

例 12　求 $\lim\limits_{x\to\infty}\dfrac{x^3-2x^2+3}{3x^3+x^2-4x+1}$.

解:因为当 $x\to\infty$ 时,分子和分母都不存在极限,所以不能直接利用法则 3,但是可以先将分子分母同除以 x^3,然后再取极限,得

$$\lim_{x\to\infty}\frac{x^3-2x^2+3}{3x^3+x^2-4x+1}=\lim_{x\to\infty}\frac{1-\frac{2}{x}+\frac{3}{x^3}}{3+\frac{1}{x}-\frac{4}{x^2}+\frac{1}{x^3}}=\frac{\lim\limits_{x\to\infty}\left(1-\frac{2}{x}+\frac{3}{x^3}\right)}{\lim\limits_{x\to\infty}\left(3+\frac{1}{x}-\frac{4}{x^2}+\frac{1}{x^3}\right)}$$

$$=\frac{\lim\limits_{x\to\infty}1-\lim\limits_{x\to\infty}\frac{2}{x}+\lim\limits_{x\to\infty}\frac{3}{x^3}}{\lim\limits_{x\to\infty}3+\lim\limits_{x\to\infty}\frac{1}{x}-\lim\limits_{x\to\infty}\frac{4}{x^2}+\lim\limits_{x\to\infty}\frac{1}{x^3}}=\frac{1-0+0}{3+0-0+0}=\frac{1}{3}.$$

例 13　求极限 $\lim\limits_{x\to\infty}\dfrac{2x^2+3x-2}{x^4-1}$.

解:因为当 $x\to\infty$ 时,分子和分母都不存在极限,因此不能直接利用运算法则 3 来求极限,但可将分子分母同除以 x^4 后再求极限,得

$$\lim_{x\to\infty}\frac{2x^2+3x-2}{x^4-1}=\lim_{x\to\infty}\frac{\frac{2}{x^2}+\frac{3}{x^3}-\frac{2}{x^4}}{1-\frac{1}{x^4}}=\frac{0}{1}=0.$$

例 14　求极限 $\lim\limits_{x\to\infty}\dfrac{x^4-1}{2x^2+3x-2}$.

解:由于 $\lim\limits_{x\to\infty}\dfrac{2x^2+3x-2}{x^4-1}=0$,即$\dfrac{2x^2+3x-2}{x^4-1}$在 $x\to\infty$ 时是无穷小量,则$\dfrac{x^4-1}{2x^2+3x-2}$在 $x\to\infty$ 时是无穷大量,所以 $\lim\limits_{x\to\infty}\dfrac{x^4-1}{2x^2+3x-2}=\infty$.

从上面例 12、例 13 及例 14 可以看出,当 $x\to\infty$ 时,有理分式函数极限有以下结论:

$$\lim_{x\to\infty}\frac{a_0x^n+a_1x^{n-1}+\cdots+a_n}{b_0x^m+b_1x^{m-1}+\cdots+b_m}=\begin{cases}0,\text{当 } n<m,\\ \dfrac{a_0}{b_0},\text{当 } n=m,\\ \infty,\text{当 } n>m.\end{cases}\qquad(a_0\neq0,b_0\neq0)$$

同步练习　1-2-3

1. 极限 $\lim\limits_{x\to1}\dfrac{x-1}{x+1}=($　　$)$.

A. 0　　B. 1　　C. ∞　　D. 不确定

2. 极限 $\lim\limits_{x\to 2}\dfrac{x}{x-2}=$ (　　).

A. 0　　B. 2　　C. ∞　　D. 不确定

3. 极限 $\lim\limits_{x\to 1}\dfrac{x^2-1}{x-1}=$ (　　).

A. 0　　B. 1　　C. 2　　D. ∞

4. 极限 $\lim\limits_{x\to 1}\dfrac{x^2-2x+1}{x^2-1}=$ (　　).

A. 0　　B. 1　　C. 2　　D. ∞

5. 极限 $\lim\limits_{x\to\infty}\dfrac{x^3-2x+1}{x^3-1}=$ (　　).

A. 0　　B. 1　　C. 2　　D. ∞

6. 极限 $\lim\limits_{x\to\infty}\dfrac{x^2-2x+1}{x^3-1}=$ (　　).

A. 0　　B. 1　　C. 2　　D. ∞

7. 设函数 $f(x)=\begin{cases}x^2+2x-3, x\leqslant 1,\\ x, 1<x<2,\\ 2x-2, x\geqslant 2,\end{cases}$ 求极限:

(1) $\lim\limits_{x\to 1}f(x)$; (2) $\lim\limits_{x\to 2}f(x)$; (3) $\lim\limits_{x\to 3}f(x)$.

四、两个重要极限

(一)重要极限 $\lim\limits_{x\to 0}\dfrac{\sin x}{x}=1$

列表观察 $\dfrac{\sin x}{x}$ 的变化趋势:

表 1-2-1

x	±0.5	±0.1	±0.01	±0.0001	…
$\dfrac{\sin x}{x}$	0.9589	0.9983	0.99998	0.99999998	…

从表 1-2-1 中可以看出,当 $|x|$ 无限接近于 0 时函数 $\dfrac{\sin x}{x}$ 的变化趋势. 可以证明,当 $x\to 0$ 时,$\dfrac{\sin x}{x}$ 无限接近于 1,即 $\lim\limits_{x\to 0}\dfrac{\sin x}{x}=1$,称为第一个重要极限.

注意：第一个重要极限呈现$\frac{0}{0}$的形式，形象地记为

$$\lim_{\triangle\to 0}\frac{\sin\triangle}{\triangle}=1\text{（三角形}\triangle\text{代表同一变量）}.$$

应用训练：

例 15　求$\lim\limits_{x\to 0}\frac{\sin 3x}{x}$.

解：因为$\frac{\sin 3x}{x}=3\cdot\frac{\sin 3x}{3x}$，且$x\to 0$时，$3x\to 0$，

所以$\lim\limits_{x\to 0}\frac{\sin 3x}{x}=\lim\limits_{x\to 0}(3\cdot\frac{\sin 3x}{3x})=3\lim\limits_{3x\to 0}\frac{\sin 3x}{3x}=3\times 1=3$.

例 16　求$\lim\limits_{x\to 0}\frac{\tan x}{x}$.

解：$\lim\limits_{x\to 0}\frac{\tan x}{x}=\lim\limits_{x\to 0}\frac{\sin x}{x\cdot\cos x}=\lim\limits_{x\to 0}\frac{\sin x}{x}\cdot\frac{1}{\cos x}=\lim\limits_{x\to 0}\frac{\sin x}{x}\cdot\lim\limits_{x\to 0}\frac{1}{\cos x}=1$.

注：本例题的结论可作为公式用.

例 17　求$\lim\limits_{x\to 1}\frac{\sin(x-1)}{x^2-1}$.

解：$\lim\limits_{x\to 1}\frac{\sin(x-1)}{x^2-1}=\lim\limits_{x\to 1}\frac{\sin(x-1)}{(x+1)(x-1)}=\lim\limits_{x\to 1}\frac{1}{x+1}\cdot\lim\limits_{x\to 1}\frac{\sin(x-1)}{(x-1)}=\frac{1}{2}\times 1=\frac{1}{2}$.

例 18　求$\lim\limits_{x\to 0}\frac{\tan 4x}{\sin 5x}$.

解：$\lim\limits_{x\to 0}\frac{\tan 4x}{\sin 5x}=\lim\limits_{x\to 0}\frac{\frac{\tan 4x}{4x}\times 4x}{\frac{\sin 5x}{5x}\times 5x}=\frac{4}{5}\lim\limits_{x\to 0}\frac{\frac{\tan 4x}{4x}}{\frac{\sin 5x}{5x}}=\frac{4}{5}$.

（二）重要极限$\lim\limits_{x\to\infty}\left(1+\frac{1}{x}\right)^x=e\,(e\approx 2.71828)$

列表来观察$\left(1+\frac{1}{x}\right)^x$的变化趋势：

表 1－2－2

x	1	2	3	4	5	10	100	1000	10000	…
$\left(1+\frac{1}{x}\right)^x$	2	2.250	2.370	2.441	2.488	2.594	2.705	2.717	2.718	…

从表 1－2－2 中可看出，当x无限增大时，函数$\left(1+\frac{1}{x}\right)^x$变化的大致趋势. 可以证明，当$x\to\infty$时，$\left(1+\frac{1}{x}\right)^x$的极限确实存在，并且是一个无理数，其值为$e=2.718281828\cdots$，即

$\lim\limits_{x\to\infty}\left(1+\dfrac{1}{x}\right)^x=\mathrm{e}$,称为第二个重要极限.

若令 $u=\dfrac{1}{x}$,则当 $x\to\infty$ 时,$u\to0$,于是 $\lim\limits_{x\to\infty}\left(1+\dfrac{1}{x}\right)^x=\mathrm{e}$ 又可变换成 $\lim\limits_{u\to0}(1+u)^{\frac{1}{u}}=\mathrm{e}$,即 $\lim\limits_{x\to0}(1+x)^{\frac{1}{x}}=\mathrm{e}$.

对于数列,这个极限也成立,即 $\lim\limits_{n\to\infty}\left(1+\dfrac{1}{n}\right)^n=\mathrm{e}$.

第二个重要极限有两个特征,一是它属于 1^∞ 型的极限;二是它可形象地表示为

$$\lim_{\triangle\to\infty}\left(1+\frac{1}{\triangle}\right)^{\triangle}=\mathrm{e}\text{ 或 }\lim_{\triangle\to0}(1+\triangle)^{\frac{1}{\triangle}}=\mathrm{e}(\text{三角形}\triangle\text{代表同一变量}).$$

例 19　求 $\lim\limits_{x\to\infty}\left(1+\dfrac{1}{x}\right)^{2x}$.

解:$\lim\limits_{x\to\infty}\left(1+\dfrac{1}{x}\right)^{2x}=\lim\limits_{x\to\infty}\left[\left(1+\dfrac{1}{x}\right)^x\right]^2=\left[\lim\limits_{x\to\infty}\left(1+\dfrac{1}{x}\right)^x\right]^2=\mathrm{e}^2$.

例 20　求 $\lim\limits_{x\to\infty}\left(1+\dfrac{2}{x}\right)^{x}$.

解:$\lim\limits_{x\to\infty}\left(1+\dfrac{2}{x}\right)^{x}=\lim\limits_{x\to\infty}\left[\left(1+\dfrac{2}{x}\right)^{\frac{x}{2}}\right]^2=\mathrm{e}^2$.

例 21　求 $\lim\limits_{x\to0}(1-3x)^{\frac{1}{x}}$.

解:$\lim\limits_{x\to0}(1-3x)^{\frac{1}{x}}=\lim\limits_{x\to0}[(1-3x)^{\frac{1}{-3x}}]^{-3}=[\lim\limits_{x\to0}(1-3x)^{\frac{1}{-3x}}]^{-3}=\mathrm{e}^{-3}$.

例 22　求 $\lim\limits_{x\to\infty}\left(1-\dfrac{2}{x}\right)^{3x}$.

解:$\lim\limits_{x\to\infty}\left(1-\dfrac{2}{x}\right)^{3x}=\lim\limits_{x\to\infty}\left[\left(1-\dfrac{2}{x}\right)^{-\frac{x}{2}}\right]^{-6}=\left[\lim\limits_{x\to\infty}\left(1-\dfrac{2}{x}\right)^{-\frac{x}{2}}\right]^{-6}=\mathrm{e}^{-6}$.

例 23　求 $\lim\limits_{x\to\infty}\left(1+\dfrac{1}{x}\right)^{x+2}$.

解:$\lim\limits_{x\to\infty}\left(1+\dfrac{1}{x}\right)^{x+2}=\lim\limits_{x\to\infty}\left[\left(1+\dfrac{1}{x}\right)^x\cdot\left(1+\dfrac{1}{x}\right)^2\right]=\mathrm{e}$.

*例 24　求 $\lim\limits_{x\to\infty}\left(\dfrac{x-1}{x+1}\right)^{x}$.

解:$\lim\limits_{x\to\infty}\left(\dfrac{x-1}{x+1}\right)^{x}=\lim\limits_{x\to\infty}\left(\dfrac{1-\frac{1}{x}}{1+\frac{1}{x}}\right)^x=\lim\limits_{x\to\infty}\dfrac{\left(1-\frac{1}{x}\right)^x}{\left(1+\frac{1}{x}\right)^x}=\dfrac{\mathrm{e}^{-1}}{\mathrm{e}}=\mathrm{e}^{-2}$.

*(三)无穷小量阶的比较

两个无穷小的和、差、积仍为无穷小量,但是两个无穷小量的商却会出现不同的情况.例如,当 $x\to0$ 时,$x,2x,x^2$ 三个函数都是无穷小量,但是 $\lim\limits_{x\to0}\dfrac{x^2}{2x}=0$,$\lim\limits_{x\to0}\dfrac{x}{x^2}=\infty$,而 $\lim\limits_{x\to0}\dfrac{2x}{x}=$

2,这说明两个无穷小量趋于零的速度是不同的. 列表比较如下:

表 1－2－3

x	1	0.1	0.01	0.001	…
$2x$	2	0.2	0.02	0.002	…
x^2	1	0.01	0.0001	0.000001	…

从表 1－2－3 看出,x^2 趋于零的速度比 x 和 $2x$ 快,而 x 和 $2x$ 趋于零的速度差不多,为了描述无穷小量趋于零的速度的差异,我们引入无穷小量阶的概念.

定义　设 α,β 是同一变化过程中的两个无穷小量,且 $\alpha\neq0$,

(1)如果 $\lim\dfrac{\beta}{\alpha}=0$,则称 β 是比 α 高阶的无穷小量,记作 $\beta=o(\alpha)$;

(2)如果 $\lim\dfrac{\beta}{\alpha}=\infty$,则称 β 是比 α 低阶的无穷小量;

(3)如果 $\lim\dfrac{\beta}{\alpha}=c$($c$ 是非零常数),则称 β 与 α 是同阶无穷小量.

特别地,若 $\lim\dfrac{\beta}{\alpha}=1$,则称 β 与 α 是等价无穷小量,记作 $\alpha\sim\beta$.

例如,当 $x\to0$ 时,x^2 是比 x 高阶的无穷小量,而 x 是比 x^2 低阶的无穷小量;$2x$ 与 x 是同阶无穷小量.

因为 $\lim\limits_{x\to1}\dfrac{-x^2+3x-2}{x-1}=1$,所以当 $x\to1$ 时,$-x^2+3x-2$ 与 $x-1$ 是等价无穷小量.

求两个无穷小之比的极限:等价无穷小替换定理.

定理 3　若在同一变化过程中 $\alpha\sim\alpha',\beta\sim\beta'$,$\lim\dfrac{\beta'}{\alpha'}$存在,则 $\lim\dfrac{\beta}{\alpha}$存在,且 $\lim\dfrac{\beta}{\alpha}=\lim\dfrac{\beta'}{\alpha'}$.

定理表明,求两个无穷小之比的极限时,分子及分母都可用等价无穷小来代替. 一般地,当 $x\to0$ 时,有 $\sin x\sim x,\tan x\sim x,\ln(1+x)\sim x,e^x-1\sim x,1-\cos x\sim\dfrac{x^2}{2}$.

例 25　求 $\lim\limits_{x\to0}\dfrac{\tan2x}{\sin5x}$.

解:当 $x\to0$ 时,$\tan2x\sim2x,\sin5x\sim5x$,所以 $\lim\limits_{x\to0}\dfrac{\tan2x}{\sin5x}=\lim\limits_{x\to0}\dfrac{2x}{5x}=\dfrac{2}{5}$.

例 26　求 $\lim\limits_{x\to0}\dfrac{\sin x}{x^3+3x}$.

解:当 $x\to0$ 时,$\sin x\sim x$,无穷小 x^2+3x 与它本身显然是等价的,所以

$$\lim_{x\to0}\frac{\sin x}{x^3+3x}=\lim_{x\to0}\frac{x}{x(x^2+3)}=\lim_{x\to0}\frac{1}{x^2+3}=\frac{1}{3}.$$

同步练习 1-2-4

1. 极限 $\lim\limits_{x\to 0}\frac{\sin x}{x}=(\quad)$.

A. 0　　B. 1　　C. 2　　D. ∞

2. 极限 $\lim\limits_{x\to 0}\frac{\sin 2x}{x}=(\quad)$.

A. 0　　B. 1　　C. −1　　D. 2

3. 极限 $\lim\limits_{x\to 0}\frac{\tan x}{x}=(\quad)$.

A. 0　　B. 1　　C. −1　　D. 2

4. 下列极限等于 1 的是(　　).

A. $\lim\limits_{x\to\infty}\frac{\sin x}{x}$　　B. $\lim\limits_{x\to 1}\frac{\sin x}{x}$

C. $\lim\limits_{x\to 0}\frac{\sin(x-1)}{x-1}$　　D. $\lim\limits_{x\to 1}\frac{\sin(x-1)}{x-1}$

5. 求极限:(1) $\lim\limits_{x\to 2}\frac{\sin(x-2)}{x-2}$;(2) $\lim\limits_{x\to 0}\frac{(x+2)\sin x}{x}$.

6. 极限 $\lim\limits_{x\to\infty}\left(1+\frac{1}{x}\right)^x=(\quad)$.

A. 0　　B. 1　　C. 2　　D. e

7. 极限 $\lim\limits_{x\to 0}(1+x)^{\frac{1}{x}}=(\quad)$.

A. 0　　B. 1　　C. 2　　D. e

8. 求下列函数极限:(1) $\lim\limits_{x\to 0}\frac{\sin 2x}{\tan 3x}$;(2) $\lim\limits_{x\to\infty}\left(1+\frac{4}{x}\right)^x$.

1-3 连续复利问题

创设情境

案　例　某公司向银行贷款 40 万元,按连续复利年利率 6% 计算利息,三年后本利一次还清,问该公司三年后的还贷金额是多少?

任务导入　任务一:重要极限:$\lim\limits_{n\to\infty}\left(1+\frac{1}{n}\right)^n=\mathrm{e}$ 的应用;

任务二:连续函数的概念、判断及应用.

知识掌握

(一)重要极限 $\lim\limits_{n\to\infty}\left(1+\frac{1}{n}\right)^n=\mathrm{e}$ 的应用

自然界和经济学中很多问题与这个重要极限有直接关系. 比如在金融投资领域的连续复利计息问题,当前,我国计算利息主要用单利计息法,这在投资、经营管理等经济活动中,有很大的局限性. 用连续复利的方法来计算利息、贴现、年金等,能更加完整地反映资金的时间价值,这在国际上得到了广泛的应用.

下面用这个重要极限来计算连续复利问题.

一般地,若本金为 P,月(年)利率为 i,计算利息的期数即月数(年数)为 n,那么我们熟悉的单利计算公式为

利息 $I_n=Pni$,

本利和 $S_n=P+Pni=P(1+ni)$.

下面讨论复利方法是如何计算本利和的.

如果以一个月为1个复利结算周期,那么,n 个月末的本利和为

$$S_1=P(1+i)^n;$$

以一个月为2个复利结算周期,那么,n 个月末的本利和为

$$S_2=P\left(1+\frac{i}{2}\right)^{2n};$$

一般地,如果每个月包含 m 个复利结算周期,那么,n 个月末的本利和为

$$S_m=P\left(1+\frac{i}{m}\right)^{mn};$$

当复利结算周期 $m\to\infty$(即一个月中结算无穷多次,或者说,每时每刻都把利息转入本金进行复利计算)时,n 个月末的本利和为

$$\begin{aligned}S&=\lim_{m\to\infty}S_m=\lim_{m\to\infty}P\left(1+\frac{i}{m}\right)^{mn}\\&=P\lim_{m\to\infty}\left[\left(1+\frac{i}{m}\right)^{\frac{m}{i}}\right]^{ni}=P\left[\lim_{\frac{m}{i}\to\infty}\left(1+\frac{i}{m}\right)^{\frac{m}{i}}\right]^{ni}=P\mathrm{e}^{ni}.\end{aligned}$$

这个公式反映了现实世界中许多事物增长和衰减的规律. 例如,生物的生长、细胞的繁殖、放射性元素的衰变、人口的增长以及设备折旧价值等,都服从这个数学模型.

案例的讨论解决

解：由题意知，$P=40$ 万元，$i=0.06$，$n=3$，

所以该公司三年后的还贷金额为

$S=Pe^{ni}=40e^{3\times0.06}\approx47.8887$（万元）.

应用训练：

例1 假定你为了孩子的教育打算在一家保险公司投入一笔资金，你需要这笔投资10年后价值为12000元. 如果以年利率9%、每年支付复利四次的方式付息，你应该投资多少元？如果复利是连续的，应该投资多少元？

解：设最初投资 P 元，每年支付复利四次的年有效收益为

$$(1+0.09/4)^4=1.0930833,$$

所以10年后，你将有

$$P(1.0930833)^{10}=12000,$$

因此你应投资 $P=\dfrac{12000}{(1.0930833)^{10}}=4927.75.$

另一方面，若支付9%的连续复利，那么10年后，你将有

$$Pe^{(0.09)10}=12000,$$

所以你应投资 $P=\dfrac{12000}{e^{(0.09)10}}=4878.84.$

显然连续复利所需初始投资比一年四次复利所需初始投资要少一些. 因为连续复利比一年四次年有效收益高，这一结果是可以预料的.

（二）函数的连续性

微积分研究各种不同的函数，其中最重要的一类函数称为连续函数. 这类函数反映了自然界中普遍存在着的连续现象. 例如，气温的变化、河水的流动、植物的生长等等，都是随着时间的变化，连续不断地变化着，这类现象抽象成为数学问题就是函数的连续性问题，它是微积分中又一个重要概念.

1. 函数的增量

设函数 $y=f(x)$ 在点 x_0 的某个邻域内有定义，将自变量 x 在 x_0 处取得的改变量 Δx 称为自变量 x 在 x_0 处的增量，Δx 可正、可负，也可是零. 当自变量 x 从 x_0 变化到 $x_0+\Delta x$ 时，函数 $y=f(x)$ 相应地从 $f(x_0)$ 变化到 $f(x_0+\Delta x)$，则 $f(x_0+\Delta x)-f(x_0)$ 称为函数 $y=f(x)$ 在 x_0 处的改变量（或增量），记作 $\Delta y=f(x_0+\Delta x)-$

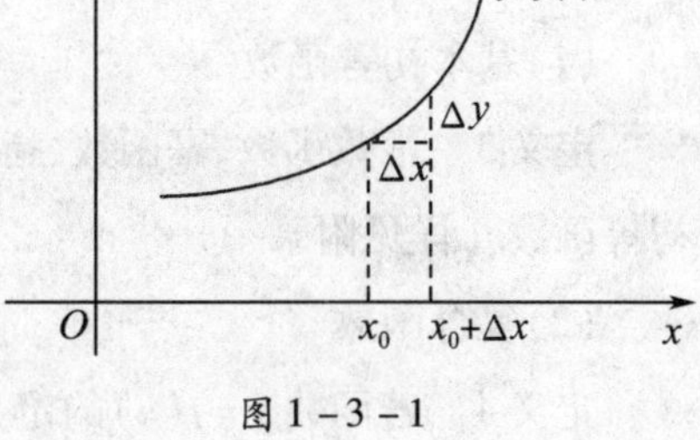

图 1-3-1

$f(x_0)$，其几何意义如图 1-3-1 所示.

从几何直观上来看，一个函数如果是连续变化的，那么它的图像应该是一条不间断的曲线，即 $\Delta x \to 0$ 时，$\Delta y \to 0$.

如果令 $x = x_0 + \Delta x$，显然 $\Delta x = x - x_0$，当 $\Delta x \to 0$ 时，有 $x \to x_0$，当 $\Delta y \to 0$ 时，有 $f(x_0 + \Delta x) \to f(x_0)$，即 $f(x) \to f(x_0)$，所以得到如下的定义.

2. 连续函数的概念

定义 1　设函数 $y = f(x)$ 在 x_0 的某个邻域内有定义，如果当 $x \to x_0$ 时，$\lim\limits_{x \to x_0} f(x)$ 存在，且等于函数 $y = f(x)$ 在 x_0 的函数值 $f(x_0)$，即 $\lim\limits_{x \to x_0} f(x) = f(x_0)$，则称函数 $y = f(x)$ 在 x_0 处连续.

例 2　判断函数 $f(x) = \begin{cases} x^2, x < 2, \\ 2 + x, x \geqslant 2 \end{cases}$ 在点 $x = 2$ 处是否连续.

解：因为函数 $f(x)$ 在点 $x = 2$ 处及其附近有定义，且 $f(2) = 4$，又

$$\lim_{x \to 2^-} f(x) = \lim_{x \to 2^-} x^2 = 4, \lim_{x \to 2^+} f(x) = \lim_{x \to 2^+} (2 + x) = 4,$$

即 $\lim\limits_{x \to 2} f(x) = f(2) = 4$. 所以，函数 $f(x)$ 在点 $x = 2$ 处连续.

例 3　已知函数 $f(x) = \begin{cases} x + 2, x < 0, \\ 2x^2 + b, x \geqslant 0 \end{cases}$ 在点 $x = 0$ 处连续，则 $b =$ ____.

解：由已知 $f(x)$ 在点 $x = 0$ 处连续，

所以 $\lim\limits_{x \to 0^-} f(x) = \lim\limits_{x \to 0^+} f(x) = f(0)$，故 $b = 2$.

定义 2　如果函数 $f(x)$ 在开区间 (a, b) 内每一点都连续，则称函数 $y = f(x)$ 在开区间 (a, b) 内连续；如果函数 $f(x)$ 在开区间 (a, b) 内每一点都连续，且在点 a 处满足 $\lim\limits_{x \to a^+} f(x) = f(a)$（即右连续），在点 b 处满足 $\lim\limits_{x \to b^-} f(x) = f(b)$（即左连续），则称函数 $y = f(x)$ 在闭区间 $[a, b]$ 上连续. 使函数 $y = f(x)$ 连续的区间称为函数 $y = f(x)$ 的连续区间，如果函数在某区间上连续，则称在该区间上函数为连续函数.

由函数连续性的定义知，函数 $y = f(x)$ 在 x_0 处连续必须同时满足三个条件：(1) $f(x_0)$ 存在；(2) $\lim\limits_{x \to x_0} f(x)$ 存在；(3) $\lim\limits_{x \to x_0} f(x) = f(x_0)$.

以上三个条件中只要有一个不满足，则在此点函数不连续.

3. 连续函数的判断（初等函数的连续性）

(1) 基本初等函数

定义 3　常数函数、幂函数、指数函数、对数函数、三角函数和反三角函数统称为基本初等函数.（详见附录一）

(2) 复合函数

定义 4　若函数 $y = f(u)$ 的定义域为 D，函数 $u = \varphi(x)$ 的值域为 M，若 M 与 D 的交集

非空，则 y 通过 u 的联系也是 x 的函数，称为由 $y=f(u)$ 及 $u=\varphi(x)$ 构成的复合函数. 记作 $y=f[\varphi(x)]$，其中 u 称为中间变量，x 为自变量.

例如，函数 $y=\sqrt{u}$，$u=(x-1)(x-2)$ 可构成一个复合函数

$$y=\sqrt{(x-1)(x-2)}.$$

复合函数不仅可以由两个函数复合而成，也可以由更多个函数复合构成. 例如，$y=\cos^2 3x$ 可以看成是由三个函数 $y=u^2$，$u=\cos v$，$v=3x$ 复合而成.

利用复合函数的概念可以将一个复杂的函数分解成几个简单函数，这样对复杂函数的研究可以变成对简单函数的研究，使问题得到简化.

例 4　指出下列函数是由哪些简单函数复合而成：

(1) $y=\ln(2+\cos x)$；　(2) $y=(\arctan\sqrt{x})^2$；

(3) $y=\ln\tan^2(1+x^2)$；　(4) $y=e^{\cos\sqrt{2x-1}}$.

解：(1) $y=\ln(2+\cos x)$ 是由 $y=\ln u$ 和 $u=2+\cos x$ 复合而成；

(2) $y=(\arctan\sqrt{x})^2$ 是由 $y=u^2$，$u=\arctan v$，$v=\sqrt{x}$ 复合而成；

(3) $y=\ln\tan^2(1+x^2)$ 是由 $y=\ln u$，$u=v^2$，$v=\tan w$，$w=1+x^2$ 复合而成；

(4) $y=e^{\cos\sqrt{2x-1}}$ 是由 $y=e^u$，$u=\cos v$，$v=\sqrt{w}$，$w=2x-1$ 复合而成.

例 4 中 $u=2+\cos x$，$w=1+x^2$，$w=2x-1$ 虽不是基本初等函数，但其结构已十分简单. 由基本初等函数四则运算所得到的函数，通常称为简单函数.

(3) 初等函数

定义 5　由基本初等函数经过有限次四则运算及有限次复合运算所构成，且能用一个解析式表示的函数，称为初等函数.

(4) 连续函数的运算法则

由函数极限的运算法则和函数连续的定义，可以证明：

连续函数的运算法则　设两个函数在同一点(或区间)连续，则它们的和、差、积、商(分母不为零)在该点(或区间)也连续.

连续函数的复合函数仍是连续函数.

(2) 基本初等函数的连续性

所有基本初等函数在它们的定义域内都是连续的.

(3) 初等函数的连续性

定理：初等函数在它们的定义域内是连续的.

同步练习　1-3

1. 公司计划发行债券，规定以年利率 6.5% 的连续复利计算利息，10 年后每份债券一

次偿还的本利和为1000元,问每份债券的发行价格应定为多少元?

2. 某人购买银行的人民币理财产品10000元,设连续复利的月利率为5‰,三年后的本利和是多少?

3. 下列判断正确吗?

(1)基本初等函数在其定义域内是连续的; ( )

(2)初等函数在其定义域内是连续的; ( )

(3)函数 $f(x)=\frac{1}{x}$ 在点 $x=0$ 处不连续. ( )

4. 已知函数 $f(x)=\begin{cases}x^2+1, x<0,\\3x+b, x\geqslant 0\end{cases}$ 在点 $x=0$ 处连续,则 $b=$ ________.

习题一

1. 观察下列数列是否有极限,若有极限,极限值是多少?

(1) $\{a_n\}=\left\{\frac{1}{3^n}\right\}$; (2) $\{a_n\}=\{(-1)^n n\}$;

(3) $\{a_n\}=\left\{\frac{n+1}{n}\right\}$; (4) $\{a_n\}=\left\{\frac{1}{n^2}\right\}$.

2. 观察并写出下列函数的极限:

(1) $\lim\limits_{x\to\infty}\left(1-\frac{1}{x}\right)$; (2) $\lim\limits_{x\to 3}2x$;

(3) $\lim\limits_{x\to 0}(-\cos x)$; (4) $\lim\limits_{x\to\infty}\left(5+\frac{1}{x}\right)$.

3. 求下列函数的极限:

(1) $\lim\limits_{x\to 2}(3x^2+2x-1)$; (2) $\lim\limits_{x\to 1}\frac{2x+3}{x-1}$;

(3) $\lim\limits_{x\to 2}\frac{x^2-4}{x-2}$; (4) $\lim\limits_{x\to -1}\frac{x^2+2x+1}{x^2-1}$.

4. 指出下列各式,哪些是无穷小量?哪些是无穷大量?

(1) $2^x-1\ (x\to 0)$; (2) $\log_3 x\ (x\to 0^+)$;

(3) $\sin\alpha\ (\alpha\to 0)$; (4) $y=\frac{x-1}{x}\ (x\to 1)$.

5. 求下列极限:

(1) $\lim\limits_{x\to 0}\frac{\sin 3x}{x}$; (2) $\lim\limits_{x\to 0}\frac{\tan 2x}{x}$;

(3) $\lim\limits_{x\to 0}(1+4x)^{\frac{1}{x}}$; (4) $\lim\limits_{x\to\infty}\left(1+\frac{2}{x}\right)^x$.

自测题 A(基础层次)

一、单项选择题:(每小题 4 分,共 20 分)

1. 下列数列中极限存在的是(　　).

A. $\left\{n+\frac{1}{n}\right\}$　　B. $\{n\}$　　C. $\{(-1)^{n+1}\}$　　D. $\left\{\frac{n+1}{n}\right\}$

2. 下列变量在其变化过程中极限存在的是(　　).

A. $e^x(x\to-\infty)$　　B. $\sin x(x\to\infty)$

C. $\tan x\left(x\to\frac{\pi}{2}\right)$　　D. $3x^2(x\to\infty)$

3. 下列各式中极限值为 1 的是(　　).

A. $\lim\limits_{x\to\infty}\frac{\sin x}{x}$　　B. $\lim\limits_{x\to1}\frac{\sin x}{x}$　　C. $\lim\limits_{x\to\infty}x\sin\frac{1}{x}$　　D. $\lim\limits_{x\to0}x\sin\frac{1}{x}$

4. 下列各式正确的是(　　).

A. $\lim\limits_{x\to\infty}\left(1+\frac{1}{x}\right)^x=1$　　B. $\lim\limits_{x\to1}\frac{\sin x}{x}=e$

C. $\lim\limits_{x\to0}(1+x)^{\frac{1}{x}}=1$　　D. $\lim\limits_{x\to0}(1+x)^{\frac{1}{x}}=e$

5. 当 $x\to0$ 时,下列变量为无穷小量的是(　　).

A. e^x　　B. $\frac{x-1}{x+1}$　　C. $\sin^2x$　　D. $\cos\frac{1}{x}$

二、填空题:(每小题 5 分,共 30 分)

1. 极限 $\lim\limits_{x\to2}\frac{x+5}{x-2}=$ ________;

2. 当 $x\to$ ________时,变量 $f(x)=\frac{1}{x-1}$是无穷大量;

3. 极限 $\lim\limits_{x\to\infty}\frac{\sin3x}{x}$的值为________;

4. 极限 $\lim\limits_{x\to\infty}\frac{2x^5+x+3}{x^5+5}=$ ________;

5. 极限 $\lim\limits_{x\to x_0}f(x)$存在的充要条件是________________;

6. 如果函数 $y=f(x)$在点 x_0 处连续,且 $f(x_0)=1$,则 $\lim\limits_{x\to x_0}f(x)=$ ________.

三、计算解答题:(每小题 10 分,共 50 分)

1. 求极限 $\lim\limits_{x\to\infty}\left(1+\frac{2}{x}\right)^{2x+2}$.

2. 求极限 $\lim\limits_{x\to0}\frac{x+\sin2x}{x-\sin2x}$.

3. 求极限 $\lim\limits_{x\to0}\dfrac{\sqrt{1+x^2}-1}{\sin x}$.

4. 求极限 $\lim\limits_{x\to2}\left(\dfrac{1}{x-2}-\dfrac{4}{x^2-4}\right)$.

5. 求极限 $\lim\limits_{x\to0}\dfrac{(\sin x^2)\tan^2x}{1-\cos x^2}$.

自测题 B(提高层次)

一、单项选择题:(每小题 3 分,共 18 分)

1. 下列极限存在的是(　　).

A. $\lim\limits_{x\to0}\cot x$　　B. $\lim\limits_{x\to\infty}\dfrac{x^2+2}{x}$　　C. $\lim\limits_{x\to0}\ln x^2$　　D. $\lim\limits_{x\to0}e^x$

2. 当 $x\to0$ 时,下列变量为无穷小量的是(　　).

A. $\ln x^2$　　B. $\dfrac{\sin x}{x^2}$　　C. $e^{\frac{1}{x}}$　　D. $\dfrac{x-\sin x}{x}$

3. 当 $x\to0$ 时,$\sin x$ 是 x 的(　　).

A. 高阶无穷小量　　B. 低阶无穷小量

C. 等价无穷小量　　D. 以上都不对

4. 下列极限存在的是(　　).

A. $\lim\limits_{x\to\infty}\dfrac{x^2}{x^2-1}$　　B. $\lim\limits_{x\to0}\dfrac{1}{2^x-1}$　　C. $\lim\limits_{x\to\infty}\sin x$　　D. $\lim\limits_{x\to\infty}\operatorname{arccot}x$

5. 函数 $y=\dfrac{\sqrt{x-2}}{(x-1)(x-4)}$ 的连续区间为(　　).

A. $[2,+\infty)$　　B. $[2,4)\cup(4,+\infty)$

C. $(1,2)\cup(2,4)$　　D. $[1,4)\cup(4,+\infty)$

6. 如果函数 $f(x)$ 在某区间上连续,且函数在该区间上一定存在最大值和最小值,那么该区间为(　　).

A. $(-\infty,+\infty)$　　B. $[a,b]$　　C. (a,b)　　D. $[a,b)$

二、填空题:(每小题 3 分,共 18 分)

1. $\lim\limits_{x\to1}\dfrac{x^2-3x+2}{x^2-1}=$ ________;

2. $\lim\limits_{x\to\infty}\dfrac{x\arctan x}{x^2+1}=$ ________;

3. $\lim\limits_{x\to0}\dfrac{\sin x}{x^2+2x}=$ ________;

4. $\lim\limits_{n\to\infty}\left(1+\frac{1}{n}\right)^{2n}=$ ________;

5. 函数 $f(x)=\begin{cases}x-1, x>0,\\ \sin x, x\leqslant 0\end{cases}$ 的间断点为________;

6. 设 $f(x)$ 在 $[a,b]$ 上连续，且 $f(a)\cdot f(b)<0$，则在 (a,b) 内至少存在一点 ξ，使______成立.

三、计算解答题：(每小题 8 分，共 64 分)

1. 求极限 $\lim\limits_{n\to\infty}\frac{\sqrt{n^4-2n+1}}{5n^3+2}$.

2. 求极限 $\lim\limits_{x\to 0}\arctan\frac{\sin\sqrt{3}x}{x}$.

3. 求极限 $\lim\limits_{x\to\infty}\left(\frac{x^3}{2x^2-1}-\frac{x^2}{2x+1}\right)$.

4. 求极限 $\lim\limits_{x\to 0}\frac{\ln(1+2x)}{\tan 5x}$.

5. 已知 $\lim\limits_{x\to+\infty}(3x-\sqrt{ax^2-x+1})=k$，求 a 和 k 的值.

6. 设 $f(x)=\begin{cases}1+e^x, x<0,\\ x+2a, x\geqslant 0,\end{cases}$ 问常数 a 为何值时，函数 $f(x)$ 在 $(-\infty,+\infty)$ 内连续.

7. 如果极限 $\lim\limits_{x\to\infty}f(x)$ 存在，且 $f(x)=\frac{3x^2+2}{x^2-1}-2\lim\limits_{x\to\infty}f(x)$，求函数 $f(x)$.

8. 当 α 为何值时，函数 $f(x)=\begin{cases}x^{\alpha}\sin\frac{1}{x}, x\neq 0,\\ 0, x=0\end{cases}$ 在点 $x=0$ 处连续.

导数与微分 任务二

导数与微分是微分学的两个最基本的概念. 本部分将在函数极限的基础上，从实际问题出发引入导数与微分的概念，并由概念建立起微分公式与法则，从而解决函数求导问题.

1-4 瞬时变化率与导数

创设情境

案例 1 曲线上一点处切线的斜率：设平面内有一曲线，其方程为 $y=f(x)$，点 $P_0[x_0, f(x_0)]$ 是曲线上的一个定点. 下面我们来研究曲线上点 P_0 处切线的斜率.（如图1-4-1）

在曲线上任取一点 $P[x_0+\Delta x, f(x_0+\Delta x)]$（其中 $\Delta x\neq 0$），作割线 P_0P，设其倾斜角为 φ，则割线 P_0P 的斜率为 $\tan\varphi=\dfrac{\Delta y}{\Delta x}=\dfrac{f(x_0+\Delta x)-f(x_0)}{\Delta x}$.

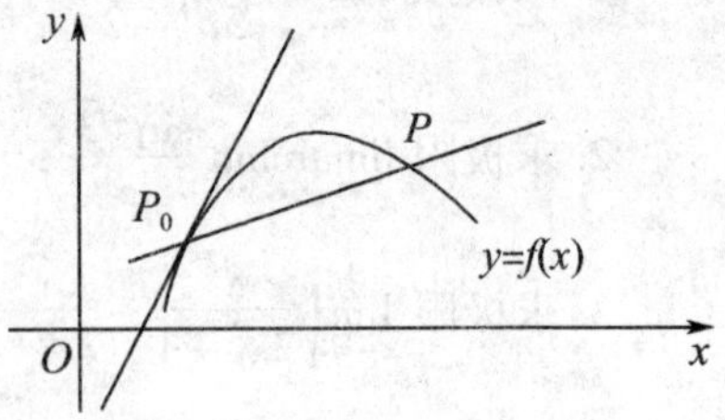

图 1-4-1

当 Δx 变化时，即点 P 在曲线上变化，割线 P_0P 的斜率也随之变化，当 $|\Delta x|$ 较小时，割线 P_0P 的斜率 k' 就是过曲线上点 P_0 的切线斜率的近似值，并且 $|\Delta x|$ 越小其近似程度越好. 当 $\Delta x\to 0$ 时（即点 P 沿曲线无限趋近点 P_0 时），割线 P_0P 的极限位置就是曲线上过点 P_0 的切线，同时割线 P_0P 的斜率 k' 的极限 k 就是曲线上过点 P_0 的切线斜率[$y=f(x)$ 在 x_0 的变化率]，即

$$k=\lim_{\Delta x\to 0}\frac{\Delta y}{\Delta x}=\lim_{\Delta x\to 0}\frac{f(x_0+\Delta x)-f(x_0)}{\Delta x}.$$

案例 2 总产量的变化率：一个生产企业的总产量一般来说是所投入的生产要素（如人力、物力等）的函数，叫作生产函数. 生产要素往往很多，现在假定生产要素中只有一个因素（例如投入量）在变动，其他量不变，那么，总产量 q 就是投入量 x 的函数 $q=q(x)$，当投入量从 x_0 变化到 $x_0+\Delta x$ 时，总产量 q 的相应增量为 $\Delta q=q(x_0+\Delta x)-q(x_0)$.

在这段时间内总产量的平均变化率为 $\dfrac{\Delta q}{\Delta x}=\dfrac{q(x_0+\Delta x)-q(x_0)}{\Delta x}$. 如果极限 $\lim\limits_{\Delta x\to 0}\dfrac{\Delta q}{\Delta x}=\lim\limits_{\Delta x\to 0}\dfrac{q(x_0+\Delta x)-q(x_0)}{\Delta x}$ 存在，则称此极限为 $x=x_0$ 时总产量的变化率.

上述两个引例的具体含义各不相同，但就数量关系而言实质是一样的，都可归结为求函数的增量与自变量的增量之比当自变量的增量趋近于零时的极限. 这种特殊类型的极限就叫作导数.

任务导入 任务一：导数的概念及其几何意义；

任务二：导数的基本公式、四则运算法则、复合函数的求导法则、隐函数的求导方法；

任务三：高阶导数的概念.

知识掌握

一、导数的概念及公式

(一)导数的概念

1. 导数的定义

定义1　设函数 $y=f(x)$ 在点 x_0 的某邻域内有定义，当自变量 x 在点 x_0 处有一改变量 $\Delta x(\Delta x\neq 0)$ 时，函数 $y=f(x)$ 有相应的改变量 $\Delta y=f(x_0+\Delta x)-f(x_0)$，如果当 $\Delta x\to 0$ 时，极限 $\lim\limits_{\Delta x\to 0}\dfrac{\Delta y}{\Delta x}=\lim\limits_{\Delta x\to 0}\dfrac{f(x_0+\Delta x)-f(x_0)}{\Delta x}$ 存在，则称函数 $y=f(x)$ 在点 x_0 处可导，此极限值叫作函数 $y=f(x)$ 在点 x_0 处的导数(或微商)，记作

$$f'(x_0),y'\Big|_{x=x_0}\text{或}\frac{dy}{dx}\Big|_{x=x_0},$$

即 $f'(x_0)=\lim\limits_{\Delta x\to 0}\dfrac{\Delta y}{\Delta x}=\lim\limits_{\Delta x\to 0}\dfrac{f(x_0+\Delta x)-f(x_0)}{\Delta x}$. 如果 $\dfrac{\Delta y}{\Delta x}$ 的极限不存在，则称函数 $f(x)$ 在点 x_0 处不可导(或导数不存在).

若令 $x=x_0+\Delta x$，则当 $\Delta x\to 0$ 时，$x\to x_0$，于是上式又可以写成

$$f'(x_0)=\lim_{\Delta x\to 0}\frac{\Delta y}{\Delta x}=\lim_{x\to x_0}\frac{f(x)-f(x_0)}{x-x_0}.$$

定义2　如果函数 $f(x)$ 在 (a,b) 内每一点 x 处可导，那么称函数 $f(x)$ 在区间 (a,b) 内可导. 显然导数值 $f'(x)$ 也是 x 的函数，我们称它为函数 $y=f(x)$ 的导函数，今后在不会发生混淆的情况下，也简称导数. 记作 $f'(x)$ 或 y' 或 $\dfrac{dy}{dx}$ 或 $\dfrac{df(x)}{dx}$，即

$$f'(x)=\lim_{\Delta x\to 0}\frac{f(x+\Delta x)-f(x)}{\Delta x}.$$

【说明】　函数 $y=f(x)$ 在点 x_0 处的导数 $f'(x_0)$，就是导函数 $f'(x)$ 在点 $x=x_0$ 处的函数值，即 $f'(x_0)=f'(x)|_{x=x_0}$.

案例的讨论解决

根据导数的定义，前面所讨论的两个实例可以表述为：

曲线 $y=f(x)$ 在点 $[x,f(x)]$ 处的切线的斜率是函数 $y=f(x)$ 对 x 的导数，即

$$\tan\alpha=f'(x)=\frac{dy}{dx};$$

总产量的变化率是总产量对投入量的导数,即 $q'(x)=\dfrac{dq}{dx}$.

2. 导数的几何意义

由引出导数定义的案例1,函数 $y=f(x)$ 在点 x_0 处的导数 $f'(x_0)$ 就是曲线 $y=f(x)$ 在点 $[x_0,f(x_0)]$ 处的切线斜率,即 $f'(x_0)=\tan\alpha$,其中 α 是切线的倾斜角.

由导数的几何意义和直线的点斜式方程可得曲线 $y=f(x)$ 在点 $(x_0,f(x_0))$ 处的切线方程为

$$y-f(x_0)=f'(x_0)(x-x_0),$$

法线方程为

$$y-f(x_0)=-\frac{1}{f'(x_0)}(x-x_0).$$

应用训练:

例1　求曲线 $y=x^2+1$ 在点(2,5)处的切线方程.

解:$y'=2x, y'|_{x=2}=4$. 因此,曲线 $y=x^2+1$ 在点(2,5)处的切线方程为

$y-5=4(x-2)$,即 $4x-y-3=0$.

法线方程为 $y-5=-\dfrac{1}{4}(x-2)$,即 $x+4y-22=0$.

(二)可导与连续的关系

如果函数 $y=f(x)$ 在点 x_0 处可导,那么它在 x_0 处一定连续. 但如果函数 $y=f(x)$ 在点 x_0 处连续,那么它在 x_0 处不一定可导.

(三)导数的基本公式

由导数的定义可证明基本初等函数的导数公式如下:

(1) $(c)'=0$(c 为常数);

(2) $(x^\alpha)'=\alpha\cdot x^{\alpha-1}$($\alpha$ 为实数);

(3) $(a^x)'=a^x\ln a$($a>0$ 且 $a\neq1$);

(4) $(e^x)'=e^x$;

(5) $(\log_a x)'=\dfrac{1}{x\ln a}$($a>0$ 且 $a\neq1$);

(6) $(\ln x)'=\dfrac{1}{x}$;

(7) $(\sin x)'=\cos x$;

(8) $(\cos x)'=-\sin x$;

(9) $(\tan x)'=\sec^2 x$;

(10) $(\cot x)'=-\csc^2 x$;

(11) $(\sec x)' = \sec x \cdot \tan x$;

(12) $(\csc x)' = -\csc x \cdot \cot x$;

(13) $(\arcsin x)' = \frac{1}{\sqrt{1-x^2}}(-1<x<1)$;

(14) $(\arccos x)' = -\frac{1}{\sqrt{1-x^2}}(-1<x<1)$;

(15) $(\arctan x)' = \frac{1}{1+x^2}$;

(16) $(\text{arccot}\, x)' = -\frac{1}{1+x^2}$.

同步练习 1-4-1

1. 下列判断正确吗?

(1) $(\ln x)' = \frac{1}{x}$;( )　　(2) $\left(\sin\frac{\pi}{10}\right)' = \cos\frac{\pi}{10}$;( )

(3) $(\ln 2)' = \frac{1}{2}$;( )　　(4) $0' = 0$. ( )

2. 设函数 $y=\cos x$,则 y'________;

3. $(\sqrt{x})' =$ ________;$(\sqrt{2})' =$ ________;

4. $(x^5)' =$ ________;$(x^{\frac{3}{2}})' =$ ________;$(\sqrt[3]{x})' =$ ________;

5. $(2^x)' =$ ________;$(e^x)' =$ ________;$(a^x)' =$ ________;

6. $(\tan x)' =$ ________;$(\arctan x)' =$ ________;

7. 默写导数的基本公式.

二、函数的求导法则与方法

(一)导数的四则运算法则

法则 1　如果函数 $u=u(x)$,$v=v(x)$在点 x 处均可导,则函数 $y=u(x)\pm v(x)$在点 x 处也可导,且$[u(x)\pm v(x)]' = u'(x)\pm v'(x)$.

此法则可以推广到有限多个函数代数和的情形,即

$$[u_1(x)\pm u_2(x)\pm\cdots\pm u_n(x)]' = u'_1(x)\pm u'_2(x)\pm\cdots\pm u'_n(x).$$

应用训练:

例 2　求函数 $y=x^3-\ln x+\sin x$ 的导数.

解:$y' = (x^3-\ln x+\sin x)' = (x^3)' - (\ln x)' + (\sin x)'$

$=3x^2-\frac{1}{x}+\cos x.$

法则2　如果函数 $u=u(x)$，$v=v(x)$ 在点 x 处均可导，则函数 $y=u(x)\cdot v(x)$ 在点 x 处也可导，且 $[u(x)v(x)]'=u'(x)\cdot v(x)+u(x)\cdot v'(x)$.

推论 $[cu(x)]'=cu'(x)$（c 为常数）.

例3　求函数 $y=2x^3+x\sin x$ 的导数.

解：$y'=(2x^3+x\sin x)'=(2x^3)'+(x\sin x)'$

$=2(x^3)'+(x)'\sin x+x(\sin x)'=6x^2+\sin x+x\cos x.$

法则3　如果函数 $u=u(x)$，$v=v(x)$ 在点 x 处均可导，且 $v(x)\neq 0$，则函数 $y=\frac{u(x)}{v(x)}$ 在点 x 处也可导，且

$$\left[\frac{u(x)}{v(x)}\right]'=\frac{u'(x)v(x)-u(x)v'(x)}{v^2(x)}.$$

例4　求函数 $y=\frac{\sin x}{x}$ 的导数.

解：$y'=\left(\frac{\sin x}{x}\right)'=\frac{(\sin x)'\cdot x-\sin x\cdot(x)'}{x^2}=\frac{x\cos x-\sin x}{x^2}.$

（二）复合函数的求导法则

若函数 $y=f(u)$ 在 u 处可导，函数 $u=\varphi(x)$ 在 x 处可导，则复合函数 $y=f[\varphi(x)]$ 在 x 处也可导，且 $y'_x=y'_u\cdot u'_x$ 或 $y'_x=f'(u)\varphi'(x)$ 或

$\frac{dy}{dx}=\frac{dy}{du}\cdot\frac{du}{dx}.$

定理可以推广到由有限个可导函数构成的复合函数的导数的情形.

例如，设 $y=f(u)$，$u=\varphi(v)$，$v=\psi(x)$，则 $y'_x=y'_u\cdot u'_v\cdot v'_x$

例5　求函数 $y=(1+x^2)^3$ 的导数.

解：设 $y=u^3$，$u=1+x^2$，则

$y'_x=y'_u\cdot u'_x=(u^3)'_u\cdot(1+x^2)'_x=3u^2\cdot 2x=6x(1+x^2)^2.$

熟练了以后，就不必再写出中间变量，只要把中间变量所代替的式子默记在心，直接由外往内，逐层求导即可.

例6　求函数 $y=\ln\sin x$ 的导数.

解：$y'=(\ln\sin x)'=\frac{1}{\sin x}\cdot\cos x=\cot x.$

例7　求下列函数的导数：

(1) $y=\sin(3x+1)$；　(2) $y=e^{\cos x}$；　(3) $y=\arctan 2x$

解：(1) $y'=[\sin(3x+1)]'=\cos(3x+1)\cdot 3=3\cos(3x+1).$

(2) $y' = (e^{\cos x})' = e^{\cos x} \cdot (-\sin x) = -e^{\cos x}\sin x$

(3) $y' = (\arctan 2x)' = \dfrac{1}{1+(2x)^2} \cdot 2 = \dfrac{2}{1+4x^2}$.

同步练习 1-4-2

1. 设函数 $f(x) = x^2\ln x$, 则 $f'(1) = ($ $)$.

A. 0　　B. 1　　C. −1　　D. 2

2. 已知 $y = 2x^5 + \ln x - e^x + 4\sin x$, 则 $y' = ($ $)$.

3. 已知 $y = \dfrac{1}{x} + \log_2 x - 2^x + 4\arctan x$, 求 y'

4. 设函数 $y = \sin(2x+3)$, 则 $y' = ($ $)$.

5. 设 $y = \ln\cos x$, 则 $y' = ($ $)$.

6. 已知 $y = (2+5x)^4$, 则 $y' = ($ $)$.

7. 设 $y = \ln(x+1)$, 则 $y' = ($ $)$.

8. 计算 $(\ln\sin x)' = \dfrac{1}{\sin x}$ 正确吗? 说出理由.

三、隐函数的求导方法和高阶导数

(一)隐函数及求导方法

自变量 x 与因变量 y 之间的函数关系由方程 $F(x,y) = 0$ 所确定的函数称为隐函数. 而由解析式 $y = f(x)$ 表示的函数称为显函数.

例如, 方程 $2x - 3y - 1 = 0$, $e^y = xy + \sin(x+y)$ 都是隐函数.

对隐函数求导有两个思路: 最容易的思路是将隐函数中的 y 用自变量的表达式表示出来, 变成显函数, 再利用求导法则, 但是, 并不是所有的隐函数都能通过运算将变量 y 用自变量 x 的表达式表示出来, 例如隐函数 $e^y = xy + \sin(x+y)$ 就无法解出 y.

因为方程 $F(x,y) = 0$ 确定以 x 为自变量的隐函数 $y = f(x)$, 所以有 $F[x, f(x)] \equiv 0$, 可以用复合函数的求导法则对恒等式两端同时对 x 求导数, 遇到 y 时, 要把 y 看作是 x 的函数, 遇到 y 的函数时, 要把它看作是 x 的复合函数, 而 y 是中间变量, 然后从所得的关系式中解出 y'_x, 即得隐函数的导数.

应用训练:

例 7　求圆 $x^2 + y^2 = 4$ 上一点 $(1, \sqrt{3})$ 处的切线方程.

解: 方程两边同时对 x 求导得:

$$(x^2+y^2)'=4',\text{即 }2x+2y\cdot y'=0,\text{解得 }y'=-\frac{x}{y},$$

则圆 $x^2+y^2=4$ 上一点 $(1,\sqrt{3})$ 处的切线斜率为:

$$k=y'|_{(1,\sqrt{3})}=-\frac{1}{\sqrt{3}}=-\frac{\sqrt{3}}{3}.$$

所以所求的切线方程为:$y-\sqrt{3}=-\frac{\sqrt{3}}{3}(x-1)$,即 $x+\sqrt{3}y-4=0$.

例 8　求方程 $xy+3x^2-5y-7=0$ 所确定的隐函数 $y=f(x)$ 的导数.

解:方程两边同时对 x 求导得:$(xy+3x^2-5y-7)'=0$,

$$(xy)'+3(x^2)'-5(y)'=0, xy'+y+6x-5y'=0,$$

解得 $y'=\frac{6x+y}{5-x}$.

例 9　求方程 $e^y=y^2+\sin(x+y)$ 所确定的隐函数 $y=f(x)$ 的导数.

解:方程两边同时对 x 求导得:

$e^y\cdot y'=(y^2)'+[\sin(x+y)]'$,

$e^y\cdot y'=2yy'+\cos(x+y)\cdot(x+y)'$,

即 $e^y\cdot y'=2yy'+\cos(x+y)\cdot(1+y')$,

解得 $y'=\frac{\cos(x+y)}{e^y-2y-\cos(x+y)}$.

(二) 高阶导数

如果函数 $y=f(x)$ 的导函数 $f'(x)$ 在 x 处仍可导,则其导函数称为原来函数 $y=f(x)$ 的二阶导数,记作 y'',$f''(x)$ 或 $\frac{d^2y}{dx^2}$,即

$$y''=(y')', f''(x)=[f'(x)]', \frac{d^2y}{dx^2}=\frac{d}{dx}\left(\frac{dy}{dx}\right).$$

类似地,函数 $y=f(x)$ 的二阶导数在 x 处的导数,叫作 $y=f(x)$ 的三阶导数,表示为 y''',$f'''(x)$ 或 $\frac{d^3y}{dx^3}$.

一般地,若函数 $y=f(x)$ 的 $(n-1)$ 阶导数在 x 处可导,则称该导数为 $y=f(x)$ 的 n 阶导数,记作 $y^{(n)}$,或 $f^{(n)}(x)$ 或 $\frac{d^ny}{dx^n}$.

二阶及二阶以上的导数统称为高阶导数.

例 10　求下列函数的二阶导数:

(1) $y=\cos^2\frac{x}{2}$;(2) $s=e^{-t}\cos t$.

解：(1) $y' = 2\cos\frac{x}{2}\left(-\sin\frac{x}{2}\right)\cdot\frac{1}{2} = -\frac{1}{2}\sin x$,

$y'' = -\frac{1}{2}\cos x$.

(2) $s' = -e^{-t}\cos t - e^{-t}\sin t = -e^{-t}(\cos t + \sin t)$,

$s'' = e^{-t}(\cos t + \sin t) - e^{-t}(-\sin t + \cos t) = 2e^{-t}\sin t$.

同步练习 1-4-3

1. 求下列隐函数的导数：

(1) $y = x + \ln y$;　　(2) $x^3 + y^3 - 3xy = 0$.

2. 设函数 $y = \cos x$，则 $y'' =$ (　　).

A. $-\cos x$　　B. $-\sin x$　　C. $\sin x$　　D. $\cos x$

3. 设函数 $y = \cos x + e^x$，则 $y'' =$ (　　).

A. $e^x - \sin x$　　B. $e^x + \sin x$　　C. $e^x - \cos x$　　D. $e^x + \cos x$

4. 设函数 $y = \ln x$，则 $y'' =$ (　　).

A. $\ln x$　　B. $\frac{1}{x}$　　C. $\frac{1}{x^2}$　　D. $-\frac{1}{x^2}$

1-5 经济量改变量的近似计算及其应用

微分是分析增加或减少的变化情况的工具，自然现象、社会现象、经济现象等领域中，微分知识都是必不可少的.

创设情境

案 例　某公司一个月生产 x 单位的产品的收入函数为 $R(x) = 37x - \frac{1}{20}x^2$（单位：百元），已知该公司某年 9 月份的产量从 270 个单位增加到 280 个单位，求该公司 9 月份的收入大约增加了多少？

任务导入　任务一：建立微分的概念并研究微分的计算；

任务二：探讨微分在近似计算中的应用.

知识掌握

（一）微分定义的引入

设有一块正方形金属薄片，受热后膨胀，其边长由 x_0 伸长到 $x_0+\Delta x$（如图 1-5-1），问此薄片面积增加了多少？

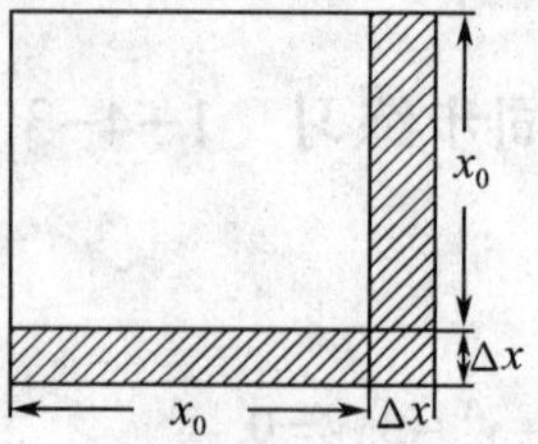

图 1-5-1

分析：设正方形的面积为 S，面积改变量为 ΔS，则

$$\Delta S=(x_0+\Delta x)^2-x_0^2=2x_0\Delta x+(\Delta x)^2.$$

ΔS 由两部分组成：第一部分 $2x_0\Delta x$ 是 Δx 的线性函数，当 $\Delta x\to 0$ 时，它是 Δx 的同阶无穷小；而第二部分 $(\Delta x)^2$，当 $\Delta x\to 0$ 时，是比 Δx 高阶的无穷小，因此，对 ΔS 来说，当 $|\Delta x|$ 较小时，$(\Delta x)^2$ 可以忽略不计，因此 $\Delta S\approx 2x_0\Delta x$，而 $S'(x_0)=2x_0$，所以 $\Delta S\approx S'(x_0)\Delta x$.

定义　设函数 $y=f(x)$ 在点 x_0 处可导，则称 $f'(x_0)\Delta x$ 为函数 $f(x)$ 在点 x_0 处的微分，记作 $dy|_{x=x_0}$，即 $dy|_{x=x_0}=f'(x_0)\Delta x$.

当函数 $y=x$ 时，函数的微分 $dy=dx=x'\Delta x=\Delta x$，即 $dx=\Delta x$. 因此自变量的微分等于自变量的增量，这样函数 $y=f(x)$ 的微分可以写成 $dy=f'(x)\Delta x=f'(x)dx$.

在上式两边同除以 dx，得到 $\frac{dy}{dx}=f'(x)$.

因此，导数等于函数的微分与自变量的微分之商，即 $\frac{dy}{dx}=f'(x)$，导数也称为“微商”.

注意：微分与导数虽有着密切联系，但它们是两个完全不同的概念. 导数是函数在一点处的变化率，导数的值只与 x 有关；而微分是当自变量有一微小变化时函数改变量 Δy 的近似值，微分的值与 x 和 Δx 都有关.

应用训练：

例 1　求函数 $y=x^2+3x+5$ 当 $x=1,\Delta x=0.01$ 时的 dy 与 Δy.

解：因为 $dy=(x^2+3x+5)'\cdot\Delta x=(2x+3)\cdot\Delta x$,

$\Delta y=[(x+\Delta x)^2+3(x+\Delta x)+5]-(x^2+3x+5)=(2x+3)\cdot\Delta x+(\Delta x)^2$

所以，当 $x=1,\Delta x=0.01$ 时，

$$dy\Big|_{\substack{x=1\\ \Delta x=0.01}}=(2x+3)\Delta x\Big|_{\substack{x=1\\ \Delta x=0.01}}=0.05,$$

$$\Delta y\Big|_{\substack{x=1\\ \Delta x=0.01}}=[(2x+3)\Delta x+(\Delta x)^2]\Big|_{\substack{x=1\\ \Delta x=0.01}}=0.05+0.0001=0.0501.$$

（二）微分的运算

由 $dy=f'(x)dx$ 可知，求微分 dy，只要求出导数 $f'(x)$ 再乘以 dx 即可.

例 2　求下列函数的微分：(1) $y=\sqrt{x}\cos x$；　(2) $y=\sin x^6$.

解：(1) $y'=(\sqrt{x}\cos x)'=(\sqrt{x})'\cos x+\sqrt{x}(\cos x)'=\dfrac{1}{2\sqrt{x}}\cos x-\sqrt{x}\sin x$，

$$dy=\left(\frac{1}{2\sqrt{x}}\cos x-\sqrt{x}\sin x\right)dx.$$

(2) $dy=(\sin x^6)'dx=6x^5\cos x^6dx$.

例 3　在括号内填入适当的函数，使下列等式成立：

(1) $d(\quad)=x^2dx$；　(2) $d(\quad)=\sin 3xdx$.

解：(1) 因为 $dx^3=3x^2dx$，所以 $x^2dx=\dfrac{1}{3}dx^3=d\left(\dfrac{1}{3}x^3\right)$，即 $d\left(\dfrac{1}{3}x^3\right)=x^2dx$，显然，对任何常数 C 都有 $d\left(\dfrac{1}{3}x^3+C\right)=x^2dx$.

(2) 因为 $d(-\cos 3x)=3\sin 3xdx$，

所以 $\sin 3xdx=\dfrac{1}{3}d(-\cos 3x)=d\left(-\dfrac{1}{3}\cos 3x\right)$，

即 $d\left(-\dfrac{1}{3}\cos 3x\right)=\sin 3xdx$，也有 $d\left(-\dfrac{1}{3}\cos 3x+C\right)=\sin 3xdx$.

（三）微分在近似计算中的应用

案例的讨论解决

分析：本题如果直接计算收入的增量比较麻烦，怎样用简便的方法估计增量呢？

解：该公司 9 月份产量的增加为 $\Delta x=280-270=10$（单位），

9 月份收入的增加量约为

$$\Delta R\approx dR=R'(x)\cdot\Delta x\Big|_{\substack{x=270\\ \Delta x=10}}=\left(37-\frac{1}{10}x\right)\cdot\Delta x\Big|_{\substack{x=270\\ \Delta x=10}}=100\text{（百元）},$$

即该公司 9 月份的收入增加了 10000 元.

应用训练：

例 4　立方体的体积从 $27m^3$ 扩大到 $27.3m^3$，问它的边长近似地改变了多少.

解：设立方体的边长为 xm，体积 $V=x^3$.

$\Delta V=0.3\approx dV=V'\Delta x=3x^2\Delta x=27\Delta x$，它的边长改变量 $\Delta x=\dfrac{0.3}{27}\approx 0.011$，

它的边长近似地改变了0.011m，即为1.1cm.

同步练习 1–5

1. 下列各式正确吗？

(1) $xdx = dx^2$；(　　)　　(2) $2xdx = dx^2$；(　　)

(3) $(\sqrt{3})' = 0$；(　　)　　(4) $xdx = \frac{1}{2}dx^2$；(　　)

(5) $(\sin 2x)' = \cos 2x$.(　　)

2. 填空：

(1) $d(e^{3x}) = ($　　　　$)$；　　(2) $d(\sin 2x) = ($　　　　$)$；

(3) $y = \frac{1}{x} + 2\sqrt{x}$，则 $dy = ($　　　　$)$；　　(4) $y = 2^x + 2\sqrt{x}$，则 $dy = ($　　　　$)$.

3. 已知 $y = (1+2x)^4$，求 dy.

4. 已知 $y = (2+5x)^4$，求 dy.

5. 已知 $y = 5x^2 + \ln x - 2^x + 4\cos x$，求 dy.

6. 已知 $y = (2x+5)^2$，求 dy.

1-6 最优化设计

函数的单调性是函数的重要性态之一，利用导数讨论单调性，进而可研究函数的一种局部性态——极值，极值又为研究应用广泛的函数最值提供了方法，可解决如“用料最省”，“产值最高”，“质量最好”，“耗时最少”等最值问题.

创设情境

案 例 设某商品在销售单价为 p(元)时，每天的需求是 $x = 18 - \frac{p}{4}$，某工厂每天生产该商品 x 单位的成本函数是 $C(x) = 120 + 2x + x^2$(元). 试问该工厂每天产量为多少时，可使利润最大. 这时商品价格和最大利润分别是多少？

任务导入 任务一：函数的单调性判定；

任务二：函数的极值判定；

任务三：函数的最值及应用.

知识掌握

(一)函数的单调性

1. 判定定理

观察图 1－6－1，单调增函数的图像是一条沿 x 轴正向逐渐上升的曲线，这时曲线上各点的切线倾斜角都是锐角，它们的斜率 $f'(x)>0$；观察图 1－6－2，单调减函数的图像则是一条沿 x 轴正向逐渐下降的曲线，这时曲线上各点的切线倾斜角都是钝角，它们的斜率 $f'(x)<0$.

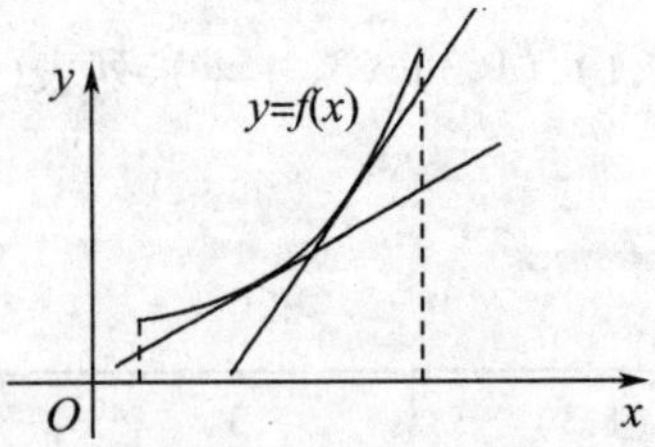

图 1－6－1

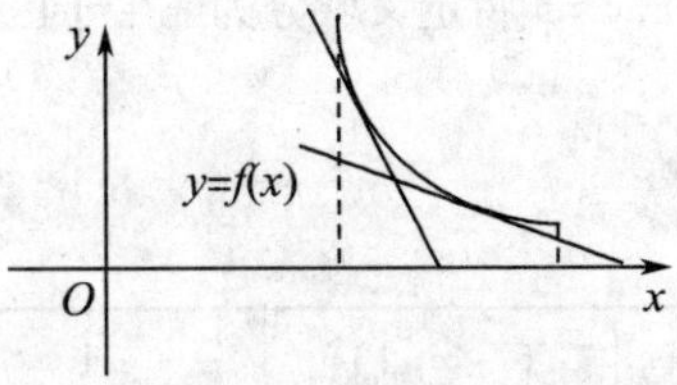

图 1－6－2

一般地，有以下定理：

定理（函数单调性的充分条件）设函数 $f(x)$ 在区间 (a,b) 内可导，

(1) 如果在 (a,b) 内，$f'(x)>0$，那么函数 $f(x)$ 在 (a,b) 内单调增加；

(2) 如果在 (a,b) 内，$f'(x)<0$，那么函数 $f(x)$ 在 (a,b) 内单调减少.

证明从略.

应用训练：

例 1　判定函数 $y=\arctan x-x$ 在区间 $(-\infty,+\infty)$ 内的单调性.

解：因为对任意的实数 x，有

$$y'=(\arctan x-x)'=\frac{1}{1+x^2}-1=-\frac{x^2}{1+x^2},$$

当 $x\neq 0$ 时，$y'<0$，当 $x=0$ 时，$y'=0$，

所以，函数 $y=\arctan x-x$ 在区间 $(-\infty,+\infty)$ 内单调减少.

注意：(1) 如果函数的导数仅在个别点处为零，而在其余的点处均满足定理的条件，那么定理的结论仍然成立.

(2) 定理只是函数在区间内单调增加（或减少）的充分非必要条件. 例如，函数 $y=x^3$，在区间 $(-\infty,+\infty)$ 内单调增加，但是 $y'\geq 0$.

(3) 导数为零的点称为驻点. 驻点可能是单调区间的分界点，此外导数不存在的点，其左右两边的点的导数正负也可能不同，故这些点也能作为单调区间的分界点.

（二）确定函数单调性的一般步骤

(1)确定函数的定义域；

(2)求出使 $f'(x)=0$ 和 $f'(x)$ 不存在的点；

(3)用 $f'(x)=0$ 和 $f'(x)$ 不存在的点划分函数的定义域为几个子区间，确定 $f'(x)$ 在各个子区间内的符号，列表讨论，判定出 $f(x)$ 的单调性.

例2　求函数 $f(x)=x^3-6x^2+9x-2$ 的单调区间.

解：(1)该函数的定义域为 $(-\infty,+\infty)$；

(2) $f'(x)=(x^3-6x^2+9x-2)'=3x^2-12x+9=3(x-1)(x-3)$，

令 $f'(x)=0$，得 $x=1$，$x=3$；

(3) $x=1$，$x=3$ 将定义域分为三个子区间：$(-\infty,1)$，$(1,3)$，$(3,+\infty)$，列表（表1-6-1）讨论：

表1-6-1

x	$(-\infty,1)$	1	$(1,3)$	3	$(3,+\infty)$
$f'(x)$	+	0	−	0	+
$f(x)$	↑		↓		↑

所以，$(-\infty,1)$ 和 $(3,+\infty)$ 是 $f(x)$ 的递增区间，$(1,3)$ 是 $f(x)$ 的递减区间.

例3　求函数 $f(x)=\dfrac{e^x}{1+x}$ 的单调区间.

解：(1)该函数的定义域为 $(-\infty,-1)\cup(-1,+\infty)$；

(2) $f'(x)=\dfrac{e^x(1+x)-e^x}{(1+x)^2}=\dfrac{xe^x}{(1+x)^2}$，令 $f'(x)=0$，得 $x=0$；

(3) $x=0$ 将定义域分为三个子区间 $(-\infty,-1)$，$(-1,0)$，$(0,+\infty)$，列表（表1-6-2）讨论：

表1-6-2

x	$(-\infty,-1)$	$(-1,0)$	0	$(0,+\infty)$
$f'(x)$	−	−	0	+
$f(x)$	↓	↓		↑

所以，$f(x)$ 在区间 $(-\infty,-1)$ 和 $(-1,0)$ 内单调减少，在区间 $(0,+\infty)$ 内单调增加.

二、函数的极值

(一)函数的极值

观察图 1-6-3,函数 $y=f(x)$ 在区间 (a,x_1),(x_2,x_3) 及 (x_4,b) 内是单调增加的,而在区间 (x_1,x_2),(x_3,x_4) 内是单调减少的,点 x_1,x_3 处的函数值 $f(x_1)$,$f(x_3)$ 比它们附近各点的函数值都大,而点 x_2,x_4 处的函数值 $f(x_2)$,$f(x_4)$ 比它们附近各点的函数值都小.

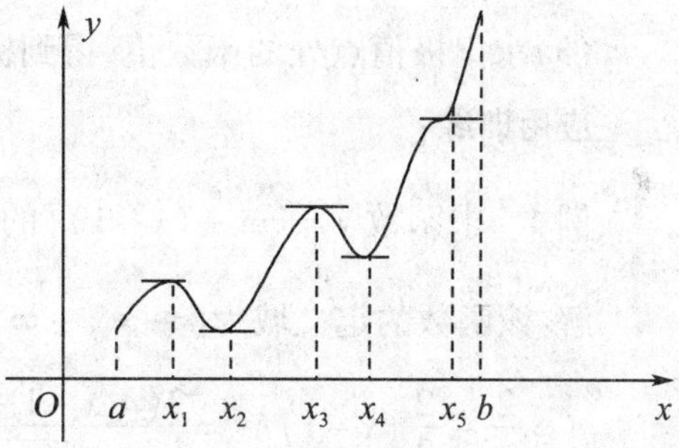

图 1-6-3

定义　设函数 $y=f(x)$ 在 x_0 的某邻域内有定义,若对于该邻域内异于 x_0 的 x 恒有

(1) $f(x_0)>f(x)$,则称 $f(x_0)$ 为函数 $f(x)$ 的极大值,x_0 称为 $f(x)$ 的极大值点;

(2) $f(x_0)<f(x)$,则称 $f(x_0)$ 为函数 $f(x)$ 的极小值,x_0 称为 $f(x)$ 的极小值点;函数的极大值、极小值统称为函数的极值,极大值点、极小值点统称为极值点.

在图 1-6-3 中,x_1,x_3 为 $f(x)$ 的极大值点,x_2,x_4 为 $f(x)$ 的极小值点.

注意:(1)函数的极值是一个局部概念,它只是与极值点邻近的点的函数值相比是较大或较小的,而不意味着它在函数的整个定义区间内为最大或最小.

(2)一个函数可能有若干个极大值或极小值,而且有的极小值可能比有的极大值还大.

(二)极值存在的判别

1. 定理 1(极值存在的必要条件)

如果函数 $f(x)$ 在点 x_0 处取得极值且在点 x_0 处可导,则 $f'(x_0)=0$(即 x_0 为驻点).

说明:(1) $f'(x_0)=0$ 只是 $f(x)$ 在点 x_0 处取得极值的必要条件,而不是充分条件,例如,函数 $f(x)=x^3$,$f'(0)=0$,但 $x=0$ 并不是极值点.

(2)对于可导函数来说,极值点必在导数为零的点(即驻点)之中. 实际上,对于连续但不可导的点,函数也可能达到极值. 例如,函数 $f(x)=x^{\frac{2}{3}}$ 在点 $x=0$ 处连续而导数不存在,但在 $x=0$ 处取得极小值 0.

综上所述,函数的极值点只能在驻点或者是在连续但不可导的点中产生,但是驻点和导数不存在的点又不一定是极值点,下面给出判断极值的两个充分条件.

2. 定理 2(极值判别法 1)

设函数 $y=f(x)$ 在点 x_0 的某领域内可导,且 $f'(x_0)=0$ 或 $f'(x_0)$ 不存在,则

(1)若 $x<x_0$ 时,$f'(x)>0$;当 $x>x_0$ 时,$f'(x)<0$,则 x_0 为 $f(x)$ 的极大值点;

(2)若 $x<x_0$ 时,$f'(x)<0$;当 $x>x_0$ 时,$f'(x)>0$,则 x_0 为 $f(x)$ 的极小值点;

(3)若 $f'(x)$ 在 x_0 的两侧同号,则 x_0 不是 $f(x)$ 的极值点.

应用定理 2(极值判别法 1)求函数极值的一般步骤:

(1)确定定义域,并找出所给函数的驻点和导数不存在的点;

(2)列表考察上述点两侧导数的符号,确定极值点;

(3)求出极值点处的函数值,得到极值.

应用训练:

例4 求函数 $y=\frac{2}{3}x-(x-1)^{\frac{2}{3}}$ 的极值.

解:该函数的定义域为 $(-\infty,+\infty)$.

$$y'=\frac{2}{3}-\frac{2}{3}(x-1)^{-\frac{1}{3}}=\frac{2(\sqrt[3]{x-1}-1)}{3\sqrt[3]{x-1}},$$

令 $y'=0$,得驻点 $x=2$. 另外,当 $x=1$ 时,y'不存在.

驻点 $x=2$ 和 y'不存在的点 $x=1$ 将 y 的定义域分为三个区间 $(-\infty,1)$,$(1,2)$,$(2,+\infty)$.

现列表(表1-6-3)讨论如下:

表1-6-3

x	$(-\infty,1)$	1	$(1,2)$	2	$(2,+\infty)$
$f'(x)$	+	不存在	−	0	+
$f(x)$	↑	极大值 $f(1)$	↓	极小值 $f(2)$	↑

由上表可知,函数极大值为 $f(1)=\frac{2}{3}$,极小值为 $f(2)=\frac{1}{3}$.

例5 求函数 $f(x)=x^3-3x+5$ 的极值.

解:该函数的定义域为 $(-\infty,+\infty)$;

$f'(x)=(x^3-3x+5)'=3x^2-3$. 令 $f'(x)=0$,得 $x=\pm1$.

$x=\pm1$ 将定义域分为三个子区间:$(-\infty,-1)$,$(-1,1)$,$(1,+\infty)$,列表(表1-6-4)讨论:

表1-6-4

x	$(-\infty,-1)$	-1	$(-1,1)$	1	$(1,+\infty)$
$f'(x)$	+	0	−	0	+
$f(x)$	↑	极大值 $f(-1)$	↓	极小值 $f(1)$	↑

所以,函数极大值为 $f(-1)=7$,极小值为 $f(1)=3$.

3. 定理3(极值判别法2)

设函数 $y=f(x)$ 在点 x_0 处二阶可导,且 $f'(x_0)=0$,

(1)若 $f''(x_0)<0$,则 x_0 为 $f(x)$ 的极大值点;

(2)若 $f''(x_0)>0$,则 x_0 为 $f(x)$ 的极小值点;

(3)若$f''(x_0)=0$,则此方法不能判定x_0是否为极值点.

运用定理3(极值判别法2)求函数极值的一般步骤:

(1)确定定义域,并求出所给函数的全部驻点;

(2)考察函数的二阶导数在驻点处的符号,确定极值点;

(3)求出极值点处的函数值,得到极值.

例6　求函数$y=x^3-3x^2-9x+1$的极值.

解:$y'=3x^2-6x-9=3(x+1)(x-3)$,令$y'=0$,得驻点$x=-1,x=3$,

因为$y''=6x-6$,故$f''(-1)=-12<0,f''(3)=12>0$,

根据极值判别法2,所以$x=-1$是极大值点,极大值为$f(-1)=6$,

$x=3$是极小值点,极小值为$f(3)=-26$.

注意:(1)如果$f''(x_0)=0$,则x_0可能是$f(x)$的极值点,也可能不是极值点.

例如,$y=x^3$和$y=x^4$的一阶和二阶导数在$x=0$处都等于零,而在该点处,前者无极值,后者取得极小值.

(2)对某些问题,用极值判别法2比用极值判别法1简便些,但极值判别法2的适用范围较窄.对于不可导点,只能利用极值判别法1来进行判定.

三、函数的最大值和最小值

(一)连续函数在闭区间$[a,b]$上的最值

定理　若函数$f(x)$在闭区间$[a,b]$上连续,则$f(x)$在$[a,b]$上必有最大值与最小值.

这个定理给出了函数在闭区间上存在最大值与最小值的充分条件.

求函数$f(x)$在闭区间$[a,b]$上的最大(小)值的步骤是:

(1)求出$f(x)$在(a,b)内的所有驻点和不可导点;

(2)求出函数$f(x)$在驻点、不可导点和端点a与b处的值;

(3)比较上述各值,最大者为最大值,最小者为最小值.

注意:最大值和最小值是整体的概念,是所考察的闭区间上全部函数值的最大者或最小者.

应用训练:

例7　求函数$f(x)=x^3-3x^2-24x-2$在$[-5,5]$上的最大值与最小值.

解:$f'(x)=(x^3-3x^2-24x-2)'=3x^2-6x-24=3(x+2)(x-4)$,

令$f'(x)=0$,解得$x=-2,x=4$,计算出$f(-2)=26,f(4)=-82$,

再计算出$f(-5)=-82,f(5)=-72$.

比较这四个函数值,得出函数$f(x)$在$[-5,5]$上的最大值为$f(-2)=26$,最小值为$f(-5)=f(4)=-82$.

（二）实际问题的最值

实际问题中的函数在一个区间（有限或无限，开或闭）内可导且只有一个驻点 x_0，并且这个驻点是 $f(x)$ 的唯一极值点，那么当 $f(x_0)$ 是极大值时，$f(x_0)$ 就是该区间上的最大值，当 $f(x_0)$ 是极小值时，$f(x_0)$ 就是该区间上的最小值. 即生产实践的问题，根据实际意义知必有最值，所讨论的区间内仅有一个可能的极值点，这个极值点就是所求的最值点，无须再进行判断.

案例的讨论解决

解：由 $x=18-\frac{p}{4}$，有 $p=72-4x(0\leqslant x\leqslant 18)$，从而总收入

$$R(x)=xp=x(72-4x),$$

利润为 $L(x)=R(x)-C(x)=x(72-4x)-(120+2x+x^2)=-5x^2+70x-120.$

从而 $L'(x)=-10x+70$，令 $L'(x)=0$ 得唯一驻点 $x=7$.

由问题的实际意义可知，最大利润必然存在，而 $L(x)$ 在 $[0,18]$ 内只有唯一一个驻点，因此，当产量 $x=7$ 时，可使利润最大，最大利润为 $L(7)=125$（元），这时商品的价格为 $p=72-4\times 7=44$（元）.

同步练习 1-6

1. 函数 $y=f(x)$ 在点 $x=x_0$ 处可导，且取得极大值，则必有（　　）.

A. $f'(x_0)=0$　　B. $f'(x_0)<0$　　C. $f'(x_0)>0$　　D. 不确定

2. 判断：设 x_0 是可导函数 $f(x)$ 的驻点，则 x_0 必是 $f(x)$ 的极值点.（　　）

3. 求函数 $f(x)=x^3-3x+2$ 的单调区间、极值点、极值.

4. 函数 $f(x)=x^3+1$ 在区间 $[-1,3]$ 上的最小值为（　　）.

A. 0　　B. 1　　C. 3　　D. 28

5. 函数 $f(x)=x^2-2x$ 在区间 $[-1,3]$ 上的最小值为（　　）.

A. 0　　B. 1　　C. -1　　D. 3

6. 设某产品的总成本为 $C(x)=10000+50x+x^2$（x 为产量，单位：件），产量为多少件时，每件产品的平均成本最低？

1-7 边际分析

利用导数进一步研究经济理论中常用方法之一：边际分析. 在经济学中，会用边际这

个概念来度量一个经济变量 x 的变化而引起另一个经济变量 y 的变化情况.

创设情境

案 例　　**哪家公司更精明?**

从泰安开往济南的公交车即将出发,无论哪家公司的车,票价均为27元,一位匆匆赶来的乘客见一家国有公司的车上尚有座位,要求上车,以已经检完票为由被拒绝了.他又找到一家也有空位的私人公司的车,要求以20元上车,售票员二话没说,收了20元允许他上车了,哪家公司的行为更精明呢?

案例的讨论解决

当这名乘客要求以20元上车时,实际上我们考虑边际成本与边际收益这两个概念.

边际成本:增加一名乘客(自变量)所增加的成本.

边际收益:增加一名乘客(自变量)所增加的收益.

思考:1. 该案例边际成本与边际收益各为多少?

2. 让乘客上车划算吗?

3. 如何理解边际的含义?

边际分析法就是讨论自变量变动一个单位时,因变量会变动多少的方法.

任务导入　任务一:边际分析法的数学原理与经济含义;

任务二:根据企业的数据资料,进行边际计算分析,为企业决策提供依据.

知识掌握

(一)边际分析法的数学原理与经济含义

定义1　经济函数 $y=f(x)$ 的导函数 $y'=f'(x)$ 称为该函数的边际函数. $f'(x_0)$ 称为 $f(x)$ 在 x_0 点的边际函数值.

根据微分学知识,当自变量的增量 Δx 的绝对值较小时,函数的微分近似等于函数的改变量,即 $\Delta y\approx dy=f'(x)\Delta x$,当 $x=x_0$, $\Delta x=1$ 时,有 $\Delta y\approx f'(x_0)$.

所以边际函数值 $f'(x_0)$ 的经济意义为:在 x_0 点当 x 产生一个很小单位改变时,函数 $f(x)$ 就近似改变了 $f'(x_0)$ 个单位.

下面给出常用的三种边际函数.

1. 边际成本

设生产某种产品的总成本函数为 $C=C(q)$(q 为产量),则称 $C'=C'(q)$ 为边际成本函数，$C'(q_0)$为产量是 q_0 时的边际成本.

$C'(q_0)$的经济意义：当产量为 q_0 时，再多生产一个单位的产品($\Delta q=1$)总成本就近似增加了 $C'(q_0)$个单位.

2. 边际收入

设销售某种商品的收入函数为 $R=R(q)$(q 为销量)，则称 $R'=R'(q)$为边际收入. $R'(q_0)$为销量是 q_0 时的边际收入.

$R'(q_0)$的经济意义为：当销售量为 q_0 时，再多销售一个单位产品($\Delta q=1$)，总收入近似增加的数量.

3. 边际利润

设某产品销售量为 q 时的总利润为 $L=L(q)$，称 $L(q)$为总利润函数. 称 $L'(q)$为销售量为 q 时的边际利润，它近似等于销售量为 q 时再多销售一个单位产品所增加的利润.

由于总利润为总收入与总成本之差，即有 $L(q)=R(q)-C(q)$.

上式两边求导，得

$$L'(q)=R'(q)-C'(q).$$

即边际利润等于边际收入与边际成本之差.

(二)边际分析的应用

例 1　某煤炭公司每天生产 q 吨煤的总成本函数为

$$C(q)=2000+450q+0.02q^2.$$

如果每吨煤的销售价为 490 元，求：

(1)边际成本；(2)边际收入；(3)边际利润；(4)边际利润为 0 时的产量.

解：(1)边际成本 $C'(q)=450+0.04q$；

(2)收入函数 $R(q)=490q$，故边际收入 $R'(q)=490$；

(3)$L'(q)=R'(q)-C'(q)=490-(450+0.04q)=40-0.04q$；

(4)由 $L'(q)=0$，解得 $q=1000$，即边际利润为 0 时的产量是 1000 吨.

容易看出，边际利润为零时的产量正是使总利润最大时的产量.

例 2　一个生产某种电器的公司，销量为 q(单位：台)时总利润函数(单位：元)为 $L(q)=-5q^2+1500q$，请你帮助公司解决以下问题：在销量为 100 台、150 台和 200 台时的边际利润，并说明其经济含义. 边际分析法可为企业解决什么问题?

解：$L'(q)=-10q+1500$，$L'(100)=500$，$L'(150)=0$，$L'(200)=-500$.

经济含义：在产量 100 台时，再多生产 1 台，总利润约增加 500 元. 在产量 150 台时，再多生产 1 台，总利润无增加. 在产量 200 台时，再多生产 1 台，总利润约减少 500 元.

边际分析法可为企业解决什么问题?

当边际利润为正值时，增产增利；边际利润为负值时，增产减利；边际利润为 0 时，总利润最大,与其对应的产量,为最优投入量.

企业可通过边际分析为企业生产经营进行决策.

1-8 弹性分析

利用导数进一步研究经济理论中常用的方法:弹性分析. 在经济活动中,常需要比较两个经济量的变化幅度所产生的经济效果,即 y 对 x 的弹性进行经济分析.

创设情境

案 例 **哪种产品对价格更敏感(弹性)?**

实际生活中,发现不同商品对价格的灵敏度是不同的,有的产品,即使价格上升,需求量也不会减少多少. 例如,大米、看病对价格变化灵敏度低. 但水果则不同,便宜的时候可以多吃,随着季节的变化,价格上升了可以适当少吃一点,因此水果是对价格变化比较敏感的东西. 水果比大米对价格更有弹性.

案例的讨论解决

弹性定量地描述了:一个量对另一个量变化的灵敏程度.

任务导入 任务一:弹性分析法的数学原理与经济含义;

任务二:根据企业的数据资料,进行弹性计算分析,为企业决策提供依据.

知识掌握

(一)弹性分析法的数学原理与经济含义

1. 弹性分析法

在经济活动中,有时需要比较两个经济量的变化幅度所产生的经济效果. 例如,变量 x 在 $x=100$ 的基础上增加 1,和变量 y 在 $y=10$ 的基础上增加 1,虽然 x 和 y 都是增加 1,但其经济意义是不一样的. 为此引进相对改变量的概念.

定义 1　若变量 x 在某一点处取得改变量 Δx,则称$\frac{\Delta x}{x}$为 x 的相对改变量;相应地,Δx 称为 x 的绝对改变量.

导数$\frac{dy}{dx}$是 x 与 y 的绝对改变量比值$\frac{\Delta y}{\Delta x}$的极限.

经济学中,称 x,y 的相对改变量$\frac{\Delta y}{y}$与$\frac{\Delta x}{x}$比值的极限为 y 对 x 的弹性.

定义2　设函数$f(x)$在点x的某邻域内有定义，且$f(x)\neq 0$，如果点x处的相对改变量$\frac{\Delta y}{y}$与$\frac{\Delta x}{x}$比值的极限存在，则称此极限值为函数$y=f(x)$在点x处的弹性，记为$\frac{Ey}{Ex}$.

即
$$\frac{Ey}{Ex}=\lim_{\Delta x\to 0}\frac{\frac{\Delta y}{y}}{\frac{\Delta x}{x}}=\lim_{\Delta x\to 0}\frac{x}{y}\frac{\Delta y}{\Delta x}=\frac{x}{y}f'(x).$$

点x_0处的弹性的计算公式：$\left.\frac{Ey}{Ex}\right|_{x=x_0}=\frac{x_0}{y_0}f'(x_0)$，或记作$E(x_0)$.

经济含义：自变量x变化1%时，因变量y会近似地变化$|E(x_0)|$%.

2. 需求价格弹性

若某商品的需求函数$Q=Q(p)$可导，则称$\frac{EQ}{Ep}=\frac{p}{Q(P)}\frac{dQ}{dp}$为该商品的需求价格弹性，简称为需求弹性. 需求弹性$\frac{EQ}{Ep}$表示某商品需求量Q对价格p变动反应的灵敏度. 由于需求函数为价格减函数，故需求弹性为负值.

经济含义：当商品的价格上涨（或下跌）1%时，其需求量将减少（或增加）约$\left|\frac{EQ}{Ep}\right|$%. 在经济学中，比较商品的需求弹性大小时，采用弹性的绝对值$\left|\frac{EQ}{Ep}\right|$. 当说商品的需求弹性大时，是指其绝对值大.

当$\frac{EQ}{Ep}=-1$（即$\left|\frac{EQ}{Ep}\right|=1$）时，称为单位弹性，此时商品需求量变动的百分比$\frac{\Delta Q}{Q}$与价格变动的百分比$\frac{\Delta p}{p}$相等.

当$\frac{EQ}{Ep}<-1$（即$\left|\frac{EQ}{Ep}\right|>1$）时，称为高弹性（或富有弹性），此时商品需求量变动的百分比$\frac{\Delta Q}{Q}$高于价格变动的百分比$\frac{\Delta p}{p}$，价格变动时对需求量的影响较大.

当$-1<\frac{EQ}{Ep}<0$（即$\left|\frac{EQ}{Ep}\right|<1$）时，称为低弹性（或缺乏弹性），此时商品需求量变动的百分比$\frac{\Delta Q}{Q}$低于价格变动的百分比$\frac{\Delta p}{p}$，价格变动对需求量的影响较小.

3. 提价（降价）策略对总收益的影响

在商品经济中，商品经营者关心的是提价（$\Delta p>0$）或降价（$\Delta p<0$）对总收益的影响. 设销售收益$R=Qp$（Q为销售量，p为价格），则当价格p有微小改变量Δp时，$\Delta R\approx dR=R'dp=\left(1+\frac{EQ}{Ep}\right)Qdp$.

由$\frac{EQ}{Ep}<0$知$\frac{EQ}{Ep}=-\left|\frac{EQ}{Ep}\right|$,于是有$\Delta R\approx\left(1-\left|\frac{EQ}{Ep}\right|\right)Q\Delta p$.

由此可知,当$\left|\frac{EQ}{Ep}\right|>1$(高弹性)时,降价($\Delta p<0$)可使总收益增加($\Delta R>0$),薄利多销多收益;提价($\Delta p>0$)将使总收益减少($\Delta R<0$). 当$\left|\frac{EQ}{Ep}\right|<1$(低弹性)时降价使总收益减少,提价使总收益增加. 当$\left|\frac{EQ}{Ep}\right|=1$(单位弹性)时,总收益的变化近似为0($\Delta R=0$),即提价或降价对总收益没有明显的影响.

(二)弹性分析的应用

例1　设某种商品的需求函数为$Q=60-2p$,

(1)求当$p=10$时需求弹性,并判断该需求函数是缺乏弹性、单位弹性、高弹性?

(2)求当$p=10$时,若价格上涨1%,总收益将变化百分之几? 是增加还是减少?

(3)求当$p=20$时,若价格上涨1%,总收益将变化百分之几? 是增加还是减少?

(4)弹性分析法可为企业解决什么问题?

解:(1)需求弹性函数为$\frac{EQ}{Ep}=p\frac{Q'}{Q}=\frac{-2p}{60-2p}$,当$p=10$时的值为$-\frac{1}{2}$,

所以需求函数是缺乏弹性的.

(2)由条件知总收益函数为$R=pQ=60p-2p^2$,

收益对价格的弹性函数为$\frac{ER}{Ep}=p\frac{R'}{R}=\frac{60-4p}{60-2p}$,

当$p=10$时的值为0.5,所以若价格上涨1%,总收益将增加百分之0.5.

(3)而当$p=20$时的值为-1,所以若价格上涨1%,这时总收益将减少百分之1.

(4)弹性分析法可为企业解决什么问题?

对于高弹性商品,营销策略:采取薄利多销的竞争策略,适当降低商品价格会使需求量大幅度上升,从而增加收入,例如:空调、电视、汽车等高档生活用品及旅游和专业服务等. 对于低弹性商品,营销策略:适当涨价后,需求量不会有太大的下降,从而可以使总收入增加,例如:生活必需品,如粮食、药品、鞋油、牙膏等. 对于单位弹性商品,营销策略:稳定价格,以静制动;适当降价,增加销量,提高市场占有率;提高价格,提高声誉. 例如报纸等.

同步练习　1-7、1-8

1. 根据某企业一月统计数据资料,已知固定成本10万元;变动成本是q^2-10q,q是产量,每吨产品的销售价格为20万元;

(1)列出总成本函数;

(2)列出总收入函数；

(3)列出总利润函数；

(4)求每月生产 8 吨、15 吨、20 吨时边际利润；并说明其经济含义；

(5)求最大利润时月产量；

(6)边际分析法可为企业解决什么问题？

2. 设某商品的需求函数为 $q=75-p^2$（p 为价格），

(1)求需求对价格的弹性；

(2)列出总收入关于价格的函数；

(3)求总收入对价格的弹性；

(4)求价格 $p=4$ 时的需求弹性、收入弹性；并说明其经济含义；

(5)弹性分析法可为企业解决什么问题？

3. 某种产品总成本 C（万元）是产量 q（万件）的函数

$$C(q)=100+6q-0.4q^2+0.02q^3,$$

问当产量为 10 万件时，从降低成本的角度看，继续提高产量是否妥当？

4. 设某种产品的价格 p 与销售量 Q 的关系为 $p=10-\frac{Q}{5}$，求销售量为 10 个单位时的边际收入，并说明其经济意义.

5. 设某种商品的需求函数为 $Q=75-p^2$，求使总收益最大时的价格 p 和销售量 Q，并求最大总收益. 当 $p=4$ 时，若价格上涨 1%，总收益将变化百分之几？是增加还是减少？

习题二

1. 默写导数的基本公式.

2. 求曲线 $y=-\sqrt{x}+2$ 上点(1,1)处的切线和法线方程.

3. 求下列函数的导数：

(1) $y=\frac{x^2}{2}+\frac{2}{x^2}-5$；　　(2) $y=2^x+x^8+e^2$；

(3) $y=(3x^2+6)(2x-5)$；　　(4) $y=e^x\ln x$；

(5) $y=x\sin x\ln x$.

4. 求下列函数的导数：

(1) $y=(3x+1)^5$；　　(2) $y=\sin 2^x$；

(3) $y=\ln(1+x^2)$；　　(4) $y=\ln x^2+(\ln x)^2$；

(5) $y=\arctan\sqrt{x}$.

5. 求下列函数的二阶导数：

(1) $y=3x^5-4x^3+7$；　　(2) $y=xe^{x^2}$；

(3) $y=\ln(1+x^2)$；　　(4) $y=\sin^4x+\cos^4x$.

6. 求函数 $f(x)=3x^3-9x+2$ 的单调区间、极值点、极值.

7. 证明函数 $y=x-\ln(1+x^2)$ 在定义域内单调增加.

8. 某企业生产每批某种产品 x 单位的总成本为 $C(x)=3+x$（万元），得到的总收入为 $R(x)=7x-x^2$，为了提高经济效益，每批生产多少个单位，才能使总利润最大？

9. 某工厂生产某种产品，每天的收益 R（单位：元）与产量 q（单位：t）的函数关系为 $R(q)=250q$，而成本函数为 $C(q)=5q^2$，求当每天生产 20t、25t、30t 时的边际利润，并说明其经济意义.

10. 设某商品的需求量 Q 与价格 p 的函数关系为 $Q=1600\left(\frac{1}{4}\right)^p$，求需求量 Q 对于价格 p 的弹性函数.

11. 设某产品的价格函数为 $p=20-\frac{\sqrt{q}}{5}$，其中 p 为价格，q 为销售量，求价格为 10 元时的需求弹性，并解释其经济意义.

12. 求下列函数的微分：

(1) $y=\frac{1}{x^2}+\sqrt{x}$；　　(2) $y=x^2\sin x$；

(3) $y=\sqrt{1+x^2}$；　　(4) $y=\sin^3x$.

自测题 A（基础层次）

一、单项选择题：（每小题 3 分，共 18 分）

1. 下列各式正确的是（　　）.

A. $\sin x dx=d\cos x$　　B. $xdx=dx^2$

C. $\ln x dx=d\frac{1}{x}$　　D. $3dx=d3x$

2. 设函数 $f(x)=(x-1)(x+2)$，则 $f''(0)=$（　　）.

A. 1　　B. 2　　C. 0　　D. -2

3. 设函数 $y=e^{xy}$，则 $dy=$（　　）.

A. $e^{xy}dx$　　B. $e^{xy}(1+x)dx$　　C. $\frac{ye^{xy}}{1-xe^{xy}}dx$　　D. $\frac{xe^{xy}}{1-ye^{xy}}dx$

4. 函数 $f(x)=\begin{cases}2x^2, x\leqslant 1,\\ 3x-1, x>1,\end{cases}$ 则 $f(x)$ 在点 $x=1$ 处（　　）.

A. 不连续但极限存在　　B. 连续，但不可导

C. 可导　　D. 极限不存在

5. 设函数 $f(x)=x^3+5x^2-8x+9$ 的一阶导数为 0，则 $x=($　　$)$.

A. $\frac{2}{3}$或 4　　B. $-\frac{2}{3}$或 4　　C. $\frac{2}{3}$或 -4　　D. $-\frac{2}{3}$或 -4

6. 设函数 $f(x+1)=x\ln x$，则 $f'(x)=($　　$)$.

A. $1+\ln x$　　B. $\ln x$　　C. $1+\ln(x-1)$　　D. $x+\ln x$

二、填空题：（每小题 4 分，共 24 分）

1. 设 $y=e^{5x}$，则 $y'|_{x=0}=$ ________；

2. 设函数 $y=\ln x+2$，则 $\lim\limits_{\Delta x\to 0}\frac{f(x+\Delta x)-f(x)}{\Delta x}=$ ________；

3. 设函数 $y=\ln(\cos x)+\sin\frac{\pi}{5}$，则 $dy=$ ________；

4. 曲线 $y=x^3-2x$ 在点________处的切线与直线 $x-y+3=0$ 平行；

5. 设函数 $f\left(\frac{1}{x}\right)=x$，则 $f'(x)=$ ________；

6. 曲线 $y=x^2+\frac{1}{x}+2$ 在点 $x=1$ 处的切线斜率为________.

三、计算解答题：（每小题 8 分，共 48 分）

1. 设函数 $y=5x^3-2^x+3e^x$，求 y'；

2. 设函数 $y=x^2\ln x$，求 $y'(e)$；

3. 设函数 $y=\frac{\sin x}{x^2+1}$，求 dy；

4. 设函数 $y=\tan^2x+\ln\cos x$，求 dy；

5. 求函数 $y=x\cos x$ 的二阶导数；

6. 求曲线 $x^2-xy+y^2=7$ 在 $x=2$ 相应点处的切线方程.

四、应用题：（本题 10 分）

立方体的体积从 64m^3 扩大到 64.4m^3，问它的边长近似地改变了多少？

自测题 B（提高层次）

一、单项选择题：（每小题 3 分，共 18 分）

1. 下列各式中正确的是(　　).

A. $\frac{1}{2\sqrt{x}}dx=d\sqrt{x}$　　B. $xdx=d(x+1)$

C. $\ln x dx = d\frac{1}{x}$　　D. $\frac{1}{\sqrt{1-x^2}}dx = d\arccos x$

2. 设函数 $f(x) = x(x-1)(x-2)\cdots(x-5)$，则 $f'(0) =$ (　　).

A. 0　　B. $-5!$　　C. $5!$　　D. -15

3. 设函数 $y = \sin(x+y)$，则 $dy =$ (　　).

A. $\cos(x+y)dx$　　B. $(1+y)\cos(x+y)dx$

C. $\frac{\cos(x+y)}{1-\cos(x+y)}dx$　　D. $\frac{-\cos(x+y)}{1-\cos(x+y)}dx$

4. 函数 $f(x) = |x-2|$ 在点 $x=2$ 处(　　).

A. 极限不存在　　B. 极限存在但不连续

C. 连续但不可导　　D. 可导

5. 函数 $f(x) = 2x^3 - 9x^2 + 12x + 15$，当 x 满足(　　)时，它的一阶导数小于0.

A. $x>1$ 或 $x<2$　　B. $x>1$　　C. $x<2$　　D. $1<x<2$

6. 设 $y = f(x+1)$，则 $y'' =$ (　　).

A. $f''(x)$　　B. $f''(x+1)(x+1)$

C. $f''(x+1)$　　D. $f'(x+1)+(x+1)f''(x+1)$

二、填空题：(每小题4分，共24分)

1. 设函数 $y = \frac{\sin x}{1+\cos x}$，则 $y'\left(\frac{\pi}{3}\right) =$ ________；

2. 设函数 $f(x) = e^x + 3$，则 $\lim\limits_{x\to 0}\frac{f(x)-4}{x} =$ ________；

3. 设函数 $y = \ln\sqrt{\cos x}$，则 $dy =$ ________；

4. 曲线 $y = x - \sin x$ 在点________处的切线平行于 x 轴；

5. 设函数 $f(x) = 2^x$，$g(x) = x^2$，则 $f'(g'(x)) =$ ________；

6. 某产品的总成本函数为 $C(q) = q^2 + 9q + 400$，则产量 q 为100时，产品的总成本的变化率为________.

三、计算解答题：(每小题8分，共48分)

1. 设函数 $y = \sqrt{x}\tan x - 2\arcsin x$，求 y'；

2. 设函数 $y = \frac{(x+1)\sin x}{e^x}$，求 $y'(0)$；

3. 设函数 $y = \ln^2\cot(3x-7)$，求 dy；

4. 求函数 $y = (1+x^2)\operatorname{arccot} x$ 的二阶导数；

5. 求曲线 $y^3 = x^2 + xy + y^2$ 在 $x = -1$ 相应点处的切线方程；

6. 设函数 $f(x)=\begin{cases}\sin x, x\geqslant 0,\\ ax+b, x<0,\end{cases}$ 在 $x=0$ 处可导,求 a 与 b 的值.

四、证明题:(本题 10 分)

设函数 $f(x+1)=af(x)$,且 $f'(0)=b(a,b\neq 0)$,证明:$f'(1)=ab$.

任务三 不定积分与定积分

1-9 由边际成本求总成本函数

导数(或微分)与不定积分是两个互逆的运算过程,该任务主要讨论积分学的基本问题——不定积分的概念、性质和计算方法及不定积分在经济方面的应用.

创设情境

在经济学中,边际概念是一个重要概念,导数是经济函数的边际函数;反过来,若已知边际函数,由不定积分可求得原经济函数. 在经济分析中,常用不定积分来求经济总量及变动值,并通过对经济总量变动值的综合对比分析,对企业的经营决策做出正确调整.

案 例 某产品的边际成本为 $C'(x)=6+0.5x$(万元/吨),固定成本 $C(0)=5$(万元),边际收入为 $R'(x)=12-x$(万元/吨),求:

(1) 总成本函数;总收入函数;总利润函数;

(2) 获得最大利润时的产量及最大利润.

任务导入 不定积分的概念、运算及应用.

知识掌握

一、不定积分的概念与性质

(一) 原函数与不定积分

1. 原函数

定义 1 设 $y=f(x)$ 是定义在某一区间上的已知函数,如果存在一个函数 $y=F(x)$,使

得 $F'(x)=f(x)$，则称 $F(x)$ 是 $f(x)$ 的一个原函数.

例如，因为 $(x^2)'=2x$，所以 x^2 是 $2x$ 的一个原函数. 由 $(x^2-1)'=2x$ 知，x^2-1 也是 $2x$ 的一个原函数，说明如果原函数存在的话，那么一定不唯一. 有下面的定理：

定理　如果函数 $F(x)$ 是 $f(x)$ 在某区间上的一个原函数，那么 $F(x)+C$ 也是 $f(x)$ 在该区间上的原函数，并且 $F(x)+C$ 是 $f(x)$ 在该区间上的全体原函数，其中 C 为任意常数.

此定理说明，只要找到了 $f(x)$ 的一个原函数 $F(x)$，则 $f(x)$ 的全部原函数为 $F(x)+C$.

2. 不定积分

定义 2　设函数 $F(x)$ 是 $f(x)$ 的一个原函数，则称 $f(x)$ 的原函数的全体 $F(x)+C$ 为 $f(x)$ 的不定积分，记作 $\int f(x)dx$. 即

$$\int f(x)dx = F(x) + C.$$

其中符号"$\int$"叫作积分号，x 叫作积分变量，$f(x)$ 叫作被积函数，$f(x)dx$ 叫作被积表达式，C 叫作积分常数.

由不定积分定义可知，求已知函数的不定积分，只要求出它的一个原函数，然后再加上积分常数 C 即可.

求已知函数的原函数或不定积分的方法，称为不定积分法，简称积分法.

例如，因为 $(x^3)'=3x^2$，所以 $\int 3x^2dx=x^3+C$.

注意：不定积分表示的是被积函数的所有原函数，它不是一个函数，而是一个函数族，集中体现在任意常数 C 上，因此，求函数的不定积分时，积分常数 C 不能丢掉.

3. 不定积分的几何意义

设函数 $F(x)$ 是 $f(x)$ 的一个原函数，则函数 $y=F(x)$ 的图形叫作 $f(x)$ 的一条积分曲线.

如果将它沿 y 轴向上或向下平移 $|C|$ 个单位可得到所有积分曲线. 所以，不定积分 $\int f(x)dx$ 的图形是一个积分曲线族，其方程为 $y=F(x)+C$. 这个积分曲线族在横坐标相同点处的切线互相平行（如图 1-9-1）.

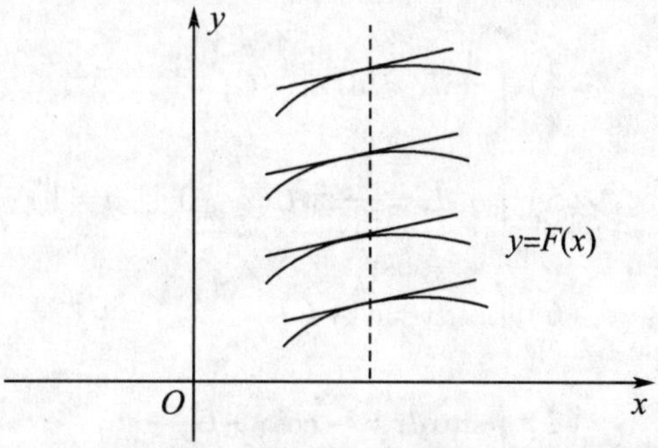

图 1-9-1

（二）不定积分的性质

性质 1　求不定积分运算与求导数（或微分）运算互为逆运算，即

(1) $\left[\int f(x)dx\right]'=f(x)$ 或 $d\int f(x)dx=f(x)dx$；

(2) $\int f'(x)dx = F(x) + C$ 或 $\int dF(x) = F(x) + C$.

性质说明:若先积分后微分,则两种运算可以互相抵消;反之,若先微分后积分,两种运算抵消后,差一个常数.

例如,$\left(\int 2xdx\right)' = 2x$, $\int (\cos 3x^2)'dx = \cos 3x^2 + C$.

性质2　两个函数代数和的不定积分等于它们不定积分的代数和,即

$$\int [f(x) \pm g(x)]dx = \int f(x)dx \pm \int g(x)dx.$$

性质3　被积函数中不为零的常数因子,可以提到积分号前面,即

$$\int kf(x)dx = k\int f(x)dx \quad (k \neq 0).$$

推论:有限个函数代数和的不定积分等于各函数不定积分的代数和,即

$$\int [k_1 f_1(x) + k_2 f_2(x) + \cdots + k_n f_n(x)]dx$$

$$= k_1\int f_1(x)dx + k_2\int f_2(x)dx + \cdots + k_n\int f_n(x)dx.$$

(三)基本积分公式

我们已经知道,积分是微分的逆运算,因此很容易从函数的导数公式得到相应的积分公式.

(1) $\int 0dx = C$;

(2) $\int kdx = kx + C$(k 为常数);

(3) $\int x^{\alpha}dx = \frac{1}{\alpha + 1}x^{\alpha + 1} + C$($\alpha$ 是常数,且 $\alpha \neq -1$);

(4) $\int \frac{1}{x}dx = \ln|x| + C$;

(5) $\int a^x dx = \frac{a^x}{\ln a} + C$($a > 0$ 且 $a \neq 1$);

(6) $\int e^x dx = e^x + C$;

(7) $\int \sin x dx = -\cos x + C$;

(8) $\int \cos x dx = \sin x + C$;

(9) $\int \frac{1}{\sin^2 x}dx = \int \csc^2 x dx = -\cot x + C$;

(10) $\int \frac{1}{\cos^2 x}dx = \int \sec^2 x dx = \tan x + C$;

(11) $\int \frac{1}{1+x^2}dx = \arctan x + C$;

(12) $\int \frac{1}{\sqrt{1-x^2}}dx = \arcsin x + C$.

(四)直接积分法求不定积分

直接积分法:积分过程中,将被积函数化为和差形式,再利用积分的基本性质与基本公式求解.

例1 求 $\int (2x^2 + 3x - 5)dx$.

解:$\int (2x^2 + 3x - 5)dx = 2\int x^2 dx + 3\int x dx - 5\int dx$

$= 2 \cdot \frac{1}{2+1}x^{2+1} + C_1 + 3 \cdot \frac{1}{1+1}x^{1+1} + C_2 - 5x + C_3$

$= \frac{2}{3}x^3 + \frac{3}{2}x^2 - 5x + C$.

说明:$C_1 + C_2 + C_3$仍为一个任意常数,故最后将其合并为一个常数 C.

注意:因为有限个任意常数的代数和还是一个任意常数,为简便计算,今后在计算各项积分时,不必分别加任意常数,最后加一个就行了.

例2 求 $\int 2^x e^x dx$.

解:$\int 2^x e^x dx = \int (2e)^x dx = \frac{(2e)^x}{\ln(2e)} + C = \frac{2^x e^x}{1+\ln 2} + C$.

例3 求 $\int \frac{2x^2}{1+x^2}dx$.

解:$\int \frac{2x^2}{1+x^2}dx = 2\int \frac{(1+x^2)-1}{1+x^2}dx = 2\int \left(1 - \frac{1}{1+x^2}\right)dx = 2(x - \arctan x) + C$.

例4 求 $\int \cos^2 \frac{x}{2}dx$.

解:$\int \cos^2 \frac{x}{2}dx = \int \frac{1}{2}(1+\cos x)dx = \frac{1}{2}\left(\int dx + \int \cos x dx\right) = \frac{1}{2}(x + \sin x) + C$.

案例的讨论解决

分析:本例是由导函数 $f'(x)$ 求解 $f(x)$,即关于求导的逆运算.

解:(1)总成本函数为 $C(x) = \int C'(x)dx = \int (6 + 0.5x)dx = 6x + \frac{1}{4}x^2 + C$,

又因为 $C(0)=5$,代入上式得:$C=5$,

故总成本函数为 $C(x)=6x+\frac{1}{4}x^2+5$.

总收益函数为 $R(x)=\int R'(x)dx=\int(12-x)dx=12x-\frac{1}{2}x^2+C$,

又因为 $R(0)=0$,代入上式得:$C=0$,

故总收益函数为 $R(x)=12x-\frac{1}{2}x^2$.

总利润 = 总收益一总成本,即 $L(x)=6x-\frac{3}{4}x^2-5$.

(2)令 $L'(x)=6-\frac{3}{2}x=0$,得 $x=4$ 且 $L''(x)=-\frac{3}{2}<0$.

驻点唯一且利润有最大值,所以唯一驻点 $x=4$ 必定是最大值点.

即产量 $x=4$ 吨时利润最大,

最大利润:$L(4)=7$(万元).

因此,在经济工作中,企业增加产量并不意味着增加利润,只有合理安排生产量,才能使企业获得最大利润. 随着金融市场和现代企业制度的建立,导数和积分越来越多地渗透到会计、审计、财务管理、市场营销、财政、税务、金融、工商管理等各个经济领域. 经济定货量模型、经济生产量模型、敏感分析等都是应用微积分解决经济问题的一些典范.

同步练习 1-9-1

1. 已知 x^2 是 $f(x)$ 的一个原函数,则 $f(x)=$(　　).

A. 2　　B. $2x$　　C. x^2　　D. $\frac{x^3}{3}+C$

2. $\int\frac{1}{1+x^2}dx=$(　　).

A. $\frac{1}{\sqrt{1-x^2}}$　　B. $\frac{1}{1+x^2}$　　C. $\arctan x$　　D. $\arctan x+C$

3. $\int(2e^x-3\sin x)dx=$(　　).

A. $2e^x+3\sin x+C$　　B. $2e^x+3\cos x+C$　　C. $2e^x-3\cos x+C$　　D. $2e^x-3\sin x+C$

4. $\int\sin x dx=$________.

5. 若 $f(x)$ 的一个原函数为 x^3,求 $\int f(x)dx$.

6. 计算不定积分:$\int(3x^2-2+\sin x)dx$.

二、不定积分的换元积分方法

不定积分的性质和积分公式只能求较简单函数的不定积分. 对比较复杂的函数如何求不定积分呢？本节将利用复合函数求导法推出求不定积分的方法，称为换元积分法，简称换元法. 换元法的基本思想是通过选择适当的变量代换，将被积表达式变形，使之成为基本积分公式表中所列类型的积分.

用换元积分法求不定积分时，按其被积函数的不同特点，换元方式有两种，分别称为第一换元积分法和第二换元积分法. 我们只介绍第一换元积分法.

（一）第一换元积分法（凑微分法）

引例：先来考察不定积分 $\int 2\cos 2x dx$.

这个不定积分在基本积分公式中是查不到的. 由于基本积分公式 $\int \cos x dx = \sin x + C$，可求出积分 $\int \cos 2x d(2x) = \sin 2x + C$.

若设变量 $u = 2x$，则 $\int 2\cos 2x dx = \int \cos 2x d(2x) = \int \cos u du$

$= \sin u + C$　　　　利用基本公式得此结果

$= \sin 2x + C.$　　　　把 u 还原成原来的 $2x$

在求不定积分的问题中，选取了一个新的积分变量 $u = 2x$，对新积分变量 u，不定积分可利用基本积分公式求积分，然后再还原为关于原来的积分变量 x 的函数，这就是换元积分法的基本思想.

定理（第一换元积分法）　若 $f'(u) = f(u)$，$u = \varphi(x)$ 在 x 处可导，则有

$$\int f[\varphi(x)]\varphi'(x)dx = \int f[\varphi(x)]d[\varphi(x)] = \int f(u)du = F(u) + C$$

$$= F[\varphi(x)] + C.$$

该定理的意义在于把被积表达式中的 $\varphi'(x)dx$ 先凑成 $d[\varphi(x)]$，使被积表达式变形为符合基本积分公式要求的形式，所以第一换元积分法也叫作凑微分法. 这种方法使基本积分表中积分的适用范围变得广泛了.

应用训练：

例5　求 $\int (x+2)^{2015} dx$.

解一：设 $u = x + 2$，则 $dx = du$，

所以 $\int (x+2)^{2015} dx = \int u^{2015} du = \frac{1}{2016} u^{2016} + C$

$$=\frac{1}{2016}(x+2)^{2016}+C.$$

注意:变量代换熟练以后,中间变量 u 可不写出来,过程可以简化.

解二:$\int(x+2)^{2015}dx=\int(x+2)^{2015}d(x+2)=\frac{1}{2016}(x+2)^{2016}+C.$

例6　求 $\int xe^{x^2}dx.$

解:$\int xe^{x^2}dx=\frac{1}{2}\int e^{x^2}2xdx=\frac{1}{2}\int e^{x^2}d(x^2)=\frac{1}{2}e^{x^2}+C.$

例7　$\int\frac{\ln x}{x}dx.$

解:$\int\frac{\ln x}{x}dx=\int\ln xd(\ln x)=\frac{1}{2}\ln^2x+C.$

例8　求 $\int\frac{x}{1+x^2}dx.$

解:$\int\frac{x}{1+x^2}dx=\frac{1}{2}\int\frac{2x}{1+x^2}dx=\frac{1}{2}\int\frac{1}{1+x^2}d(1+x^2)=\frac{1}{2}\ln(1+x^2)+C.$

例9　求 $\int 3x^2e^{(x^3+1)}dx.$

解:$\int 3x^2e^{(x^3+1)}dx=\int e^{(x^3+1)}d(x^3+1)=e^{x^3+1}+C.$

例10　求 $\int\tan xdx.$

解:$\int\tan xdx=\int\frac{\sin x}{\cos x}dx=-\int\frac{1}{\cos x}(-\sin x)dx$

$$=-\int\frac{1}{\cos x}d(\cos x)=-\ln|\cos x|+C.$$

即 $\int\tan xdx=-\ln|\cos x|+C$;

同理可得　$\int\cot xdx=\ln|\sin x|+C.$

(二)常用的凑微分类型归纳

(1) $\int f(ax+b)dx=\frac{1}{a}\int f(ax+b)d(ax+b)\ (a\neq0)$;

(2) $\int f(ax^n+b)x^{n-1}dx=\frac{1}{an}\int f(ax^n+b)d(ax^n+b)\ (a\neq0,n\neq0)$;

(3) $\int f(e^x)e^xdx=\int f(e^x)de^x$;

(4) $\int f(\ln x)\cdot\frac{1}{x}dx=\int f(\ln x)d(\ln x)$;

(5) $\int f(\sin x)\cdot\cos x dx=\int f(\sin x)d(\sin x)$;

(6) $\int f(\cos x)\cdot\sin x dx=-\int f(\cos x)d(\cos x)$;

(7) $\int f(\arctan x)\cdot\frac{1}{1+x^2}dx=\int f(\arctan x)d(\arctan x)$;

(8) $\int f(\arcsin x)\frac{1}{\sqrt{1-x^2}}dx=\int f(\arcsin x)d(\arcsin x)$;

(9) $\int f(\tan x)\sec^2 x dx=\int f(\tan x)d(\tan x)$.

同步练习 1-9-2

计算下列不定积分：

1. $\int \sin 3x dx$.

2. $\int 2x\mathrm{e}^{x^2+1}dx$.

3. $\int \frac{\ln x}{x}dx$.

4. $\int x\mathrm{e}^{x^2}dx$.

三、不定积分的分部积分法

分部积分法常用来计算两个不同类型函数乘积的积分.

(一)分部积分法

1. 分部积分公式

定理　设函数 $u=u(x)$,$v=v(x)$具有连续导数,则 $\int udv=uv-\int vdu$.

证:由两个函数乘积的微分法则,有

$d(uv)=udv+vdu$,移项得　$udv=d(uv)-vdu$,

两边积分,则有 $\int udv=\int d(uv)-\int vdu$.

即 $\int udv=uv-\int vdu$.

这就是分部积分公式,利用这个公式求不定积分的方法,叫作分部积分法.

2. 分部积分法思路

运用分部积分法求不定积分时,要把被积表达式分解成两个因式之积,其中一个因式为 u,另一个因式为 dv,把求不定积分 $\int udv$ 转化为求不定积分 $\int vdu$,如果后一个不定积分容易求出,则原来的不定积分问题也就解决了.

应用训练:

例 11　求 $\int x\cos xdx$.

解:设 $u=x,dv=\cos xdx$,则 $du=dx,v=\sin x$.

由分部积分公式,有

$$\int x\cos xdx = \int xd\sin x = x\sin x - \int \sin xdx$$

$$= x\sin x - (-\cos x) + C = x\sin x + \cos x + C.$$

说明:(1)从 dv 求 v 时,只取一个原函数.

(2)在运用分部积分法时,恰当选择 u 与 dv 是最重要的问题,其原则为:

由 dv 易求 v 且要使 $\int vdu$ 比 $\int udv$ 容易求出.

例 12　求 $\int xe^x dx$.

解:$\int xe^x dx = \int xde^x = xe^x - \int e^x dx = xe^x - e^x + C$.

例 13　求 $\int \ln xdx$.

解:$\int \ln xdx = x\ln x - \int xd(\ln x) = x\ln x - \int x\frac{1}{x}dx = x\ln x - x + C$.

* 例 14　求 $\int e^x \sin xdx$.

解:
$$\int e^x\sin xdx = \int \sin xd(e^x) = e^x\sin x - \int e^x d(\sin x)$$

$$= e^x\sin x - \int e^x\cos xdx = e^x\sin x - \int \cos xd(e^x)$$

$$= e^x\sin x - e^x\cos x + \int e^x d(\cos x)$$

$$= e^x\sin x - e^x\cos x - \int e^x\sin xdx$$

把右端积分移到左端与所求积分合并,然后两边同除以 2,再加上任意常数 C,得到

$$\int e^x\sin xdx = \frac{1}{2}e^x(\sin x - \cos x) + C.$$

在例 14 中,通过两次分部积分,再移项然后求出积分结果.

(二)分部积分中 $u(x)$ 和 $v'(x)$ 的选择归纳

被积函数	选择作为 $u(x)$ 的函数	选择作为 $v'(x)$ 的函数
幂函数 × 指数函数	幂函数	指数函数

续表

被积函数	选择作为 $u(x)$ 的函数	选择作为 $v'(x)$ 的函数
幂函数×三角函数	幂函数	三角函数
幂函数×对数函数	对数函数	幂函数
幂函数×反三角函数	反三角函数	幂函数
指数函数×三角函数	两者均可	两者均可

同步练习 1-9-3

1. 下列分部积分中，对 u 和 v' 选择正确的是(　　).

A. $\int x^2\cos x dx$，选 $u=\cos x, v'=x^2$

B. $\int x\ln x dx$，选 $u=x, v'=\ln x$

C. $\int x e^x dx$，选 $u=x, v'=e^x$

D. $\int \arcsin x dx$，选 $u=1, v'=\arcsin x$

2. 计算下列不定积分：

(1) $\int x\sin x dx$；　　(2) $\int x\ln x dx$；

(3) $\int x\arctan x dx$.

1-10 经济量的非均匀累积

创设情境

案　例　某商场经销某种小商品，销售量为 x 件时总利润的变化率为 $L'(x)=12.5-\frac{x}{80}$(元/件).

求：(1)售出40件时的总利润；(2)售出400件时的平均利润.

任务导入　定积分的概念、计算及应用.

知识掌握

一、定积分的概念和性质

(一)引例　计算曲边梯形面积

现实生活中,经常会遇到求任意闭曲线围成的平面图形的面积问题,而这个问题最终可归结为求曲边梯形的面积.

1. 曲边梯形

曲边梯形是指如图 1-10-1 所示的图形 $AabB$,它是在直角坐标系中,由连续曲线 $y=f(x)$[暂设 $f(x)\geqslant 0$],直线 $x=a$,$x=b$ 及 x 轴所围成的平面图形,现在求它的面积 S.

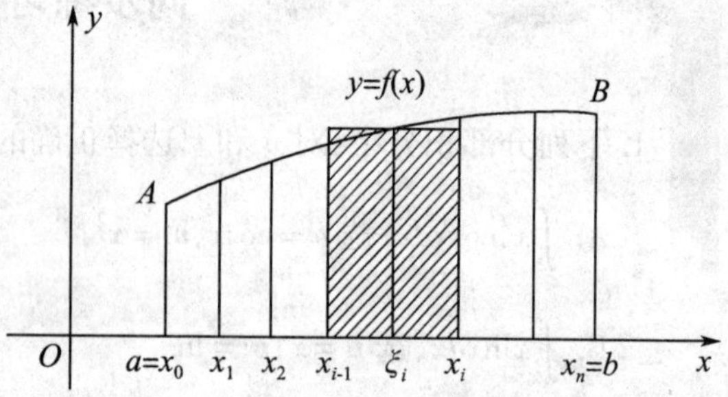

图 1-10-1

曲边梯形的特点:是由一条曲线与三条直线围成,其中有两条直线彼此平行且同时垂直于第三条直线,每条平行直线与曲线至多有一个交点的平面图形.

2. 曲边梯形面积的求法

求曲边梯形面积的基本思想是分割、取近似、求和、取极限. 下面给出求曲边梯形面积 S 的一般步骤:

(1)分割

用 $n+1$ 个分点 $a=x_0<x_1<x_2<\cdots<x_{i-1}<x_i<\cdots<x_n=b$ 将区间 $[a,b]$ 任意分割成 n 个小区间 $[x_0,x_1],[x_1,x_2],[x_2,x_3],\cdots,[x_{i-1},x_i],\cdots,[x_{n-1},x_n]$,每个小区间的长度为 $\Delta x_i=x_i-x_{i-1}(i=1,2,\cdots,n)$,过每个分点 $x_i(i=1,2,3\cdots n-1)$ 作 x 轴的垂线,把曲边梯形 $AabB$ 分成 n 个小曲边梯形,ΔS_i 表示第 i 个小曲边梯形的面积,则有

$$S=\Delta S_1+\Delta S_2+\cdots+\Delta S_n=\sum_{i=1}^{n}\Delta S_i.$$

(2)取近似

在每个小区间 $[x_{i-1},x_i]$ 上任取一点 $\xi_i(x_{i-1}\leqslant\xi_i<x_i)$,过点 ξ_i 作 x 轴的垂线,以 Δx_i 为底,$f(\xi_i)$ 为高作矩形,取这个小矩形的面积 $f(\xi_i)\Delta x_i$ 作为 ΔS_i 的近似值,即

$$\Delta S_i\approx f(\xi_i)\Delta x_i\quad(i=1,2,3\cdots n).$$

(3)求和

将 n 个小矩形的面积加起来就是曲边梯形 $AabB$ 面积的近似值,即

$$S=\sum_{i=1}^{n}\Delta S_i\approx\sum_{i=1}^{n}f(\xi_i)\Delta x_i.$$

(4)取极限

用 λ 表示所有小区间中长度最大的,即 $\lambda=\max\{\Delta x_1,\Delta x_2\cdots\Delta x_n\}$,如果当分点 n 无限增多且 $\lambda\to 0$ 时,上面和式的极限存在,那么这个极限值就是曲边梯形面积的精确值. 即

$$S=\lim_{\lambda\to 0}\sum_{i=1}^{n}f(\xi_i)\Delta x_i.$$

这个和式的极限就称为函数 $f(x)$ 在区间 $[a,b]$ 上的定积分.

这是一类问题,大量的这类问题就是数学中定积分概念的实际背景.

(二)定积分的定义

如果函数 $y=f(x)$ 在区间 $[a,b]$ 上连续,用分点

$$a=x_0<x_1<x_2<\cdots<x_{i-1}<x_i<\cdots<x_n=b$$

将区间 $[a,b]$ 分成 n 个小区间 $[x_{i-1},x_i]$ $(i=1,2,\cdots,n)$,这些小区间的长度为 $\Delta x_i=x_i-x_{i-1}$,在每个小区间 $[x_{i-1},x_i]$ 内任取一点 $\xi_i(x_{i-1}\leqslant\xi_i\leqslant x_i)$,用 λ 表示所有小区间中长度的最大者,即 $\lambda=\max\{\Delta x_1,\Delta x_2,\cdots\Delta x_n\}$,如果当分点 n 无限增大而 $\lambda\to 0$ 时,和式 $\sum_{i=1}^{n}f(\xi_i)\Delta x_i$ 存在极限,则称函数 $y=f(x)$ 在区间 $[a,b]$ 上是可积的,且此极限值称为函数 $y=f(x)$ 在区间 $[a,b]$ 上的定积分,记作 $\int_a^b f(x)dx$,即

$$\int_a^b f(x)dx=\lim_{\lambda\to 0}\sum_{i=1}^{n}f(\xi_i)\Delta x_i.$$

其中符号"$\int$"称为积分号,$f(x)$ 称为被积函数,区间 $[a,b]$ 称为积分区间,x 称为积分变量,$f(x)dx$ 称为被积表达式,b,a 分别称为积分上、下限.

按定积分的定义,上面例子可表达如下:当 $f(x)\geqslant 0$ 时,由曲线 $y=f(x)$ 和直线 $x=a$,$x=b$ 以及 x 轴所围成的曲边梯形的面积就是函数 $f(x)$ 在区间 $[a,b]$ 上的定积分,即 $S=\int_a^b f(x)dx$.

注意:(1)如果函数 $y=f(x)$ 在有限区间 $[a,b]$ 上连续,则函数 $y=f(x)$ 在区间 $[a,b]$ 上可积. 特别地,在有限区间上只有有限个间断点的有界函数也是可积的.

(2)定积分是一种特殊的和式极限,是一常数. 它的值仅与被积函数 $f(x)$ 和积分区间 $[a,b]$ 有关,而与积分变量用什么字母表示无关,与区间 $[a,b]$ 的分法,ξ_i 点的取法也无关. 即

$$\int_a^b f(x)dx=\int_a^b f(t)dt.$$

(3)在定积分的定义中,我们假定 $a<b$,如果 $b<a$,则规定

$$\int_a^b f(x)dx=-\int_b^a f(x)dx.$$

即定积分的上下限互换时,定积分变号.

特别地,当 $b=a$ 时,规定

$$\int_a^a f(x)\,dx=0.$$

(三)定积分的几何意义

1. 当连续函数 $f(x)\geqslant 0$ 时,函数 $f(x)$ 在区间 $[a,b]$ 上的定积分 $\int_a^b f(x)\,dx$ 就是曲线 $y=f(x)$、直线 $x=a$、$x=b$ 及 x 轴所围成的曲边梯形的面积(见图 1-10-1);

2. 当 $f(x)<0$ 时,$y=f(x)$ 的图形在 x 轴下方(见图 1-10-2),由定积分定义知 $\int_a^b f(x)\,dx$ 是负值(因 $f(\xi_i)<0,\Delta x_i>0$),因此 $\int_a^b f(x)\,dx$ 表示曲边梯形面积的负值.

3. 对于一般的连续函数 $f(x)$ 来说,定积分 $\int_a^b f(x)\,dx$ 的值在几何图形上就等于由曲线 $y=f(x)$ 和直线 $x=a$、$x=b$ 及 x 轴围成的位于 x 轴上方与下方各部分图形面积的代数和(如图 1-10-3). $\int_a^b f(x)\,dx=-S_1+S_2-S_3+S_4$,这里 $S_i(i=1,2,3,4)$ 表示各部分的面积,在 x 轴上方取正号,下方取负号.

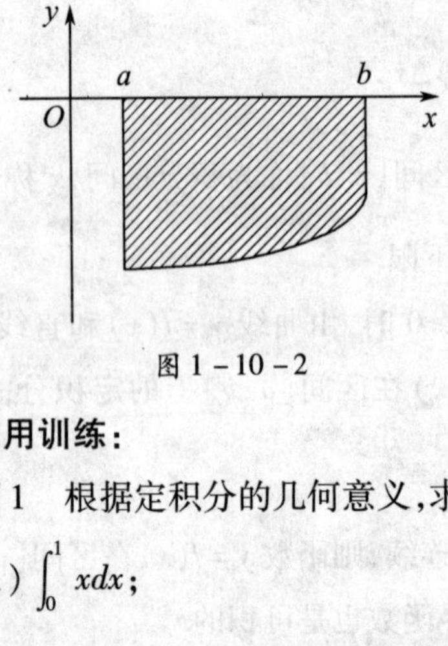

图 1-10-2

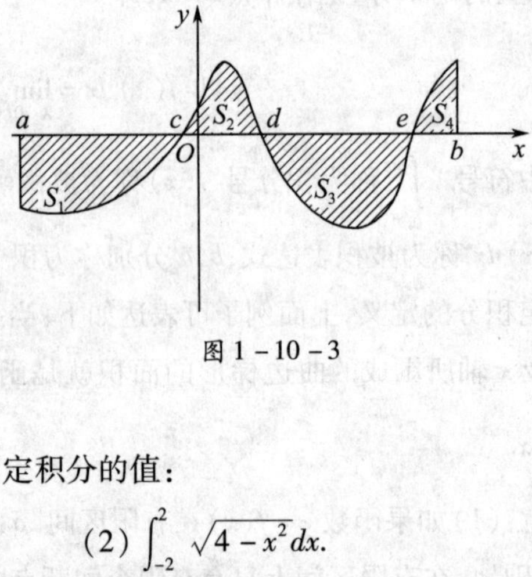

图 1-10-3

应用训练:

例 1 根据定积分的几何意义,求下列定积分的值:

(1) $\int_0^1 x\,dx$;　　(2) $\int_{-2}^2 \sqrt{4-x^2}\,dx$.

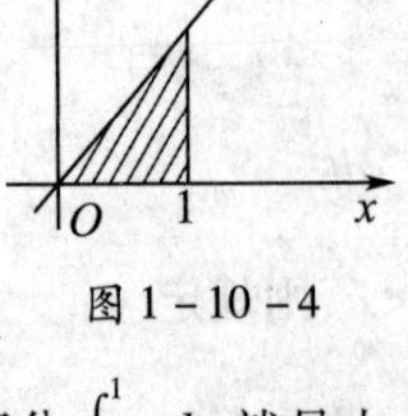

图 1-10-4

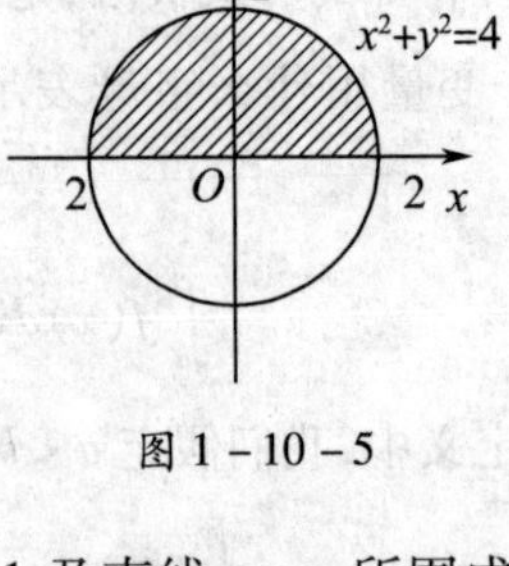

图 1-10-5

解:(1)因为定积分 $\int_0^1 x\,dx$ 就是由 x 轴、$x=1$ 及直线 $y=x$ 所围成的三角形的面积(图

1－10－4)，所以 $\int_0^1 xdx = \frac{1}{2} \times 1 \times 1 = \frac{1}{2}$；

(2)因为定积分 $\int_{-2}^{2} \sqrt{4-x^2}dx$ 就是圆 $x^2+y^2=4$ 在 x 轴上方部分的面积(图 1－10－5)，所以 $\int_{-2}^{2} \sqrt{4-x^2}dx = \frac{1}{2} \times \pi \times 2^2 = 2\pi$.

(四)定积分的性质

设函数 $f(x)$ 和 $g(x)$ 在区间 $[a,b]$ 上连续：

性质 1　被积函数中的常数因子可以提到积分符号的前面，

即 $$\int_a^b kf(x)dx = k\int_a^b f(x)dx. \quad (k \text{ 是常数})$$

性质 2　两个函数代数和的定积分等于它们的定积分的代数和，

即 $$\int_a^b [f(x) \pm g(x)]dx = \int_a^b f(x)dx \pm \int_a^b g(x)dx.$$

由性质 1 和性质 2 可得

推论 $$\int_a^b [k_1f_1(x) \pm k_2f_2(x) \pm \cdots \pm k_nf_n(x)]dx$$

$$= k_1\int_a^b f_1(x)dx \pm k_2\int_a^b f_2(x)dx \pm \cdots \pm k_n\int_a^b f_n(x)dx. \ (k_1,k_2,\cdots,k_n \text{为常数})$$

性质 3　(定积分的区间可加性)对于任意三个实数 a,b,c 有

$$\int_a^b f(x)dx = \int_a^c f(x)dx + \int_c^b f(x)dx.$$

这个性质反映了定积分表示的量对区间的可加性，利用这一性质，可以根据 $f(x)$ 的变化情形，把一个大区间上的定积分分割成几个小区间上的定积分来研究.

性质 4　若 $f(x)=k$(k 为常数)，$a \leqslant x \leqslant b$，则

$$\int_a^b kdx = k(b-a).$$

特别地，当 $k=1$ 时，$\int_a^b dx = b-a$.

性质 5　若在区间 $[a,b]$ 上，有 $f(x) \leqslant g(x)$，则 $\int_a^b f(x)dx \leqslant \int_a^b g(x)dx$.

这一性质可以用来比较积分值的大小.

推论　若 $f(x) \geqslant 0$(或 $f(x) \leqslant 0$)，$b>a$，则 $\int_a^b f(x)dx \geqslant 0$　[或 $\int_a^b f(x)dx \leqslant 0$].

性质 6　(定积分估值定理)如果函数 $y=f(x)$ 在区间 $[a,b]$ 上连续，且 m,M 分别为函数在这个区间上的最小值和最大值，则

$$m(b-a) \leqslant \int_a^b f(x)dx \leqslant M(b-a).$$

*性质7 （定积分中值定理）如果函数 $y=f(x)$ 在区间 $[a,b]$ 上连续，则在区间 (a,b) 内至少存在一点 ξ，使得下式成立

$$\int_a^b f(x)\,dx = f(\xi)(b-a).\quad (a<\xi<b)$$

定积分中值定理的几何意义是：曲线 $y=f(x)$，直线 $x=a$、$x=b$ 及 x 轴所围成的曲边梯形的面积等于以区间 $[a,b]$ 为底，以这个区间内某一点 ξ 处曲线 $y=f(x)$ 的纵坐标 $f(\xi)$ 为高的矩形的面积（如图 1－10－6）

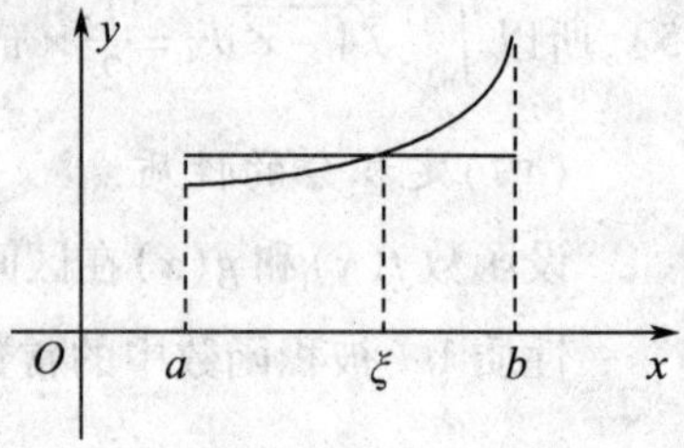

图 1－10－6

例2 不计算定积分，比较下列积分值的大小：

(1) $\int_0^1 x\,dx$ 与 $\int_0^1 x^2\,dx$；

(2) $\int_0^{\frac{\pi}{4}} \sin x\,dx$ 与 $\int_0^{\frac{\pi}{4}} \cos x\,dx$.

解：(1) 在 $[0,1]$ 上，$x \geqslant x^2$，由定积分的性质5，得

$$\int_0^1 x\,dx \geqslant \int_0^1 x^2\,dx.$$

(2) 在 $\left[0,\frac{\pi}{4}\right]$ 上，$\sin x \leqslant \cos x$，由定积分的性质5，得

$$\int_0^{\frac{\pi}{4}} \sin x\,dx \leqslant \int_0^{\frac{\pi}{4}} \cos x\,dx.$$

同步练习 1－10－1

1. 想一想：(1) 若函数 $f(x)$ 在区间 $[a,b]$ 上可积，则 $\int_a^b f(x)\,dx$ 是常量还是变量？

(2) 积分值的大小与什么有关？

(3) 判断正误：$\int_a^b f(x)\,dx = \int_b^a f(x)\,dx$；(　　)

$\int_a^a f(x)\,dx = 0$；(　　)

$\int_a^b dx = 1$. (　　)

2. 利用定积分的性质比较下列定积分的大小：

(1) $\int_0^1 x^2\,dx$ ________ $\int_0^1 x^3\,dx$；

(2) $\int_1^2 \ln x\,dx$ ________ $\int_1^2 \ln^2 x\,dx$.

3. 如果 $y=f(x)$ 的图形是直线 $x+y=1$，利用定积分的几何意义，求下列积分值：

(1) $\int_0^1 f(x)dx$；　　(2) $\int_1^2 f(x)dx$；

(3) $\int_0^2 f(x)dx$.

二、定积分的计算

(一) 变上限定积分函数及其导数

定积分作为和式极限，计算起来很困难. 因此，必须寻找计算定积分的简便方法. 为此，我们先研究定积分与原函数即不定积分的关系.

1. 变上限定积分函数

设函数 $f(x)$ 在区间 $[a,b]$ 上连续，点 x 为区间上任意一点，则定积分 $\int_a^x f(x)dx$ 一定存在，并且随着 x 在 $[a,b]$ 上变化，即当 x 在 $[a,b]$ 上取每一个确定的值时，定积分 $\int_a^x f(x)dx$ 就有唯一确定的值与它对应，因此，这个定积分 $\int_a^x f(x)dx$ 是上限 x 的一个函数. 这里上限 x 和积分变量 x 含义不同，定积分的值与上限 x 有关，而与积分变量无关，将这个函数记作 $\int_a^x f(t)dt$.

定义 1　积分上限 x 为变量时的定积分 $\int_a^x f(t)dt$ 称为变上限定积分函数，简称变上限定积分，记为

$$\Phi(x)=\int_a^x f(t)dt. \quad x\in[a,b]$$

从几何上看，$\Phi(x)$ 表示图 1-10-7 中右端点 x 变动的阴影曲边梯形的面积.

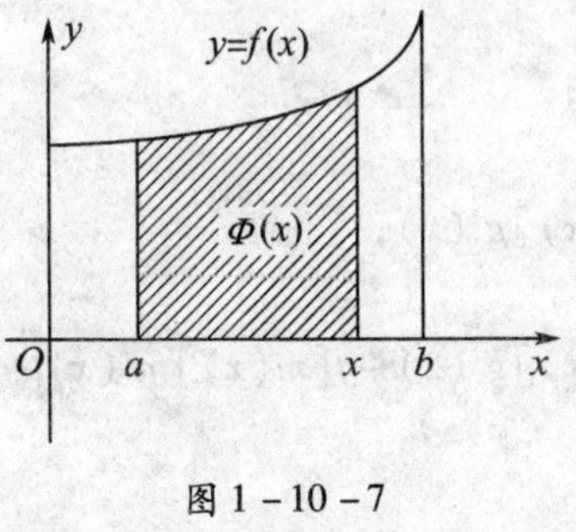

图 1-10-7

2. 变上限定积分的导数

定理 1　(原函数存在定理) 如果函数 $f(x)$ 在区间 $[a,b]$ 上连续，$x\in[a,b]$，则变上限定积分函数 $\Phi(x)=\int_a^x f(t)dt$ 在 x 处可导，且

$$\Phi'(x) = \left(\int_a^x f(t)dt\right)' = f(x).$$

即变上限定积分函数对其上限 x 的导数等于被积函数在 x 处的值.

定理说明，连续函数 $f(x)$ 的变上限定积分 $\Phi(x) = \int_a^x f(t)dt$ 是 $f(x)$ 的一个原函数. 它揭示了定积分与不定积分(原函数)之间的内在联系：只要 $f(x)$ 区间 $[a,b]$ 上连续，它的原函数一定存在，而变上限定积分函数 $\Phi(x)$ 就是 $f(x)$ 的一个原函数.

应用训练：

例 3　已知 $\Phi(x) = \int_0^x (1-t)(2+t)dt$，求 $\Phi'(x)$，$\Phi'(0)$.

解：因为 $\Phi'(x) = \left[\int_0^x (1-t)(2+t)dt\right]' = (1-x)(2+x)$，

所以 $\Phi'(0) = 2$.

例 4　求 $\left(\int_x^1 \frac{\sin t}{1+t^2}dt\right)'$

解：$\left(\int_x^1 \frac{\sin t}{1+t^2}dt\right)' = \left(-\int_1^x \frac{\sin t}{1+t^2}dt\right)' = -\frac{\sin x}{1+x^2}$.

* 例 5　求 $\frac{d}{dx}\int_0^{x^3} (1+t)^2 dt$.

解：这是复合函数，按复合函数的求导法则有

$$\frac{d}{dx}\int_0^{x^3} (1+t)^2 dt = \left[\int_0^{x^3} (1+t)^2 dt\right]'_{x^3} \cdot (x^3)'_x = (1+x^3)^2 3x^2 = 3x^2(1+x^3)^2.$$

3. 变限定积分导数公式

(1) $\left[\int_a^x f(t)dt\right]' = f(x)$；

(2) $\left[\int_x^a f(t)dt\right]' = -f(x)$；

(3) $\left[\int_a^{g(x)} f(t)dt\right]' = f[g(x)]g'(x)$；

(4) $\left[\int_{m(x)}^{g(x)} f(t)dt\right]' = f[g(x)]g'(x) - f[m(x)]m'(x)$.

(二)定积分的基本公式

定理 2　(牛顿－莱布尼兹公式)若函数 $f(x)$ 在区间 $[a,b]$ 上连续，且 $F(x)$ 是 $f(x)$ 的一个原函数，则 $\int_a^b f(x) = F(b) - F(a)$.

这个公式称为牛顿—莱布尼兹公式.

如果引进记号 $F(b) - F(a) = F(x)\big|_a^b$，则牛顿－莱布尼兹公式又可以表示为

$$\int_a^b f(x)dx = F(x)\Big|_a^b = F(b) - F(a).$$

注意:牛顿—莱布尼兹公式表明一个连续函数的定积分等于这个函数的一个原函数在积分上、下限处对应的函数值之差. 这样,就把定积分的计算问题归结为求不定积分的问题了.

例6 求 $\int_0^1 x^2 dx$.

解: $\int_0^1 x^2 dx = \frac{x^3}{3}\Big|_0^1 = \frac{1}{3} - 0 = \frac{1}{3}$.

例7 求 $\int_0^{\frac{\pi}{2}} \cos x dx$.

解: $\int_0^{\frac{\pi}{2}} \cos x dx = \sin x \Big|_0^{\frac{\pi}{2}} = \sin\frac{\pi}{2} - 0 = 1$.

例8 已知 $f(x) = \begin{cases} x^2, 0 \leqslant x < 1, \\ 1 + x, 1 \leqslant x \leqslant 2, \end{cases}$ 求 $\int_0^2 f(x)dx$.

解:被积函数为分段函数,由分段函数的性质和定积分的区间可加性得

$$\int_0^2 f(x)dx = \int_0^1 f(x)dx + \int_1^2 f(x)dx = \int_0^1 x^2 dx + \int_1^2 (1+x)dx$$

$$= \frac{1}{3}x^3\Big|_0^1 + \left(x + \frac{1}{2}x^2\right)\Big|_1^2 = \frac{17}{6}.$$

案例的讨论解决

分析:要解决这个问题,用到定积分的计算.

解:(1) $\int_0^{40}\left(12.5 - \frac{x}{80}\right)dx = \left(12.5x - \frac{x^2}{160}\right)\Big|_0^{40} = 490$(元);

(2) $\frac{1}{400}\int_0^{400}\left(12.5 - \frac{x}{80}\right)dx = \frac{1}{400}\left(12.5x - \frac{x^2}{160}\right)\Big|_0^{400} = 10$(元).

答:售出40件时的总利润为490元,售出400件时的平均利润为10元.

同步练习 1-10-2

1. $\left(\int_0^x t dt\right)' =$ (　　).

A. 1　　B. 0　　C. $\frac{x^2}{2}$　　D. x

2. $\left(\int_0^x t^2 dt\right)' =$ (　　).

A. 1　　B. 0　　C. x^2　　D. $2x$

3. $\left(\int_0^x te^t dt\right)' = ($　　$)$.

A. 0　　B. 1　　C. $e^x + xe^x$　　D. xe^x

4. $\int_0^1 xdx = ($　　$)$.

A. 2　　B. 3　　C. $\frac{1}{2}$　　D. $\frac{1}{3}$

5. $\int_0^1 \sqrt{x}dx = ($　　$)$.

A. $\frac{1}{3}$　　B. $\frac{2}{3}$　　C. 1　　D. 3

6. $\int_0^1 x^2 dx = ($　　$)$.

A. 2　　B. 3　　C. $\frac{1}{2}$　　D. $\frac{1}{3}$

7. $\int_0^1 e^x dx =$ ________.

8. $\int_0^1 2^x \ln 2dx =$ ________.

9. $\int_1^e \frac{1}{x}dx =$ ________.

10. 设$f(x) = \begin{cases} x+1, x<0, \\ 0, x=0, \\ x^2, x>0, \end{cases}$　求 $\int_{-1}^1 f(x)dx$.

三、定积分的换元积分法

牛顿 - 莱布尼兹公式给出了计算定积分的最基本的方法. 但是有些情况求原函数比较复杂,因而定积分的计算就比较麻烦. 本节将介绍定积分的换元积分法,使得定积分的计算更简便一些.

(一)定积分的第一换元积分法(凑微分法)

应用训练:

例 9　$\int_0^{\frac{\pi}{4}} \cos 2xdx$

解: $\int_0^{\frac{\pi}{4}} \cos 2xdx = \frac{1}{2}\int_0^{\frac{\pi}{4}} \cos 2xd2x = \frac{1}{2}\sin 2x \Big|_0^{\frac{\pi}{4}} = \frac{1}{2}\left(\sin\frac{\pi}{2} - \sin 0\right) = \frac{1}{2}$.

例 10　$\int_1^e \frac{(\ln x)^2}{x}dx$

解：$\int_1^e \frac{(\ln x)^2}{x}dx = \int_1^e (\ln x)^2 d\ln x = \frac{1}{3}(\ln x)^3 \Big|_1^e = \frac{1}{3}.$

(二)定积分的第二换元积分法

定理　若函数$f(x)$在$[a,b]$上连续，而函数$x=\varphi(t)$在$[\alpha,\beta]$上有连续导数，且当t从α变到β时，$x=\varphi(t)$的值从a变到b，并有$\varphi(\alpha)=a,\varphi(\beta)=b$，则

$$\int_a^b f(x)dx = \int_\alpha^\beta f[\varphi(t)]\varphi'(t)dt.$$

利用换元积分法计算定积分时，应注意以下两点：

(1)对定积分的换元积分法主要指第二类，换元时必换积分限，即a、b与α、β的关系是$\varphi(\alpha)=a,\varphi(\beta)=b$，$\alpha$不一定比$\beta$小；

(2)换元后求出原函数，直接按新积分限α、β计算，不必回代x计算.

例11　求$\int_0^4 \frac{dx}{1+\sqrt{x}}$.

解：设$x=t^2(t\geqslant 0)$，则$dx=2tdt$，

当$x=0$时，$t=0$；当$x=4$时，$t=2$.

$$\int_0^4 \frac{dx}{1+\sqrt{x}} = 2\int_0^2 \frac{t}{1+t}dt = 2\int_0^2 \left(1-\frac{1}{1+t}\right)dt$$

$$=2(t-\ln|1+t|)\Big|_0^2 = 2(2-\ln 3).$$

注意：定积分的第二换元积分法换元必须换限.

例12　设$f(x)$在$[-a,a]$上连续，求证

(1)若$f(x)$为偶数，则$\int_{-a}^a f(x)dx = 2\int_0^a f(x)dx$；

(2)若$f(x)$为奇数，则$\int_{-a}^a f(x)dx = 0$.

证：由于$f(x)$在$[-a,a]$上连续，故可积，由定积分的性质得

$$\int_{-a}^a f(x)dx = \int_{-a}^0 f(x)dx + \int_0^a f(x)dx.$$

(1)若$f(x)$为偶函数，则$f(-x)=f(x)$，设$x=-t,dx=-dt$，于是有

$$\int_{-a}^0 f(x)dx = -\int_a^0 f(-t)dt = \int_0^a f(t)dt = \int_0^a f(x)dx,$$

所以$\int_{-a}^a f(x)dx = 2\int_0^a f(x)dx$.

(2)若$f(x)$为奇函数，则$f(-x)=-f(x)$，设$x=-t,dx=-dt$，于是有

$$\int_{-a}^0 f(x)dx = -\int_a^0 f(-t)dt = -\int_0^a f(t)dt = -\int_0^a f(x)dx,$$

所以 $\int_{-a}^{a} f(x)dx = 0.$

例 13　求 $\int_{-5}^{5} \frac{x^3\sin^2 x}{x^4+2x^2+1}dx.$

解:由于在积分区间[−5,5]上被积函数是奇函数,故有

$$\int_{-5}^{5} \frac{x^3\sin^2 x}{x^4+2x^2+1} = 0.$$

同步练习　1−10−3

1. 用换元法计算下列定积分:

(1) $\int_0^1 \frac{1}{\sqrt{x}+1}dx$;　　　　(2) $\int_0^1 \frac{\sqrt{x}}{\sqrt{x}+1}dx.$

2. 填空:

(1) $\int_{-3}^{3} \frac{x^3}{1+x^2}dx = ($　　$)$;

(2) $\int_{-1}^{1} \frac{\sin x}{1+x^2}dx = ($　　$)$;

(3) $\int_{-1}^{1} (x^3+x^2+x+1)dx = ($　　$).$

3. 计算定积分: $\int_1^e \frac{2\ln x}{x}dx.$

四、定积分的分部积分法

(一)定积分的分部积分法

定理　设函数 $u=u(x)$, $v=v(x)$ 在区间 $[a,b]$ 上有连续导数,则

$$\int_a^b u(x)dv(x) = u(x)v(x)\Big|_a^b - \int_a^b v(x)du(x) \text{或} \int_a^b udv = (uv)\Big|_a^b - \int_a^b vdu.$$

应用训练:

例 14　求 $\int_0^{\frac{\pi}{2}} x\cos x dx.$

解: $\int_0^{\frac{\pi}{2}} x\cos xdx = \int_0^{\frac{\pi}{2}} xd\sin x = x\sin x\Big|_0^{\frac{\pi}{2}} - \int_0^{\frac{\pi}{2}} \sin xdx$

$$= x\sin x\Big|_0^{\frac{\pi}{2}} + \cos x\Big|_0^{\frac{\pi}{2}} = \frac{\pi}{2} - 1.$$

例 15　求 $\int_0^{\ln 2} xe^x dx.$

解：$\int_0^{\ln 2} x e^x dx = \int_0^{\ln 2} x d e^x = x e^x \Big|_0^{\ln 2} - \int_0^{\ln 2} e^x dx$

$= 2\ln 2 - e^x \Big|_0^{\ln 2} = 2\ln 2 - 2 + 1 = 2\ln 2 - 1.$

例 16 求 $\int_0^1 \arcsin x dx$.

解：$\int_0^1 \arcsin x dx = x\arcsin x \Big|_0^1 - \int_0^1 x d(\arcsin x)$

$= x\arcsin x \Big|_0^1 - \int_0^1 \frac{x dx}{\sqrt{1-x^2}}$

$= x\arcsin x \Big|_0^1 + \sqrt{1-x^2} \Big|_0^1 = \frac{\pi}{2} - 1.$

例 17 求 $\int_0^1 x\arctan x dx$.

解：$\int_0^1 x\arctan x dx = \int_0^1 \arctan x d\frac{x^2}{2}$

$= \left(\frac{x^2}{2}\arctan x\right)\Big|_0^1 - \int_0^1 \frac{x^2}{2} d\arctan x$

$= \frac{\pi}{8} - \int_0^1 \frac{x^2}{2} \cdot \frac{1}{1+x^2} dx = \frac{\pi}{8} - \frac{1}{2}\int_0^1 \frac{x^2+1-1}{1+x^2} dx$

$= \frac{\pi}{8} - \frac{1}{2}\int_0^1 \left(1 - \frac{1}{1+x^2}\right) dx$

$= \frac{\pi}{8} - \frac{1}{2}(x - \arctan x)\Big|_0^1$

$= \frac{\pi}{8} - \frac{1}{2}\left(1 - \frac{\pi}{4}\right) = \frac{\pi}{4} - \frac{1}{2}.$

(二)定积分的分部积分中 $u(x)$ 和 $v'(x)$ 的选择归纳

被积函数	选择作为 $u(x)$ 的函数	选择作为 $v'(x)$ 的函数
幂函数×指数函数	幂函数	指数函数
幂函数×三角函数	幂函数	三角函数
幂函数×对数函数	对数函数	幂函数
幂函数×反三角函数	反三角函数	幂函数
指数函数×三角函数	两者均可	两者均可

同步练习 1-10-4

用分部积分法计算下列定积分：

1. $\int_1^e x\ln x dx$；

2. $\int_0^1 xe^x dx$；

3. $\int_0^{\frac{\pi}{2}} x\sin x dx$；

4. $\int_1^e \ln x dx$.

1-11 几种经济函数的积分应用

在经济领域里，已知边际函数，可利用积分求它们的原函数和原函数的改变量. 一般地，有以下常见的情况：

创设情境

案例 某建筑材料厂生产 x 吨水泥的边际成本为 $C'(x)=5+\frac{25}{\sqrt{x}}$，若固定成本为 10（百元），求当产量从 64 吨增加到 100 吨时需增加多少成本投资.

任务导入 定积分在经济上的应用.

知识掌握

1. 已知边际成本 $C'(q)$，固定成本 C_0，则总成本函数为

$$C(q)=C_0+\int_0^q C'(q)dq \text{ 或 } \begin{cases} C(q)=\int C'(q)dq, \\ C(0)=C_0. \end{cases}$$

当产量由 a 变到 b 时，总成本的改变量为

$$\Delta C=\int_a^b C'(q)dq \text{ 或 } \Delta C=C(b)-C(a).$$

2. 已知边际收入 $R'(q)$，则总收入函数为

$$R(q)=\int_0^q R'(q)dq \text{ 或 } \begin{cases} R(q)=\int R'(q)dq, \\ R(0)=0. \end{cases}$$

当产量由 a 变到 b 时，总收入的改变量为

$$\Delta R=\int_a^b R'(q)dq \text{ 或 } \Delta R=R(b)-R(a).$$

3. 已知固定成本 C_0,边际利润 $L'(q)$,则总利润函数为

$$L(q)=\int_0^q L'(q)dq-C_0 \text{ 或}\begin{cases}L(q)=\int L'(q)dq,\\L(0)=-C_0.\end{cases}$$

当产量由 a 变到 b 时,总利润的改变量为

$$\Delta L=\int_a^b L'(q)dq \text{ 或 } \Delta L=L(b)-L(a).$$

应用训练:

例　已知生产某种产品 x 个单位时总收入 R 的变化率(边际收入)为 $R'=R'(x)=100-\frac{x}{20}(x\geqslant 0)$,求(1)生产 100 个单位时的总收入;

(2)求产量从 100 个单位到 200 个单位时总收入的增加量.

解:(1)生产 100 个单位时的总收入 R 就是 $R'(x)$ 从 0 到 100 的定积分,即

$$R(100)=\int_0^{100}\left(100-\frac{x}{20}\right)dx=\left(100x-\frac{x^2}{40}\right)\Big|_0^{100}=9750.$$

(2)产量从 100 个单位到 200 个单位时总收入的增加量 ΔR 为

$$\Delta R=\int_{100}^{200}\left(100-\frac{x}{20}\right)dx=\left(100x-\frac{x^2}{40}\right)\Big|_{100}^{200}=9250.$$

答:生产 100 个单位时的总收入为 9750,产量从 100 个单位到 200 个单位时总收入的增加量为 9250.

案例的讨论解决

解:方法一:$\int_{64}^{100}\left(5+\frac{25}{\sqrt{x}}\right)dx=\int_{64}^{100}(5+25x^{-\frac{1}{2}})dx$

$$=(5x+50\sqrt{x})\Big|_{64}^{100}=280(\text{百元}).$$

方法二:先求总成本函数

$C(x)=C(0)+\int_0^x\left(5+\frac{25}{\sqrt{x}}\right)dx=10+5x+50\sqrt{x}$,

所以 $C(100)-C(64)=1010-730=280$(百元).

即产量从 64 吨增加到 100 吨时,需追加成本 2.8 万元.

同步练习　1-11

1. 设某产品的边际成本函数为:$C'(q)=10q+28$,固定成本为 50,求总成本函数

$C(q)$.

2. 已知某产品的销售量为 q 时,收入变化率为 $R'(q)=100-q$,求

(1)销售量为10时的总收入;

(2)销售量从20到30时,总收入是多少?

3. 某企业每月生产某种产品 q 单位时,其边际成本函数为 $C'(q)=5q+10$(单位:万元),固定成本为20,边际收入为 $R'(q)=60$(单位:万元),求:

(1)每月生产多少单位产品时,利润最大?

(2)如果利润达到最大时的产量,再多生产10个单位,利润将有什么变化?

习题三

1. 默写基本积分公式.

2. 求下列不定积分:

(1) $\int(x^2+2\sin x)dx$;　　(2) $\int\sqrt{x\sqrt{x}}dx$;

(3) $\int\frac{x^2-x-6}{x+2}dx$;　　(4) $\int\frac{1}{\sin^2x\cdot\cos^2x}dx$.

3. 求下列不定积分:

(1) $\int e^{5x}dx$;　　(2) $\int\frac{(\ln x)^2}{x}dx$;

(3) $\int x\cos(x^2+2)dx$;　　(4) $\int\frac{\arctan x}{1+x^2}dx$.

4. 求下列不定积分:

(1) $\int x^2e^xdx$;　　(2) $\int x^4\ln xdx$;

(3) $\int(x+1)\ln xdx$;　　(4) $\int\arctan xdx$.

5. 利用定积分的几何意义求下列定积分:

(1) $\int_{-2}^{1}3dx$;　　(2) $\int_0^2\sqrt{4-x^2}dx$;

(3) $\int_0^4(x+3)dx$;　　(4) $\int_{-1}^{5}(2-x)dx$.

6. 求下列定积分:

(1) $\int_1^4\frac{x^2-2x-3}{x}dx$;　　(2) $\int_0^1\frac{x^2}{1+x^2}dx$;

(3) $\int_0^1(x^2\sqrt{x}-3e^x)dx$;　　(4) $\int_0^4\left|2x-4\right|dx$.

自测题 A(基础层次)

一、单项选择题:(每小题 5 分,共 25 分)

1. $\int \frac{1}{\sqrt{x}}dx=($ $)$.

A. $\sqrt{x}$　　B. $\sqrt{x}+C$　　C. $2\sqrt{x}+C$　　D. $2\sqrt{x}$

2. 已知 $\int_0^a (2-3x)dx=2$,则 $a=($ $)(a>0)$.

A. 1　　B. -1　　C. 0　　D. 2

3. $\frac{d}{dx}\int_a^b \arctan x dx=($ $)$.

A. $\arctan x$　　B. $\frac{1}{1+x^2}$

C. $\arctan b-\arctan a$　　D. 0

4. 已知 $\int_0^x f(t)dt=\ln(2+e^x)$,则 $f(x)=($ $)$.

A. $\frac{1}{2+e^x}$　　B. $\frac{2}{2+e^x}$　　C. $\frac{e^2}{2+e^x}$　　D. $\frac{e^x}{2+e^x}$

5. 已知 $\int f(x)dx=\cos^2 x+C$,则 $\int \frac{f(x)}{\sin x}dx=($ $)$.

A. $-2\sin x+C$　　B. $-2\cos x+C$

C. $\sin x+C$　　D. $\cos x+C$

二、填空题:(每小题 5 分,共 25 分)

1. 设 $f(x)$ 的一个原函数是 $\sin x$,则 $\int xf'(x)dx=$ ________;

2. $\int_{-2}^{2}\sqrt{1-\frac{x^2}{4}}dx=$ ________;

3. 牛顿－莱布尼兹公式是 ________;

4. 已知 $\int_0^1 (3x-k)dx=6$,则 $k=$ ________;

5. 若函数 $f(x)=\begin{cases}x, x\geqslant 0,\\ e^x, x<0,\end{cases}$ 则 $\int_{-1}^{2}f(x)dx=$ ________.

三、计算下列积分(每小题 8 分,共 40 分)

1. $\int \frac{3^x+5^x}{15^x}dx$;　　2. $\int_0^1 \frac{x^4}{1+x^2}dx$;

3. $\int_{-1}^{1}(x^2+x\sqrt{1+x^2})dx$;　　4. $\int_0^{\ln 2} e^x(1+e^x)^2 dx$;

5. $\int_1^e \ln^2 x dx$.

四、应用题(本题 10 分)

某企业生产某一种产品 q 单位时,已知边际收益和边际成本函数为:

$$R'(q)=20-3q, C'(q)=10+2q, C(0)=2.$$

求:当生产多少该产品时,利润最大?最大利润是多少?

自测题 B(提高层次)

一、单项选择题:(每小题 3 分,共 15 分)

1. $\int \frac{\cos\sqrt{x}}{\sqrt{x}}dx=($　　$)$.

A. $\sin\sqrt{x}+C$　　B. $2\sin\sqrt{x}+C$　　C. $\cos\sqrt{x}+C$　　D. $2\cos\sqrt{x}+C$

2. 下列定积分正确的是(　　).

A. $\int_0^2 x^2 dx=6$　　B. $\int_1^4 \frac{1}{\sqrt{x}}dx=4$

C. $\int_1^4 \frac{1}{\sqrt{x}}dx=2$　　D. $\int_1^4 \frac{1}{\sqrt{x}}dx=1$

3. 已知 $\int_0^a x(2-3x)dx=2$,则 $a=($　　$)$.

A. 1　　B. -1　　C. 0　　D. 2

4. 已知 $\int_0^x f(t)dt=1+\sin^2 x$,则 $f(x)=($　　$)$.

A. $\cos^2 x$　　B. $2\cos x$　　C. $\sin 2x$　　D. $\cos 2x$

5. 已知 $\int f(x)dx=\ln x+C$,则 $\int f(x)\sin(\ln x)dx=($　　$)$.

A. $-\sin(\ln x)+C$　　B. $-\cos(\ln x)+C$

C. $\sin(\ln x)+C$　　D. $\cos(\ln x)+C$

二、填空题:(每小题 5 分,共 25 分)

1. $\int xf''(x)dx=$________;

2. $\int x^3 \ln x dx=$________;

3. 函数 $y=f(x)$ 连续,如果 $F(x)$ 是 $f(x)$ 的________,那么 $\int_a^b f(x)dx=F(b)-F(a)$;

4. 设 $f(x)$ 连续,则 $\int_{-a}^a x[f(x)+f(-x)]dx=$________;

5. 函数 $f(x)=k\tan x$ 有原函数 $\ln\cos x$，则 $k=$ ________.

三、计算下列积分（每小题 8 分，共 40 分）

1. $\int \frac{\ln(\ln x)}{x\ln x}dx$；

2. $\int \frac{x}{\sqrt{x^2+4}}dx$；

3. $\int e^{2x}\cos x dx$；

4. $\int_0^{\frac{\pi}{2}} x^2\sin x dx$；

5. $\int_0^2 \ln(x+\sqrt{x^2+1})dx$.

四、证明题（本题 8 分）

$$\int_a^b tf''(t)dt=[bf'(b)-f(b)]-[af'(a)-f(a)].$$

五、应用题（本题 12 分）

已知某商品的固定成本为 100，当产量为 q 时的变动成本为 $6q$，边际收益为 $R'=50-2q$，求：

（1）总收益函数、总成本函数和总利润函数；

（2）产量为多少时，利润最大？最大利润是多少？

（3）在总利润最大时的产量的基础上再多生产 20 单位，总利润将有什么变化？

项目二

经济问题的数表处理、优化设计

知识目标

1. 理解矩阵的含义,熟练掌握矩阵的运算;
2. 理解线性方程组的含义及其基本概念,掌握线性方程组的解法;
3. 理解投入产出与线性规划数学模型,掌握投入产出与线性规划数学模型的解法.

能力目标

1. 能根据矩阵的运算法则进行矩阵的运算;
2. 能根据矩阵的思想解决解线性方程组问题;
3. 能根据投入产出与线性规划数学模型解决实际问题.

本项目共有三个任务: 任务一:矩阵与其计算

任务二:解方程组

任务三:模型研究

任务一 矩阵与其计算

2-1 货物调运计划表

在自然科学、工程科学以及现代管理技术中,有很多问题的数学模型是线性方程组,线性方程组的理论和解法又是线性代数研究的重要对象之一,而矩阵与矩阵行列式是研究线性方程组的两种重要工具.

创设情境

矩阵的概念是从实际问题中抽象出来的,物资调运、学生成绩表等不同的实际问题,可用不同的数表表示,这些数表统称为矩阵.

案例 1 在物资调运中,某类物资有三个产地、四个销地,调运情况如下表所示:

调运吨数 销地 / 产地	Ⅰ	Ⅱ	Ⅲ	Ⅳ
A	0	3	4	7
B	8	2	3	0
C	5	4	0	6

如果我们用一个三行四列的数表表示该调运方案,可以简记为

$$\begin{bmatrix} 0 & 3 & 4 & 7 \\ 8 & 2 & 3 & 0 \\ 5 & 4 & 0 & 6 \end{bmatrix},$$

其中每一行表示各产地调往四个销地的调运量,每一列表示三个产地调到某一销地的调运量.

案例 2 记录了 4 名同学的 3 门课程考试成绩,百分制计分,成绩如下表:

成绩 课程 / 学生	语文	数学	英语
甲	92	100	98
乙	87	94	90
丙	96	74	87
丁	75	68	78

学生各门课的成绩组成一个四行三列的数表,即为

$$\begin{bmatrix} 92 & 100 & 98 \\ 87 & 94 & 90 \\ 96 & 74 & 87 \\ 75 & 68 & 78 \end{bmatrix}.$$

任务导入　矩阵的概念及运算.

知识掌握

一、矩阵及其相关概念

（一）矩阵的定义

将方程组的系数及常数项保持原来的顺序排列成长方形数表，那么方程组就可以用这张数表来表示. 例如，三元线性方程组

$$\begin{cases} x_1+2x_2-4x_3=-1, \\ 2x_1-x_2+5x_3=0, \\ -x_1+3x_2-7x_3=2 \end{cases} \quad 可与数表 \begin{bmatrix} 1 & 2 & -4 & -1 \\ 2 & -1 & 5 & 0 \\ -1 & 3 & -7 & 2 \end{bmatrix}$$

一一对应，我们可以通过数表的运算来求得方程组的解.

把这种从实际问题抽象出的数表叫作矩阵.

定义 1　由 $m\times n$ 个数 $a_{ij}(i=1,2,\cdots,m;j=1,2,\cdots,n)$ 排列成的 m 行 n 列的数表

$$\begin{bmatrix} a_{11} & a_{12} & \cdots & a_{1n} \\ a_{21} & a_{23} & \cdots & a_{2n} \\ \cdots & \cdots & \cdots & \cdots \\ a_{m1} & a_{m2} & \cdots & a_{mn} \end{bmatrix}$$

称为 m 行 n 列矩阵，简称 $m\times n$ 矩阵. 称 a_{ij} 为矩阵的第 i 行第 j 列的元素.

矩阵通常用大写的英文字母 A、B、C、…表示，[也有的书上用圆括号(　)表示矩阵].

当需要指明一个矩阵的行数和列数时，也常写作 $A_{m\times n}$ 或 $A=(a_{ij})_{m\times n}$.

（二）几种常见的特殊矩阵

1. 方阵：当 $m=n$ 时，$A=(a_{ij})_{n\times n}$ 称为 n 阶方阵，如方阵 $A=\begin{bmatrix} 3 & 0 & 0 \\ 2 & 5 & 4 \\ 0 & 2 & 2 \end{bmatrix}$.

2. 行(或列)矩阵：当 $m=1$ 时，$A=[a_{11} \quad a_{12} \quad \cdots \quad a_{1n}]$ 叫作行矩阵；

当 $n=1$ 时，$A=\begin{bmatrix} a_{11} \\ a_{21} \\ \vdots \\ a_{n1} \end{bmatrix}$ 叫作列矩阵.

只有一个元素 a 的矩阵称为一阶矩阵，记作 (a).

3. 零矩阵:所有元素都是零的矩阵,称为零矩阵,记作 $O_{m\times n}$.

4. 单位矩阵:主对角线上的元素都是1,其他元素都为零的 n 阶方阵称为 n 阶单位矩阵,记作 E,即

$$E=\begin{bmatrix}1&0&\cdots&0\\0&1&\cdots&0\\\cdots&\cdots&\cdots&\cdots\\0&0&\cdots&1\end{bmatrix}.$$

5. 阶梯形矩阵:如果一个矩阵满足如下条件:

(1)若有零行,都在矩阵的下方;

(2)每一行第一个非零元素的下方均为零,

则称矩阵为阶梯形矩阵,即

$$\begin{bmatrix}a_{11}&a_{12}&\cdots&\cdots&\cdots&a_{1n}\\0&a_{22}&\cdots&\cdots&\cdots&a_{2n}\\\cdots&\cdots&\cdots&\cdots&\cdots&\cdots\\0&0&\cdots&a_{rr}&\cdots&a_{rn}\\0&0&\cdots&0&\cdots&0\end{bmatrix}_{m\times n}.$$

如矩阵

$$\begin{bmatrix}1&2&3&4&5\\0&-2&3&8&9\\0&0&10&3&5\\0&0&0&8&6\end{bmatrix},\begin{bmatrix}5&0&3&2&-1\\0&8&7&6&2\\0&0&0&1&3\\0&0&0&0&0\end{bmatrix}$$

都是阶梯形矩阵.

6. 行简化阶梯形矩阵

在一个阶梯形矩阵中,如果满足:

(1)各非零行的第一个非零元素都是1;

(2)每个首非零元素所在列的其余元素都是零,

则称此矩阵为行简化阶梯形矩阵.

例如

$$\begin{bmatrix}1&0&0&0&2\\0&1&0&0&-1\\0&0&1&0&3\\0&0&0&1&2\end{bmatrix},\begin{bmatrix}1&-2&0&3&0&4\\0&0&1&-2&0&5\\0&0&0&0&1&0\\0&0&0&0&0&0\end{bmatrix}$$

都是行简化阶梯形矩阵.

二、矩阵的运算

(一)矩阵相等

定义2　如果两个矩阵A、B有相同的行数和相同的列数,并且对应位置上的元素相等,则称矩阵A与B相等,记为$A=B$;否则记为$A\neq B$. 例如矩阵

$$\begin{bmatrix}1 & 0\\2 & 3\end{bmatrix}\neq\begin{bmatrix}1 & 0\\4 & 3\end{bmatrix}.$$

(二)矩阵的加法与减法

矩阵的加法是数的加法的直接推广.

定义3　设$A=(a_{ij})$,$B=(b_{ij})$是两个$m\times n$矩阵,把它们对应位置上的元素相加而得到的矩阵叫作A和B的和,记作$A+B$,即

$$A+B=(a_{ij}+b_{ij})_{m\times n}.$$

注意:两个矩阵只有在行数和列数分别相同时才能进行加法运算. 此时称A与B是可加的.

给出矩阵$B=(b_{ij})_{m\times n}$,把它的各元素变号后得到矩阵$(-b_{ij})_{m\times n}$称为矩阵B的负矩阵,记为$-B$. 显然

$$B+(-B)=O.$$

由矩阵的加法和负矩阵的概念,可以定义矩阵的减法.

定义4　设A与B是可加矩阵,则规定

$$A-B=A+(-B),$$

称为A与B之差. $A-B$就是对应位置元素相减.

(三)数与矩阵相乘

定义5　以数k乘矩阵$A=(a_{ij})_{m\times n}$的每个元素所得的矩阵,称为数k与矩阵A的乘积,记为kA.

特别,当$k=-1$时,可得到A的负矩阵$-A$.

应用训练:

例1　已知$A=\begin{bmatrix}3 & 1 & 0\\-1 & 2 & 1\\3 & 4 & 2\end{bmatrix}$,$B=\begin{bmatrix}1 & 0 & 2\\-1 & 1 & 1\\2 & 1 & 1\end{bmatrix}$,

求:(1)$\frac{1}{2}A$;(2)满足方程$A-2X=B$中的矩阵X.

解：(1) $\frac{1}{2}A=\frac{1}{2}\begin{bmatrix}3&1&0\\-1&2&1\\3&4&2\end{bmatrix}=\begin{bmatrix}\frac{3}{2}&\frac{1}{2}&0\\-\frac{1}{2}&1&\frac{1}{2}\\\frac{3}{2}&2&1\end{bmatrix}$.

(2) 由 $A-2X=B$，得 $X=\frac{1}{2}(A-B)$，即

$$X=\frac{1}{2}\left(\begin{bmatrix}3&1&0\\-1&2&1\\3&4&2\end{bmatrix}-\begin{bmatrix}1&0&2\\-1&1&1\\2&1&1\end{bmatrix}\right)=\frac{1}{2}\begin{bmatrix}2&1&-2\\0&1&0\\1&3&1\end{bmatrix}=\begin{bmatrix}1&\frac{1}{2}&-1\\0&\frac{1}{2}&0\\\frac{1}{2}&\frac{3}{2}&\frac{1}{2}\end{bmatrix}.$$

(四) 矩阵的乘法

矩阵的乘法是矩阵运算中最复杂也是最重要的一种运算，矩阵乘法的概念是人们从实践中抽象出来的.

定义6　设有矩阵 $A=(a_{ij})_{m\times k}$，$B=(b_{ij})_{k\times n}$，那么矩阵 A 与矩阵 B 的乘积 AB 是一个 $m\times n$ 矩阵 $C=(c_{ij})_{m\times n}$，其中 c_{ij} 是 A 的第 i 行元素与 B 的第 j 列对应元素乘积的和，即

$$c_{ij}=a_{i1}b_{1j}+a_{i2}b_{2j}+\cdots+a_{ik}b_{kj}\quad(i=1,2,\cdots,m;j=1,2,\cdots,n).$$

注意：只有当左边矩阵 A 的列数等于右边矩阵 B 的行数时，两个矩阵才能相乘，此时称 A 与 B 是可乘的. 得到的积矩阵 AB 的行数等于 A 的行数，列数等于 B 的列数.

例2　已知 $A=\begin{bmatrix}3&2&-1\\2&-3&5\end{bmatrix}$，$B=\begin{bmatrix}1&3\\-5&4\\3&6\end{bmatrix}$，求 AB 与 BA.

解：因为 A 的列数等于 B 的行数，所以 A 与 B 可以相乘，同理 B 与 A 也可以相乘.

$$AB=\begin{bmatrix}3&2&-1\\2&-3&5\end{bmatrix}\begin{bmatrix}1&3\\-5&4\\3&6\end{bmatrix}=\begin{bmatrix}-10&11\\32&24\end{bmatrix},$$

$$BA=\begin{bmatrix}1&3\\-5&4\\3&6\end{bmatrix}\begin{bmatrix}3&2&-1\\2&-3&5\end{bmatrix}=\begin{bmatrix}9&-7&14\\-7&-22&25\\21&-12&27\end{bmatrix}.$$

注意：在矩阵乘法中 AB 有意义时，BA 不一定有意义；即使 AB 与 BA 都有意义，也可能 $AB\neq BA$. 这说明一般情况下，矩阵乘法不满足交换律. 有时为了强调顺序，AB 称为 A 左乘 B.

例3　已知$A=\begin{bmatrix}2&4\\-3&-6\end{bmatrix}$,$B=\begin{bmatrix}-2&4\\1&-2\end{bmatrix}$,求$AB$.

解:$AB=\begin{bmatrix}2&4\\-3&-6\end{bmatrix}\begin{bmatrix}-2&4\\1&-2\end{bmatrix}=\begin{bmatrix}0&0\\0&0\end{bmatrix}$.

由上例看出:两个非零矩阵的乘积可能是零矩阵.这与数的乘积不同,两个非零数的乘积决不会等于零.因此,若$AB=O$,不能推断$A=O$或$B=O$.

例4　已知$A=\begin{bmatrix}2&3&0\\1&2&0\end{bmatrix}$,$B=\begin{bmatrix}1&0\\0&2\\3&0\end{bmatrix}$,$C=\begin{bmatrix}1&0\\0&2\\4&0\end{bmatrix}$,求$AB$,$AC$.

解:$AB=\begin{bmatrix}2&3&0\\1&2&0\end{bmatrix}\begin{bmatrix}1&0\\0&2\\3&0\end{bmatrix}=\begin{bmatrix}2&6\\1&4\end{bmatrix}$,

$AC=\begin{bmatrix}2&3&0\\1&2&0\end{bmatrix}\begin{bmatrix}1&0\\0&2\\4&5\end{bmatrix}=\begin{bmatrix}2&6\\1&4\end{bmatrix}$.

由上例看出:若$AB=AC$,一般不能推出$B=C$.这说明矩阵乘法不满足消去律.

例5　已知$A=\begin{bmatrix}a_{11}&a_{12}&a_{13}\\a_{21}&a_{22}&a_{23}\\a_{31}&a_{32}&a_{33}\end{bmatrix}$,$E=\begin{bmatrix}1&0&0\\0&1&0\\0&0&1\end{bmatrix}$,求$AE$,$EA$.

解:$AE=\begin{bmatrix}a_{11}&a_{12}&a_{13}\\a_{21}&a_{22}&a_{23}\\a_{31}&a_{32}&a_{33}\end{bmatrix}\begin{bmatrix}1&0&0\\0&1&0\\0&0&1\end{bmatrix}=\begin{bmatrix}a_{11}&a_{12}&a_{13}\\a_{21}&a_{22}&a_{23}\\a_{31}&a_{32}&a_{33}\end{bmatrix}$,

$EA=\begin{bmatrix}1&0&0\\0&1&0\\0&0&1\end{bmatrix}\begin{bmatrix}a_{11}&a_{12}&a_{13}\\a_{21}&a_{22}&a_{23}\\a_{31}&a_{32}&a_{33}\end{bmatrix}=\begin{bmatrix}a_{11}&a_{12}&a_{13}\\a_{21}&a_{22}&a_{23}\\a_{31}&a_{32}&a_{33}\end{bmatrix}$.

由上例看出:$AE=EA=A$,即单位矩阵E在矩阵乘法中的作用相当于代数中的数1.

(五)方阵的幂

有了矩阵的乘法,就可以定义方阵的幂.设A是n阶方阵,k是正整数,则

$$A^k=\overbrace{AA\cdots A}^{k\text{个}}$$

称为方阵A的k次幂.

由于矩阵乘法满足结合律,所以对任意非负整数s,t,方阵的幂满足:

(1)$A^s \cdot A^t = A^{s+t}$;

(2)$(A^s)^t = A^{st}$.

又因为矩阵乘法不满足交换律,所以对于两个 n 阶方阵 A,B,一般地说

$$(AB)^k \neq A^k B^k.$$

(六)矩阵的转置

定义7　把矩阵 $A=(a_{ij})_{m\times n}$ 的各行依次变为相应的列之后所得的 $n\times m$ 矩阵,称为 A 的转置矩阵,记为 A^T.

例如,若矩阵 $A=\begin{bmatrix}-1 & 0 & 2\\ 4 & -3 & 0\end{bmatrix}$,则 $A^T=\begin{bmatrix}-1 & 4\\ 0 & -3\\ 2 & 0\end{bmatrix}$.

矩阵的转置矩阵满足下列运算律,其中 A、B 是矩阵,k 是常数:

(1)$(A^T)^T = A$;

(2)$(A+B)^T = A^T + B^T$;

(3)$(kA)^T = kA^T$;

(4)$(AB)^T = B^T A^T$.

例6　设有矩阵 $A=\begin{bmatrix}2 & 4 & 0\\ 1 & 0 & 3\end{bmatrix}$,$B=\begin{bmatrix}6 & 1\\ 7 & 2\\ 3 & 0\end{bmatrix}$,验证:$(AB)^T = B^T A^T$.

解:因为$AB=\begin{bmatrix}2 & 4 & 0\\ 1 & 0 & 3\end{bmatrix}\begin{bmatrix}6 & 1\\ 7 & 2\\ 3 & 0\end{bmatrix}=\begin{bmatrix}40 & 10\\ 15 & 1\end{bmatrix}$,故$(AB)^T=\begin{bmatrix}40 & 15\\ 10 & 1\end{bmatrix}$,

$$B^T A^T=\begin{bmatrix}6 & 7 & 3\\ 1 & 2 & 0\end{bmatrix}\begin{bmatrix}2 & 1\\ 4 & 0\\ 0 & 3\end{bmatrix}=\begin{bmatrix}40 & 15\\ 10 & 1\end{bmatrix}$$,所以$(AB)^T = B^T A^T$.

同步练习　2-1

1. 若 $A=\begin{bmatrix}2 & 3 & 8\\ -1 & 2 & 3\\ 5 & -7 & 9\end{bmatrix}$,$B=\begin{bmatrix}-2 & 4 & 4\\ 3 & -1 & 0\\ 6 & 5 & 1\end{bmatrix}$,则 $A-B=$ ________.

2. 已知 $A=\begin{bmatrix}-1 & 0\\ 2 & 3\\ 0 & 1\end{bmatrix}$,$B=\begin{bmatrix}1 & 5\\ 3 & 0\\ 1 & -2\end{bmatrix}$,则 $2A+B=$ ________.

3. 矩阵 $A=\begin{bmatrix}2&3\\0&1\end{bmatrix}$，$B=\begin{bmatrix}2&1\\3&4\end{bmatrix}$，则 $A^TB=$______.

4. 已知 $A=\begin{bmatrix}4&6\\1&-2\end{bmatrix}$，$B=\begin{bmatrix}1&3&5\\2&4&6\end{bmatrix}$，下列运算可行的是(　　).

A. $A+B$　　　B. $A-B$　　　C. AB　　　D. $AB-BA$

5. 设 A 是 $m\times n$ 矩阵，B 是 $p\times m$ 矩阵，则 A^TB^T 是______矩阵.

6. 设 $A=\begin{bmatrix}1&2&3\\-2&1&2\end{bmatrix}$，$B=\begin{bmatrix}1&0\\0&1\\3&-1\end{bmatrix}$，求 AB 与 BA.

2-2　矩阵的初等变换及应用

创设情境

生活中，我们每天都接触着各种经济指标等数据，经济增长情况根据这些统计数据来分析预测，但是我们看到的只是部分数据结果，而不知原来的情况，那么我们可以根据他们的计算过程反推得到需要的原始数据.

案　例　我国某地方为避开高峰期用电，实行分时段计费，鼓励夜间用电. 某地白天(AM8:00～PM11:00)与夜间(PM11:00～AM8:00)的电费标准为每度 P 元，若某居民区两户居民某月的用电情况如下：

时间 / 用户	白天	夜间
一	120	150
二	132	174

设两户居民某月所交电费 $F=[90.29, 101.41]$，求当地的电费标准 P.

分析：某居民区两户居民某月的用电情况用一个 2 行 2 列的数表表示，可简记为 $A=\begin{bmatrix}120&150\\132&174\end{bmatrix}$，是一个矩阵；每一行表示每户居民用电情况；每一列表示居民不同时间段用电情况. 但是要求当地的电费标准，还要进行矩阵的运算.

任务导入　逆矩阵的计算.

知识掌握

一、初等变换的概念

定义　对矩阵使用以下三种变换,称为矩阵的初等变换:

(1)交换矩阵的两行(列),称为对换变换;

(2)用一非零数 k 乘矩阵的某一行(列),称为倍乘变换;

(3)把矩阵的某一行(列)所有元素的 l 倍加到另一行(列)上,称为倍加变换.

上述对矩阵的行使用的变换称为初等行变换;对列所使用的变换称为初等列变换.

矩阵的初等行变换和初等列变换,统称为矩阵的初等变换.

应用训练:

例1　用初等行变换把矩阵 $A=\begin{bmatrix}1&3&0&2\\1&4&-4&2\\2&5&4&4\end{bmatrix}$ 化为行简化阶梯形矩阵.

解:$A=\begin{bmatrix}1&3&0&2\\1&4&-4&2\\2&5&4&4\end{bmatrix}\to\begin{bmatrix}1&3&0&2\\0&1&-4&0\\0&-1&4&0\end{bmatrix}\to\begin{bmatrix}1&3&0&2\\0&1&-4&0\\0&0&0&0\end{bmatrix}\to\begin{bmatrix}1&0&12&2\\0&1&-4&0\\0&0&0&0\end{bmatrix}$.

上式中 $\begin{bmatrix}1&3&0&2\\0&1&-4&0\\0&0&0&0\end{bmatrix}$ 为阶梯形矩阵,$\begin{bmatrix}1&0&12&2\\0&1&-4&0\\0&0&0&0\end{bmatrix}$ 为行简化阶梯形矩阵.

二、矩阵的秩

(一)定义

经过有限次的初等行变换将矩阵 A 化为阶梯形矩阵后,该阶梯形矩阵中非零行的行数称为矩阵 A 的秩,记作秩(A)或 $r(A)$.

(二)计算

矩阵的秩是矩阵的本质属性之一.

可以证明,初等变换不改变矩阵的秩. 因此,可以通过施行初等行变换的方法求矩阵的秩.

例2　在上面例1的矩阵中,求 $r(A)$.

解:$A\to\cdots\to\begin{bmatrix}1&3&0&2\\0&1&-4&0\\0&0&0&0\end{bmatrix}$,所以 $r(A)=2$.

例 3　求矩阵 $A=\begin{bmatrix}1 & 2 & -1 & 2\\ 2 & 3 & -2 & -1\\ 0 & -1 & 0 & -5\\ 2 & 2 & -2 & 6\end{bmatrix}$的秩.

解: $A=\begin{bmatrix}1 & 2 & -1 & 2\\ 2 & 3 & -2 & -1\\ 0 & -1 & 0 & -5\\ 2 & 2 & -2 & 6\end{bmatrix}\rightarrow\begin{bmatrix}1 & 2 & -1 & 2\\ 0 & -1 & 0 & -5\\ 0 & -1 & 0 & -5\\ 0 & -2 & 0 & 2\end{bmatrix}\rightarrow\begin{bmatrix}1 & 2 & -1 & 2\\ 0 & -1 & 0 & -5\\ 0 & 0 & 0 & 0\\ 0 & 0 & 0 & 12\end{bmatrix}\rightarrow$

$\begin{bmatrix}1 & 2 & -1 & 2\\ 0 & -1 & 0 & -5\\ 0 & 0 & 0 & 12\\ 0 & 0 & 0 & 0\end{bmatrix}$,

所以 $r(A)=3$.

(三)满秩矩阵

1. 定义

对于 n 阶方阵 A,如果 $r(A)=n$,那么称 A 为满秩矩阵,或非奇异矩阵.

2. 定理

任何一个满秩矩阵都能通过初等行变换化为单位矩阵.

三、逆矩阵

前面讨论了矩阵的加、减、数乘与乘法等运算,那么矩阵有没有"除法"运算?即求逆矩阵问题. 由于矩阵是比数更复杂的代数体系,因此矩阵的"除法"也要比数的除法复杂得多,只考虑矩阵是方阵时的"除法".

(一)逆矩阵

定义　对于 n 阶方阵 A,如果存在 n 阶方阵 B,使得 $AB=BA=E$,则称方阵 A 是可逆矩阵,称方阵 B 是 A 的逆矩阵,记为 A^{-1},即

$$B=A^{-1}\text{且 }AA^{-1}=A^{-1}A=E.$$

当 B 是 A 的逆矩阵时,A 也是 B 的逆矩阵,即 A 与 B 互为逆矩阵.

(二)逆矩阵的性质

性质 1　如果方阵 A 有逆矩阵,则这个逆矩阵是唯一的.

性质 2　若方阵 A 可逆,则 A^{-1} 也可逆,且 $(A^{-1})^{-1}=A$.

性质 3　若方阵 A 与 B 都可逆,则乘积 AB 也可逆,且 $(AB)^{-1}=B^{-1}A^{-1}$.

一般地,对可逆矩阵 A、B、C,有 $(ABC)^{-1}=C^{-1}B^{-1}A^{-1}$.

性质4　若方阵 A 可逆，则 A^T 也可逆，且 $(A^T)^{-1}=(A^{-1})^T$.

性质5　若 A 可逆，数 $\lambda\neq 0$，则 λA 也可逆，且 $(\lambda A)^{-1}=\frac{1}{\lambda}A^{-1}$.

性质6　若 A 可逆，则 $|A^{-1}|=\frac{1}{|A|}$（$|A|$ 是矩阵 A 的行列式，后面介绍）.

（三）可逆矩阵的判断

是否所有的矩阵都存在逆矩阵呢？答案是否定的，如零矩阵不存在逆矩阵，矩阵 $\begin{bmatrix}2 & 1\\0 & 0\end{bmatrix}$ 也没有逆矩阵.

那么什么样的矩阵可逆呢？如何求逆矩阵呢？

定理1　n 阶矩阵 A 可逆的充要条件是矩阵 A 的秩是 n.

定理2　n 阶可逆矩阵 A 经过一系列的初等行变换，必可化为 n 阶单位矩阵 E；同时对 n 阶单位矩阵 E 作同样的初等行变换，所得到的矩阵必为 A 的逆矩阵 A^{-1}.

（四）初等变换法求逆矩阵

作 $n\times 2n$ 阶矩阵 $(A\quad E)$，然后对 $(A\quad E)$ 作若干次初等行变换，使 A 成为单位矩阵；与此同时，单位矩阵 E 成为 A 的逆矩阵 A^{-1}，即

$$(A\quad E)\rightarrow(E\quad A^{-1})$$

应用训练：

例4　用初等行变换，求下列矩阵的逆矩阵：

$$A=\begin{bmatrix}1 & 2 & 3\\2 & 2 & 1\\3 & 4 & 3\end{bmatrix}.$$

解：$(A,E)=\begin{bmatrix}1 & 2 & 3 & \vdots & 1 & 0 & 0\\2 & 2 & 1 & \vdots & 0 & 1 & 0\\3 & 4 & 3 & \vdots & 0 & 0 & 1\end{bmatrix}$

$$\rightarrow\begin{bmatrix}1 & 2 & 3 & \vdots & 1 & 0 & 0\\0 & -2 & -5 & \vdots & -2 & 1 & 0\\0 & -2 & -6 & \vdots & -3 & 0 & 1\end{bmatrix}$$

$$\rightarrow\begin{bmatrix}1 & 0 & -2 & \vdots & -1 & 1 & 0\\0 & -2 & -5 & \vdots & -2 & 1 & 0\\0 & 0 & -1 & \vdots & -1 & -1 & 1\end{bmatrix}$$

$$\rightarrow\begin{bmatrix}1 & 0 & 0 & \vdots & 1 & 3 & -2\\0 & -2 & 0 & \vdots & 3 & 6 & -5\\0 & 0 & -1 & \vdots & -1 & -1 & 1\end{bmatrix}$$

$$\rightarrow\begin{bmatrix}1 & 0 & 0 & \vdots & 1 & 3 & -2\\ 0 & 1 & 0 & \vdots & -\frac{3}{2} & -3 & \frac{5}{2}\\ 0 & 0 & 1 & \vdots & 1 & 1 & -1\end{bmatrix},$$

所以 $A^{-1}=\begin{bmatrix}1 & 3 & -2\\ -\frac{3}{2} & -3 & \frac{5}{2}\\ 1 & 1 & -1\end{bmatrix}$.

例 5　设 $A=\begin{bmatrix}2 & 1\\ 1 & 2\end{bmatrix}$，$B=\begin{bmatrix}1 & 2\\ -1 & 4\end{bmatrix}$，且 $XA=B$，求矩阵 X.

解：因为 $XA=B$，所以 $X=BA^{-1}$.

又 $(A\quad E)=\begin{bmatrix}2 & 1 & 1 & 0\\ 1 & 2 & 0 & 1\end{bmatrix}\rightarrow\begin{bmatrix}1 & 2 & 0 & 1\\ 2 & 1 & 1 & 0\end{bmatrix}\rightarrow\begin{bmatrix}1 & 2 & 0 & 1\\ 0 & -3 & 1 & -2\end{bmatrix}$

$$\rightarrow\begin{bmatrix}1 & 2 & 0 & 1\\ 0 & 1 & -\frac{1}{3} & \frac{2}{3}\end{bmatrix}\rightarrow\begin{bmatrix}1 & 0 & \frac{2}{3} & -\frac{1}{3}\\ 0 & 1 & -\frac{1}{3} & \frac{2}{3}\end{bmatrix},$$

所以 $A^{-1}=\begin{bmatrix}\frac{2}{3} & -\frac{1}{3}\\ -\frac{1}{3} & \frac{2}{3}\end{bmatrix}=\frac{1}{3}\begin{bmatrix}2 & -1\\ -1 & 2\end{bmatrix}$

故 $X=BA^{-1}=\frac{1}{3}\begin{bmatrix}1 & 2\\ -1 & 4\end{bmatrix}\begin{bmatrix}2 & -1\\ -1 & 2\end{bmatrix}=\frac{1}{3}\begin{bmatrix}0 & 3\\ -6 & 9\end{bmatrix}=\begin{bmatrix}0 & 1\\ -2 & 3\end{bmatrix}$.

案例的讨论解决

分析：利用逆矩阵解决问题

解：令 $A=\begin{bmatrix}120 & 150\\ 132 & 174\end{bmatrix}$，因为 $AP=F^T$，等式两边同时左乘以矩阵 A^{-1}，可以得到当地的电费标准为 $P=A^{-1}F$，下面用初等行变换来求：

$$(A\quad E)=\begin{bmatrix}120 & 150 & 1 & 0\\ 132 & 174 & 0 & 1\end{bmatrix}\rightarrow\begin{bmatrix}4 & 5 & \frac{1}{30} & 0\\ 132 & 174 & 0 & 1\end{bmatrix}\rightarrow\begin{bmatrix}4 & 5 & \frac{1}{30} & 0\\ 0 & 9 & -\frac{11}{10} & 1\end{bmatrix}$$

$$\rightarrow\begin{bmatrix}4 & 5 & \frac{1}{30} & 0\\ 0 & 1 & -\frac{11}{90} & \frac{1}{9}\end{bmatrix}\rightarrow\begin{bmatrix}4 & 0 & \frac{58}{90} & -\frac{5}{9}\\ 0 & 1 & -\frac{11}{90} & \frac{1}{9}\end{bmatrix}\rightarrow\begin{bmatrix}1 & 0 & \frac{29}{180} & -\frac{5}{36}\\ 0 & 1 & -\frac{11}{90} & \frac{1}{9}\end{bmatrix},$$

即 $A^{-1}=\begin{bmatrix}\frac{29}{180} & -\frac{5}{36}\\ -\frac{11}{90} & \frac{1}{9}\end{bmatrix}$,

所以 $P=A^{-1}F^{T}=\begin{bmatrix}0.4620\\ 0.2323\end{bmatrix}$.

即白天的电费标准为 0.462 元/度,夜间电费标准为 0.2323 元/度.

同步练习　2-2

1. 设 $A=\begin{bmatrix}1&0&0\\0&1&0\\1&0&1\\0&1&1\end{bmatrix}$,则 $r(A)=$ ________.

2. n 阶矩阵 A 的逆矩阵是 A^{-1},则 $AA^{-1}=$ ________.

3. 设 $A=\begin{bmatrix}1&-1&2\\2&-3&5\\3&-2&4\end{bmatrix}$,求 A^{-1}.

2-3　矩阵行列式

在工程技术以及管理科学中,有很多实际问题的数学模型是线性方程组,前面详细介绍了矩阵及其运算,下面从行列式与矩阵两个角度来研究线性方程组.

创设情境

案　例　现考虑一家开办另外 3 个炼油厂的公司,每个炼油厂生产 3 种石油产品,燃料油,柴油和汽油. 设从 1 桶原油中,第一个炼油厂生产 16 加仑燃料油,8 加仑柴油及 4 加仑汽油;第二个炼油厂生产 8 加仑燃料油,20 加仑柴油,10 加仑汽油;第三个炼油厂生产 8 加仑燃料油,8 加仑柴油,20 加仑汽油. 现在需要 9600 加仑燃料油,12800 加仑柴油及 16000 加仑汽油,则每个炼油厂所用石油的桶数是多少?

分析　设 x_i 表示第 i 个炼油厂所用石油的桶数($i=1,2,3$),则应该满足下列线性方程组:

$$\begin{cases}16x_1+8x_2+8x_3=9600,\\8x_1+20x_2+8x_3=12800,\\4x_1+10x_2+20x_3=16000,\end{cases}$$

要得结果，需要来求系数构成的行列式的值.

任务导入 矩阵行列式的概念及其运算.

知识掌握

一、矩阵行列式

（一）矩阵行列式

定义1 由 n 阶方阵 A 的元素按原来的顺序排列构成的 n 行 n 列数表，叫作方阵 A 的行列式，记作 $|A|$.

如方阵 $A=\begin{bmatrix}3&0&0\\2&5&4\\0&2&2\end{bmatrix}$ 的行列式为 $|A|=\begin{vmatrix}3&0&0\\2&5&4\\0&2&2\end{vmatrix}$.

（二）二阶行列式

给出二元线性方程组，它的一般形式为：

$$\begin{cases}a_{11}x_1+a_{12}x_2=b_1,\\a_{21}x_1+a_{22}x_2=b_2.\end{cases}\tag{1}$$

用加减消元法解方程组(1)，当 $a_{11}a_{22}-a_{12}a_{21}\neq0$ 时，方程组(1)有唯一解

$$x_1=\frac{a_{22}b_1-a_{12}b_2}{a_{11}a_{22}-a_{12}a_{21}},x_2=\frac{a_{11}b_2-a_{21}b_1}{a_{11}a_{22}-a_{12}a_{21}}.$$

如果我们引进二阶行列式，则上述解可以用行列式来表示，下面我们给出二阶行列式的定义.

定义2 由四个数 $a_{ij}(i,j=1,2)$ 排成两行两列的数表，记号 $\begin{vmatrix}a_{11}&a_{12}\\a_{21}&a_{22}\end{vmatrix}$ 称为二阶行列式，它表示代数和 $a_{11}a_{22}-a_{12}a_{21}$，即

$$\begin{vmatrix}a_{11}&a_{12}\\a_{21}&a_{22}\end{vmatrix}=a_{11}a_{22}-a_{12}a_{21}.\tag{2}$$

其中 $a_{ij}(i=1,2;j=1,2)$ 称为二阶行列式的元素，下标 i 表示元素所在的行，j 表示元素所在的列. 按4个元素构成的正方形，横排称为行，纵排称为列.

(2)式可用下面的对角线展开法则，记为

$$\begin{vmatrix} a_{11} & a_{12} \\ a_{21} & a_{22} \end{vmatrix} = a_{11}a_{22}-a_{12}a_{21},$$

即实线(称为主对角线)连接的两个元素的乘积减去虚线(称为副对角线)连接的两个元素的乘积,于是,方程组(1)的解可用二阶行列式表示成

$$x_1 = \frac{\begin{vmatrix} b_1 & a_{12} \\ b_2 & a_{22} \end{vmatrix}}{\begin{vmatrix} a_{11} & a_{12} \\ a_{21} & a_{22} \end{vmatrix}}, x_2 = \frac{\begin{vmatrix} a_{11} & b_1 \\ a_{21} & b_2 \end{vmatrix}}{\begin{vmatrix} a_{11} & a_{12} \\ a_{21} & a_{22} \end{vmatrix}} \quad \left(\begin{vmatrix} a_{11} & a_{12} \\ a_{21} & a_{22} \end{vmatrix} \neq 0 \right).$$

例1 $\begin{vmatrix} 5 & -1 \\ 3 & 2 \end{vmatrix} = 5\times 2-(-1)\times 3 = 13.$

例2 用行列式法解线性方程组

$$\begin{cases} 3x_1-4x_2=2, \\ 2x_1+3x_2=7. \end{cases}$$

解:$D=\begin{vmatrix} 3 & -4 \\ 2 & 3 \end{vmatrix}=9+8=17, D_1=\begin{vmatrix} 2 & -4 \\ 7 & 3 \end{vmatrix}=34, D_2=\begin{vmatrix} 3 & 2 \\ 2 & 7 \end{vmatrix}=17,$

所以 $x_1=\frac{D_1}{D}=\frac{34}{17}=2, x_2=\frac{D_2}{D}=\frac{17}{17}=1.$

(三)三阶行列式

同理可由解三元一次线性方程组引进三阶行列式的概念.

定义3 由 3^2 个数 $a_{ij}(i,j=1,2,3)$ 排成3行3列的数表,记号 $\begin{vmatrix} a_{11} & a_{12} & a_{13} \\ a_{21} & a_{22} & a_{23} \\ a_{31} & a_{32} & a_{33} \end{vmatrix}$ 称为三阶行列式,它表示代数和

$$a_{11}a_{22}a_{33}+a_{12}a_{23}a_{31}+a_{13}a_{21}a_{32}-a_{11}a_{23}a_{32}-a_{12}a_{21}a_{33}-a_{13}a_{22}a_{31},$$

即 $$\begin{vmatrix} a_{11} & a_{12} & a_{13} \\ a_{21} & a_{22} & a_{23} \\ a_{31} & a_{32} & a_{33} \end{vmatrix} = a_{11}a_{22}a_{33}+a_{12}a_{23}a_{31}+a_{13}a_{21}a_{32}-a_{11}a_{23}a_{32}-a_{12}a_{21}a_{33}-a_{13}a_{22}a_{31},$$

其中 a_{ij} 表示第 i 行第 j 列的元素. 例如,a_{32} 是第三行第二列的元素.

三阶行列式有三行三列,由 3^2 个数组成,共有 $3!=6$ 项(其中三项为正项,三项为负项),它表示六项(每项都是位于行列式的不同行不同列的三个元素相乘)的代数和.

三阶行列式的展开式,可以用下面的对角线法则求出:

其中主对角线及平行于主对角线的线(即实线)连接的三个元素的乘积前冠以“+”

号,副对角线及其平行线(即虚线)连接的三个元素的乘积前均冠以"-"号.

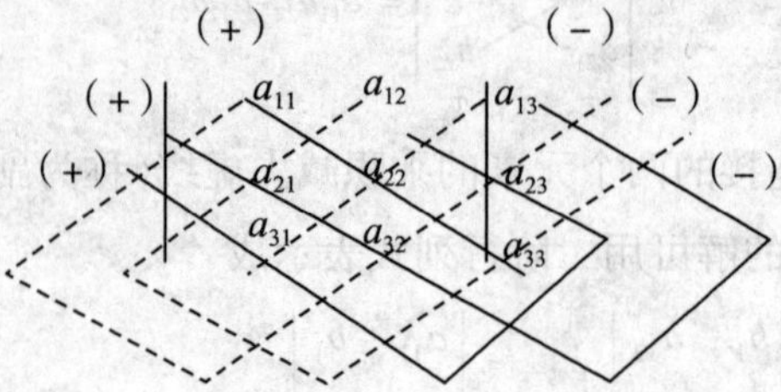

例3　计算三阶行列式

$$D=\begin{vmatrix}1&2&3\\4&0&5\\-1&0&6\end{vmatrix}.$$

解:$D=1\times0\times6+2\times5\times(-1)+3\times4\times0-3\times0\times(-1)-2\times4\times6-1\times5\times0$

$=0-10+0-0-48-0=-58.$

结合二阶行列式的定义,将三阶行列式 D 按第一行元素整理可以写成:

$$\begin{vmatrix}a_{11}&a_{12}&a_{13}\\a_{21}&a_{22}&a_{23}\\a_{31}&a_{32}&a_{33}\end{vmatrix}=a_{11}a_{22}a_{33}+a_{12}a_{23}a_{31}+a_{13}a_{21}a_{32}-a_{11}a_{23}a_{32}-a_{12}a_{21}a_{33}-a_{13}a_{22}a_{31}$$

$$=a_{11}\begin{vmatrix}a_{22}&a_{23}\\a_{32}&a_{33}\end{vmatrix}-a_{12}\begin{vmatrix}a_{21}&a_{23}\\a_{31}&a_{33}\end{vmatrix}+a_{13}\begin{vmatrix}a_{21}&a_{22}\\a_{31}&a_{32}\end{vmatrix}.$$

设记号$M_{11}=\begin{vmatrix}a_{22}&a_{23}\\a_{32}&a_{33}\end{vmatrix}$,$M_{12}=\begin{vmatrix}a_{21}&a_{23}\\a_{31}&a_{33}\end{vmatrix}$,$M_{13}=\begin{vmatrix}a_{21}&a_{22}\\a_{31}&a_{32}\end{vmatrix}$,

$$A_{11}=(-1)^{1+1}M_{11},A_{12}=(-1)^{1+2}M_{12},A_{13}=(-1)^{1+3}M_{13},$$

则三阶行列式就可以写成$\begin{vmatrix}a_{11}&a_{12}&a_{13}\\a_{21}&a_{22}&a_{23}\\a_{31}&a_{32}&a_{33}\end{vmatrix}=a_{11}A_{11}+a_{12}A_{12}+a_{13}A_{13}$.

在三阶行列式 D 中,将元素 $a_{1j}(j=1,2,3)$ 所在的第一行第 j 列划去后剩下的元素按原来顺序组成的二阶行列式,称为元素 a_{1j} 的余子式,记做 $M_{1j}(j=1,2,3)$. 称 $A_{1j}(j=1,2,3)$ 为元素 a_{1j} 的代数余子式,

$$A_{1j}=(-1)^{1+j}M_{1j}(j=1,2,3).$$

这就是说,一个三阶行列式可以表示为它的第一行的元素分别与它们的代数余子式乘积的和. 这样就可以将三阶行列式降为二阶行列式来计算了.

例4　写出三阶行列式$D=\begin{vmatrix}1&2&3\\b&0&1\\-1&0&a\end{vmatrix}$中元素 b 和 a 的余子式和代数余子式,并求其值.

解：$M_{21}=\begin{vmatrix}2 & 3\\0 & a\end{vmatrix}=2a, A_{21}=(-1)^{2+1}\cdot M_{21}=-2a,$

$$M_{33}=\begin{vmatrix}1 & 2\\b & 0\end{vmatrix}=-2b, A_{33}=(-1)^{3+3}M_{33}=-2b.$$

案例的讨论解决

解：设 x_i 表示第 i 个炼油厂所用石油的桶数，则应该满足下列线性方程组：

$$\begin{cases}16x_1+8x_2+8x_3=9600,\\8x_1+20x_2+8x_3=12800,\\4x_1+10x_2+20x_3=16000.\end{cases}$$

已知这个方程组的系数矩阵行列式为：

$$|A|=\begin{vmatrix}16 & 8 & 8\\8 & 20 & 8\\4 & 10 & 20\end{vmatrix}=4096,$$

$$|A_1|=\begin{vmatrix}9600 & 8 & 8\\12800 & 20 & 8\\16000 & 10 & 20\end{vmatrix}=512000,$$

$$|A_2|=\begin{vmatrix}16 & 9600 & 8\\8 & 12800 & 8\\4 & 16000 & 20\end{vmatrix}=1433600,$$

$$|A_3|=\begin{vmatrix}16 & 8 & 9600\\8 & 20 & 12800\\4 & 10 & 16000\end{vmatrix}=2457600,$$

所以解方程组得：

$$\begin{cases}x_1=\dfrac{|A_1|}{|A|}=125,\\x_2=\dfrac{|A_2|}{A}=350,\\x_3=\dfrac{|A_3|}{A}=600.\end{cases}$$

即第一炼油厂所用石油的桶数是125，第二炼油厂所用石油的桶数是350，第三炼油厂所用石油的桶数是600.

注意：应用行列式解线性方程组，必须满足两个条件：一是方程组中未知数的个数与方程的个数相等；二是系数行列式不为零. 如果未知数的个数与方程的个数不相等，或系数行列式 $D=0$ 时，应用行列式解线性方程组失效，但可应用矩阵解方程组.

（四）n 阶行列式的定义

由二阶和三阶行列式的定义及关系，现在我们来定义 n 阶行列式.

定义 4　由 n^2 个数 $a_{ij}(i,j=1,2,\cdots,n)$ 排成 n 行 n 列的数表

$$\begin{vmatrix} a_{11} & a_{12} & \cdots & a_{1n} \\ a_{21} & a_{22} & \cdots & a_{2n} \\ \cdots & \cdots & \cdots & \cdots \\ a_{n1} & a_{n2} & \cdots & a_{nn} \end{vmatrix}$$

称为 n 阶行列式. 一般记为 D_n 或 D，它的值等于第一行所有元素与其代数余子式乘积之和，即

$$\begin{aligned} D_n &= a_{11}(-1)^{1+1}M_{11}+a_{12}(-1)^{1+2}M_{12}+\cdots+a_{1n}(-1)^{1+n}M_{1n} \\ &= a_{11}A_{11}+a_{12}A_{12}+\cdots+a_{1n}A_{1n}. \end{aligned}$$

其中数 $a_{ij}(i,j=1,2,\cdots,n)$ 为 n 阶行列式第 i 行第 j 列的元素；行列式左上角到右下角的对角线称为主对角线（右上角到左下角的对角线称为副对角线），位于主对角线上的元素称为主对角元. 在 n 阶行列式中划去元素 a_{ij} 所在的第 i 行第 j 列上的元素后剩下的元素按原来顺序组成的 $(n-1)$ 阶行列式，称为元素 a_{ij} 的余子式，记作 M_{ij}；而 $(-1)^{i+j}M_{ij}$ 称为元素 a_{ij} 的代数余子式，记作 A_{ij}，即

$$A_{ij}=(-1)^{i+j}M_{ij}.$$

特别地，$n=2$ 时，得到二阶行列式；$n=3$ 时，就得到三阶行列式. 规定一阶行列式 $|a_{11}|=a_{11}$.

n 阶行列式有 n 行 n 列，展开后共有 $n!$ 项（其中一半为正项，一半为负项），且每项都是 n 个元素相乘，这 n 个元素位于 D_n 中不同行和不同列. 这 $n!$ 项的代数和叫行列式的值. 按这种方式计算行列式的方法通常称作 n 阶行列式按第一行展开.

由 n 阶行列式的定义知，n 阶行列式可以降阶成 $(n-1)$ 阶行列式来计算. 于是，我们可以由三阶行列式的值来计算四阶行列式的值，以此类推，便可以计算出任意 n 阶行列式的值. 四阶以及四阶以上的行列式称为高阶行列式.

例 5　计算四阶行列式

$$D=\begin{vmatrix} 2 & -3 & 1 & 0 \\ 1 & 3 & 6 & 7 \\ 3 & -5 & 4 & 5 \\ -1 & 1 & 2 & 2 \end{vmatrix}.$$

解：由定义

$$D=2\cdot(-1)^{1+1}M_{11}+(-3)(-1)^{1+2}M_{12}+1\cdot(-1)^{1+3}M_{13}+0\cdot(-1)^{1+4}M_{14}$$

$$=2\cdot\begin{vmatrix}3&6&7\\-5&4&5\\1&2&2\end{vmatrix}-(-3)\begin{vmatrix}1&6&7\\3&4&5\\-1&2&2\end{vmatrix}+1\cdot\begin{vmatrix}1&3&7\\3&-5&5\\-1&1&2\end{vmatrix}-0\cdot\begin{vmatrix}1&3&6\\3&-5&4\\-1&1&2\end{vmatrix}$$

$$=2\times(-14)+3\times2+(-62)+0=-84.$$

（五）几种特殊行列式的值

1. 下三角形行列式：它的特点是主对角线上方的元素都为零.

$$\begin{vmatrix}a_{11}&0&\cdots&0\\a_{21}&a_{22}&\cdots&0\\\cdots&\cdots&\cdots&\cdots\\a_{n1}&a_{n2}&\cdots&a_{nn}\end{vmatrix}=a_{11}a_{22}\cdots a_{nn}.$$

即下三角形行列式等于其主对角线上所有元素的乘积.

2. 上三角形行列式：它的特点是主对角线下方的元素都为零.

$$\begin{vmatrix}a_{11}&a_{12}&\cdots&a_{1n}\\0&a_{22}&\cdots&a_{2n}\\\vdots&\vdots&&\vdots\\0&0&\cdots&a_{nn}\end{vmatrix}=a_{11}a_{22}\cdots a_{nn}.$$

上三角形行列式也等于其主对角线上所有元素的乘积.

3. 对角形行列式：它的特点是除了主对角线上的元素外，其他元素都是零.

$$\begin{vmatrix}a_{11}&0&\cdots&0\\0&a_{22}&\cdots&0\\\cdots&\cdots&\cdots&\cdots\\0&0&\cdots&a_{nn}\end{vmatrix}=a_{11}a_{22}\cdots a_{nn}.$$

对角形行列式也等于其主对角线上所有元素的乘积.

注意：(1)矩阵和行列式是完全不同的两个概念. 它们不但记法不同，而且实质也不同. 行列式是一个算式，其结果是一个数值，并且行数必须等于列数；而矩阵仅是一个数表，其行数和列数不一定相等.

例如矩阵$\begin{bmatrix}1&0\\2&3\end{bmatrix}\neq\begin{bmatrix}1&0\\4&3\end{bmatrix}$，但作为行列式却有$\begin{vmatrix}1&0\\2&3\end{vmatrix}=\begin{vmatrix}1&0\\4&3\end{vmatrix}=3$.

（六）矩阵乘积的行列式性质

定理：对于同阶方阵 A,B，必有 $|AB|=|A||B|$.

例6 设矩阵 $A=\begin{bmatrix}1 & 0 & -1\\ 2 & 1 & 0\\ 3 & 2 & -1\end{bmatrix}$,$B=\begin{bmatrix}-2 & 1 & 0\\ 0 & 3 & 1\\ 0 & 0 & 2\end{bmatrix}$,求证 $|AB|=|A||B|$.

证:因为 $AB=\begin{bmatrix}1 & 0 & -1\\ 2 & 1 & 0\\ 3 & 2 & -1\end{bmatrix}\begin{bmatrix}-2 & 1 & 0\\ 0 & 3 & 1\\ 0 & 0 & 2\end{bmatrix}=\begin{bmatrix}-2 & 1 & -2\\ -4 & 5 & 1\\ -6 & 9 & 0\end{bmatrix}$,

所以 $=\begin{vmatrix}-2 & 1 & -2\\ -4 & 5 & 1\\ -6 & 9 & 0\end{vmatrix}=24.$

而 $|A|=\begin{vmatrix}1 & 0 & -1\\ 2 & 1 & 0\\ 3 & 2 & -1\end{vmatrix}=-2$,$|B|=\begin{vmatrix}-2 & 1 & 0\\ 0 & 3 & 1\\ 0 & 0 & 2\end{vmatrix}=-12$,

$|A||B|=(-2)\times(-12)=24$,

所以 $|AB|=|A||B|$.

同步练习 2-3

1. 元素 a_{ij} 的余子式与代数余子式有何关系?

2. n 阶对角形行列式和三角形行列式的值与其主对角线上的元素有何关系?

3. 填空:

(1) $\begin{vmatrix}1 & 0 & 0\\ 0 & 2 & 0\\ 0 & 0 & 3\end{vmatrix}=(\qquad)$; (2) $\begin{vmatrix}1 & 2 & 3 & 4\\ 0 & 5 & 6 & 7\\ 0 & 0 & 1 & 2\\ 0 & 0 & 0 & 4\end{vmatrix}=(\qquad)$.

4. 计算下列行列式的值:

(1) $\begin{vmatrix}5 & 2\\ 7 & 3\end{vmatrix}$; (2) $\begin{vmatrix}a & a^2\\ b & ab\end{vmatrix}$;

(3) $\begin{vmatrix}0 & 1 & -3\\ -1 & 0 & 2\\ 3 & -2 & 0\end{vmatrix}$; (4) $\begin{vmatrix}1 & 0 & 1\\ 2 & 1 & 1\\ 3 & 2 & 1\end{vmatrix}$.

5. 用行列式法解线性方程组 $\begin{cases}x_1+2x_2=4,\\ 2x_1+3x_2=7.\end{cases}$

习题一

1. 计算：

(1) $3\begin{bmatrix}1 & 3\\ -1 & 1\end{bmatrix}$；　　(2) $3\begin{bmatrix}1 & 2\\ 0 & -1\end{bmatrix}-2\begin{bmatrix}\frac{1}{2} & 1\\ 0 & -1\end{bmatrix}$.

2. 设 $A=\begin{bmatrix}3 & 1 & 1\\ 2 & 1 & 2\\ 1 & 2 & 3\end{bmatrix}$，$B=\begin{bmatrix}1 & 1 & 1\\ 2 & 1 & 0\\ 1 & 0 & 1\end{bmatrix}$，

(1) 求 $2A+B$；(2) 若 X 满足 $(2A-X)-2(B-X)=0$，求 X.

3. 计算：

(1) $\begin{bmatrix}2 & 3 & -1\end{bmatrix}\begin{bmatrix}1\\ -1\\ -1\end{bmatrix}$；　　(2) $\begin{bmatrix}1\\ -1\\ -1\end{bmatrix}\begin{bmatrix}2 & 3 & -1\end{bmatrix}$；

(3) $\begin{bmatrix}2 & 5\\ 1 & 0\end{bmatrix}\begin{bmatrix}1 & 4\\ 0 & 2\end{bmatrix}$；　　(4) $\begin{bmatrix}0 & 1 & -1 & 3\\ -1 & 2 & 1 & 0\end{bmatrix}\begin{bmatrix}1 & 1\\ -1 & 4\\ 3 & 0\\ 1 & 2\end{bmatrix}$.

4. 设 $A=\begin{bmatrix}1 & 1\\ 0 & 2\end{bmatrix}$，$B=\begin{bmatrix}2 & 0\\ 1 & 1\end{bmatrix}$，试验证 $(AB)^T=B^TA^T$.

5. 求下列矩阵的秩：

(1) $\begin{bmatrix}1 & 2 & 3 & 4\\ 4 & 3 & 2 & 1\end{bmatrix}$；　(2) $\begin{bmatrix}1 & 2 & 1\\ -2 & 1 & 3\\ -1 & 3 & 4\end{bmatrix}$；　(3) $\begin{bmatrix}1 & 0 & 2 & 4\\ 3 & 1 & 0 & 1\\ 5 & 4 & 1 & 2\\ -2 & 0 & -4 & 8\end{bmatrix}$.

6. 用初等行变换法求下列矩阵的逆矩阵：

(1) $\begin{bmatrix}1 & -1 & 1\\ 1 & 1 & 3\\ 2 & -3 & 2\end{bmatrix}$；　　(2) $\begin{bmatrix}1 & 1 & 1\\ 2 & 1 & 0\\ 0 & 1 & 3\end{bmatrix}$.

7. 解矩阵方程：

(1) $\begin{bmatrix}2 & 5\\ 1 & 3\end{bmatrix}X=\begin{bmatrix}4 & -6\\ 2 & 1\end{bmatrix}$；　　(2) $X\begin{bmatrix}1 & 1 & 1\\ 2 & 1 & 0\\ 1 & -1 & 1\end{bmatrix}=\begin{bmatrix}1 & -1 & 3\\ 4 & 3 & -6\\ 1 & -2 & 5\end{bmatrix}$.

8. 写出下列各行列式的名称,并计算其值:

(1) $\begin{vmatrix}1&0&0\\0&2&0\\0&0&1\end{vmatrix}$; (2) $\begin{vmatrix}1&0&0&0\\2&3&0&0\\4&5&6&0\\7&8&9&10\end{vmatrix}$; (3) $\begin{vmatrix}1&2&3&4\\0&2&3&4\\0&0&3&4\\0&0&0&4\end{vmatrix}$.

9. 计算下列行列式的值:

(1) $\begin{vmatrix}8&9\\6&12\end{vmatrix}$; (2) $\begin{vmatrix}1&1&1\\1&2&3\\1&3&6\end{vmatrix}$; (3) $\begin{vmatrix}1&2&-1\\4&0&3\\5&2&1\end{vmatrix}$.

10. 用行列式法解线性方程组 $\begin{cases}x_1+2x_2-3x_3=4,\\2x_1+3x_2-5x_3=7,\\4x_1+3x_2-9x_3=9.\end{cases}$

自测题 A(基础层次)

一、判断:(每小题 5 分,共 20 分)

1. 所有的零矩阵都相等.(　　)

2. 若矩阵 $AC=BC$,且 $C\neq O$,则 $A=B$.(　　)

3. 矩阵 $\begin{bmatrix}ka&kc\\kb&kd\end{bmatrix}=k\begin{bmatrix}a&c\\b&d\end{bmatrix}$.(　　)

4. 若 n 阶矩阵 A,B 都可逆,则 $(AB)^{-1}=A^{-1}B^{-1}$.(　　)

二、填空:(每小题 5 分,共 25 分)

1. 若 $A=\begin{bmatrix}1&2&3\\-1&2&4\end{bmatrix}$,$B=\begin{bmatrix}2&0&-1\\1&3&-5\end{bmatrix}$,则 $A-2B=$________;

2. 设 $A=\begin{bmatrix}1&2\\2&1\\3&0\end{bmatrix}$则 $AA^T=$________;

3. 设 $A=\begin{bmatrix}1&2&3\\0&1&2\\0&0&1\end{bmatrix}$,则 $A^{-1}=$________;

4. 设 $A=\begin{bmatrix}0&1&1\\1&0&0\\1&1&0\end{bmatrix}$,则 A 的秩 $r(A)=$________;

5. 已知矩阵 $A=\begin{bmatrix}1 & 3\\3 & 6\end{bmatrix}$，则 $3A=$ ________.

三、单项选择题：（每小题 5 分，共 15 分）

1. 已知矩阵 $A=\begin{bmatrix}3 & 1 & -2\\2 & 3 & 5\end{bmatrix}$，$B=\begin{bmatrix}1 & -3\\5 & 4\\2 & 7\end{bmatrix}$，则 AB 是（　　）矩阵.

A. 3 行 2 列　　B. 3 行 3 列

C. 2 行 2 列　　D. 2 行 3 列

2. 矩阵 $(AB)^T=$（　　）.

A. A^TB^T　　B. B^TA^T　　C. $(BA)^T$ D. AB

3. 设 A,B,C 是 n 阶方阵且都可逆，则当 $AB=C$ 时，$B=$（　　）.

A. CA^{-1}　　B. AC　　C. $A^{-1}C$ D. CA

四、计算：（每小题 10 分，共 40 分）

1. $\begin{bmatrix}2\\1\\-1\\3\end{bmatrix}\begin{bmatrix}-2 & 1 & 0\end{bmatrix}$.

2. 已知 $A=\begin{bmatrix}4 & 3\\2 & 1\end{bmatrix}$，$B=\begin{bmatrix}2 & -3\\1 & 4\end{bmatrix}$，$C=\begin{bmatrix}1 & 1\\1 & 1\end{bmatrix}$，求 A^TB-3C.

3. 求矩阵 A 的秩，$A=\begin{bmatrix}1 & 0 & 0 & 0\\2 & 2 & 0 & 0\\3 & 3 & 3 & 0\\4 & 4 & 4 & 4\\5 & 8 & 9 & 12\end{bmatrix}$.

4. 求 A 的逆矩阵 $A=\begin{bmatrix}1 & -1 & 2\\2 & -3 & 5\\3 & -2 & 4\end{bmatrix}$.

自测题 B（提高层次）

一、单项选择题：（每小题 5 分，共 20 分）

1. 下列结论正确的是（　　）.

A. A、B 均为方阵，则 $(AB)^k=A^kB^k$（$k\geqslant 2$，正整数）

B. 若 $A=O$，$B\neq O$，则 $AB=O$

C. A 为方阵,且 $A^2=O$,则 $A=O$

D. 若矩阵 $AB=AC$,且 $A\neq O$,则 $B=C$

2. 若 A、B、C 均为 n 阶方阵,E 为 n 阶单位矩阵,关于 A、B、C 和 E 有以下 4 个命题:

(1)若 $AB=O$,则 $A=O$ 或 $B=O$; (2)$(AB)^2=A^2B^2$;

(3)$(AB)C=A(BC)$; (4)$(E+A)(E-A)=E^2-A^2$,

则以上 4 个命题中正确的是( ).

A. (1)和(3) B. (2)和(4) C. (3)和(4) D. (1)和(2)

3. 设 A、B 是两个 $m\times n$ 矩阵,那么 $(A-B)^2$ 为( ).

A. $A^2-2AB+B^2$ B. $A^2-BA-AB+B^2$

C. A^2-B^2 D. 无意义

4. 设矩阵 $A=\begin{bmatrix}1 & a & a\\ a & 1 & a\\ a & a & 1\end{bmatrix}$,且 $r(A)=2$,则 $a=$( ).

A. -1 B. $-\frac{1}{2}$ C. $\frac{1}{2}$ D. 1

二、填空题:(每小题 5 分,共 20 分)

1. 若 $A=[-1\quad 2]$,$B=[2\quad -3\quad 1]$,则 $A^TB=$________;

2. 设矩阵 $A=\begin{bmatrix}2 & 5\\ 1 & 3\end{bmatrix}$,$B=\begin{bmatrix}4 & -6\\ 2 & 1\end{bmatrix}$,若 $X+AX=B$,则 $X=$________;

3. $(A+B)(A-B)=A^2-B^2$ 成立的条件是________;

4. 矩阵 $A=\begin{bmatrix}2 & 7 & 3 & 1 & 6\\ 3 & 5 & 2 & 2 & 4\\ 9 & 4 & 1 & 7 & 2\end{bmatrix}$的秩为________.

三、计算解答题:(每小题 10 分,共 60 分)

1. 设矩阵 $A=\begin{bmatrix}-3 & 0 & 1\\ 2 & -1 & 4\end{bmatrix}$,$B=\begin{bmatrix}7 & -2\\ -2 & 5\\ 1 & 6\end{bmatrix}$,求 X,使得 $3A+2X=B^T$.

2. 计算:$\begin{bmatrix}4 & 0 & -1\\ -1 & 2 & 5\end{bmatrix}\begin{bmatrix}5 & -1\\ 2 & 0\\ -4 & 7\end{bmatrix}$.

3. 设矩阵 $A=\begin{bmatrix}1 & -1 & 2 & 1\\ 2 & -2 & 4 & -2\\ 3 & 0 & 6 & -1\end{bmatrix}$,求 $r(A)$.

4. 解矩阵方程$\begin{bmatrix} 1 & 2 & 0 \\ 2 & 1 & 1 \\ -1 & -1 & 1 \end{bmatrix} X = \begin{bmatrix} -1 & 0 \\ 0 & 5 \\ 1 & -3 \end{bmatrix}$.

5. 设$A = \begin{bmatrix} 4 & 1 & -2 \\ 2 & 2 & 1 \\ 3 & 1 & -1 \end{bmatrix}$,$B = \begin{bmatrix} 1 & -3 \\ 2 & 2 \\ 3 & -1 \end{bmatrix}$,求$X$,使得$AX = B$.

6. 设A、B为n阶矩阵,且满足$AB + E = A^2 + B$,已知$A = \begin{bmatrix} 1 & 0 & 1 \\ 0 & 2 & 0 \\ -1 & 0 & 1 \end{bmatrix}$,求矩阵$B$.

解线性方程组 任务三

2-4 解线性方程组

创设情境

案 例 线性方程组是现实生活中常见的数学模型,比如工资问题、最优生产计划问题、投资问题、配方问题、运输问题、下料问题等,因此学习解线性方程组很有必要,解线性方程组的方法不但可以解方程组,还为解决线性规划问题作理论方法的准备.

工种 / 天数	木工	电工	油漆工
在木工家的工作天数	2	1	6
在电工家的工作天数	4	5	1
在油漆工家的工作天数	4	4	3

现有一个木工,一个电工以及一个油漆工三人同意互助装修他们自己的房子,在装修之前,他们约定:(1)每人总共工作10天(包括给自己家干活在内);(2)每人的日工资根据一般的市价在60~80元之间;(3)每人的日工资数应使得每人的总收入与总支出相等.上面的表格是他们工作天数的分配方案,根据分配方案表,确定他们每人的日工资.

任务导入 线性方程组的解法.

知识掌握

一、消元法解线性方程组

（一）齐次与非齐次线性方程组

设含有 n 个未知量、由 m 个方程式组成的方程组

$$\begin{cases} a_{11}x_1+a_{12}x_2+\cdots+a_{1n}x_n=b_1, \\ a_{21}x_1+a_{22}x_2+\cdots+a_{2n}x_n=b_2, \\ \cdots\cdots\cdots\cdots\cdots\cdots\cdots\cdots\cdots \\ a_{m1}x_1+a_{m2}x_2+\cdots+a_{mn}x_n=b_m, \end{cases}$$

其中系数 a_{ij}，常数 b_i 都是已知数，x_j 是未知量（也称为未知数），当右端常数项 $b_1,b_2,\cdots,b_m$ 不全为0时，称该方程组为非齐次线性方程组.

当 $b_1,b_2\cdots,b_m$ 全为0时，

$$\begin{cases} a_{11}x_1+a_{12}x_2+\cdots+a_{1n}x_n=0, \\ a_{21}x_1+a_{22}x_2+\cdots+a_{2n}x_n=0, \\ \cdots\cdots\cdots\cdots\cdots\cdots\cdots\cdots\cdots \\ a_{m1}x_1+a_{m2}x_2+\cdots+a_{mn}x_n=0 \end{cases}$$

称该方程组为齐次线性方程组.

（二）增广矩阵

$$A=\begin{bmatrix} a_{11} & a_{12} & \cdots & a_{1n} \\ a_{21} & a_{22} & \cdots & a_{2n} \\ \vdots & \vdots & & \vdots \\ a_{m1} & a_{m2} & \cdots & a_{mn} \end{bmatrix},X=\begin{bmatrix} x_1 \\ x_2 \\ \vdots \\ x_n \end{bmatrix},B=\begin{bmatrix} b_1 \\ b_2 \\ \vdots \\ b_m \end{bmatrix}.$$

称 A 为非齐次线性方程组的系数矩阵，X 为未知矩阵，B 为常数矩阵.

非齐次线性方程组可表示成矩阵形式 $AX=B$.

齐次线性方程组可表示成矩阵形式 $AX=O$.

将系数矩阵 A 和常数矩阵 B 放在一起构成的矩阵

$$[A\quad B]=\begin{bmatrix} a_{11} & a_{12} & \cdots & a_{1n} & b_1 \\ a_{21} & a_{22} & \cdots & a_{2n} & b_2 \\ \vdots & \vdots & & \vdots & \vdots \\ a_{m1} & a_{m2} & \cdots & a_{mn} & b_m \end{bmatrix}$$

称为非齐次线性方程组的增广矩阵.

应用训练:

例1　写出线性方程组的增广矩阵:

$$\begin{cases} x_1+2x_2-2x_3-x_4=1, \\ 2x_1+x_2+2x_3-5x_4=2, \\ -x_1+3x_2+7x_3-4x_4=0. \end{cases}$$

解:增广矩阵为

$$[A\quad B]=\begin{bmatrix} 1 & 2 & -2 & -1 & 1 \\ 2 & 1 & 2 & -5 & 2 \\ -1 & 3 & 7 & -4 & 0 \end{bmatrix}.$$

(三)消元法(高斯消元法)

用初等行变换法将方程组的增广矩阵化成阶梯形矩阵,再写出该阶梯形矩阵所代表的方程组,逐步回代,求出方程组的解,因为原方程组与化简后的方程组同解,所以也就得到了原方程组的解.(或用初等行变换法将方程组的增广矩阵化成行简化阶梯形矩阵,可直接写出原方程组的解).这种解方程组的方法叫高斯消元法.

例2　解线性方程组 $\begin{cases} 2x_1+5x_2+2x_3=2, \\ x_1+2x_2+x_3=3, \\ 3x_1+6x_2+4x_3=-12. \end{cases}$

解:对增广矩阵 $[A\quad B]$ 施以初等行变换,化为行简化阶梯形矩阵

$$[A\quad B]=\begin{bmatrix} 2 & 5 & 2 & 2 \\ 1 & 2 & 1 & 3 \\ 3 & 6 & 4 & -12 \end{bmatrix}\to\begin{bmatrix} 1 & 2 & 1 & 3 \\ 2 & 5 & 2 & 2 \\ 3 & 6 & 4 & -12 \end{bmatrix}\to\begin{bmatrix} 1 & 2 & 1 & 3 \\ 0 & 1 & 0 & -4 \\ 0 & 0 & 1 & -21 \end{bmatrix}$$

$$\to\begin{bmatrix} 1 & 0 & 1 & 11 \\ 0 & 1 & 0 & -4 \\ 0 & 0 & 1 & -21 \end{bmatrix}\to\begin{bmatrix} 1 & 0 & 0 & 32 \\ 0 & 1 & 0 & -4 \\ 0 & 0 & 1 & -21 \end{bmatrix}$$

所以方程组的解为 $\begin{cases} x_1=32, \\ x_2=-4, \\ x_3=-21. \end{cases}$

例3　解线性方程组 $\begin{cases} 2x_1+5x_2+x_3+15x_4=7, \\ x_1+2x_2-x_3+4x_4=2, \\ x_1+3x_2+2x_3+11x_4=5. \end{cases}$

解:对增广矩阵 $[A\quad B]$ 施以初等行变换,化为行简化阶梯形矩阵

$$(A\quad B)=\begin{bmatrix}2&5&1&15&7\\1&2&-1&4&2\\1&3&2&11&5\end{bmatrix}\to\begin{bmatrix}1&2&-1&4&2\\2&5&1&15&7\\1&3&2&11&5\end{bmatrix}\to\begin{bmatrix}1&2&-1&4&2\\0&1&3&7&3\\0&1&3&7&3\end{bmatrix}$$

$$\to\begin{bmatrix}1&0&-7&-10&-4\\0&1&3&7&3\\0&0&0&0&0\end{bmatrix}$$

得同解方程组$\begin{cases}x_1-7x_3-10x_4=-4,\\x_2+3x_3+7x_4=3.\end{cases}$

将方程组中含 x_3 和 x_4 的项移到等号的右端,并取任意实数 k_1 和 k_2,得原方程组的解为

$$\begin{cases}x_1=-4+7k_1+10k_2,\\x_2=3-3k_1-7k_2,\\x_3=k_1,\\x_4=k_2.\end{cases}\quad(\text{其中 }k_1\text{ 和 }k_2\text{ 为任意常数})$$

像 x_3 和 x_4 这种可以取任意实数的变量,称为原方程组的自由变量;用自由变量表示的解称为线性方程组的一般解.

例 4　解线性方程组$\begin{cases}x_1+x_2+2x_3=1,\\3x_1+2x_2+3x_3=0,\\x_2+3x_3=5.\end{cases}$

解:对增广矩阵[$A\quad B$]施以初等行变换,化为行简化阶梯形矩阵

$$[A\quad B]=\begin{bmatrix}1&1&2&1\\3&2&3&0\\0&1&3&5\end{bmatrix}\to\begin{bmatrix}1&1&2&1\\0&-1&-3&-3\\0&1&3&5\end{bmatrix}\to\begin{bmatrix}1&1&2&1\\0&1&3&3\\0&0&0&2\end{bmatrix}$$

得同解方程组$\begin{cases}x_1+x_2+2x_3=1,\\x_2+3x_3=3,\\0=2.\end{cases}$

显然,第三个等式不成立,所以原方程组无解.

高斯消元法解线性方程组的具体步骤可归纳为:

第 1 步:写出增广矩阵[$A\quad B$],并用初等行变换将其化为阶梯形矩阵;

第 2 步:观察阶梯形矩阵,判断方程组是否有解,若无解则得结论;

第 3 步:若有解,则继续用初等行变换将此阶梯形矩阵化为行简化阶梯形矩阵,从而得出原方程组的解.

二、线性方程组解的讨论

(一)线性方程组解的判定定理

线性方程组 $AX=B$ 有解的充分必要条件是它的系数矩阵的秩和增广矩阵的秩相等,即

$$r(A)=r(A\quad B).$$

并且当 $r(A)=r(A\quad B)=n$ 时,有唯一解;$r(A)=r(A\quad B)<n$ 时,有无穷多解.

应用训练:

例5 判定下列线性方程组是否有解?若有解,说明解的个数:

(1) $\begin{cases}x_1-2x_2+3x_3=1,\\2x_1-4x_2+6x_3=3;\end{cases}$

(2) $\begin{cases}x_1-x_2+3x_3=-2,\\2x_1+3x_2+x_3=6,\\x_1+2x_2-3x_3=7;\end{cases}$

(3) $\begin{cases}x_1-2x_2+x_3=0,\\2x_1-3x_2+x_3=-4,\\4x_1-3x_2-x_3=-20.\end{cases}$

解:(1) $[A\quad B]=\begin{bmatrix}1&-2&3&1\\2&-4&6&3\end{bmatrix}\rightarrow\begin{bmatrix}1&-2&3&1\\0&0&0&1\end{bmatrix}$

由 $r(A)=1$,$r(A\quad B)=2$ 可知:$r(A)\neq r(A\quad B)$,所以原方程组无解;

(2) $[A\quad B]=\begin{bmatrix}1&-1&3&-2\\2&3&1&6\\1&2&-3&7\end{bmatrix}\rightarrow\begin{bmatrix}1&-1&3&-2\\0&5&-5&10\\0&3&-6&9\end{bmatrix}$

$$\rightarrow\begin{bmatrix}1&-1&3&-2\\0&1&-1&2\\0&1&-2&3\end{bmatrix}\rightarrow\begin{bmatrix}1&-1&3&-2\\0&1&-1&2\\0&0&-1&1\end{bmatrix}$$

显然 $r(A)=r(A\quad B)=3$,所以原方程组有解,且有唯一解;

(3) $[A\quad B]=\begin{bmatrix}1&-2&1&0\\2&-3&1&-4\\4&-3&-1&-20\end{bmatrix}\rightarrow\begin{bmatrix}1&-2&1&0\\0&1&-1&-4\\0&5&-5&-20\end{bmatrix}$

$$\rightarrow\begin{bmatrix}1&-2&1&0\\0&1&-1&-4\\0&0&0&0\end{bmatrix}$$

显然 $r(A)=r(A\quad B)=2<3$,所以原方程组有解,且有无穷多解.

(二)非齐次线性方程组的解

由线性方程组解的判定定理知:线性方程组 $AX=B$ 当 $r(A)=r(A\quad B)<n$ 时,有无穷多解,它的解中含有 $n-r(A)$ 个自由变量.

如例 5 的(3)中,$r(A)=r(A\quad B)=2<3$,方程组有无穷多解,这时,将增广矩阵继续进行初等行变换,化为行简化阶梯形矩阵,进而写出一般解.

例 6　写出例 5 中方程组(3)的一般解

$$\text{解}:[A\quad B]=\begin{bmatrix}1&-2&1&0\\2&-3&1&-4\\4&-3&-1&-20\end{bmatrix}\rightarrow\begin{bmatrix}1&-2&1&0\\0&1&-1&-4\\0&5&-5&-20\end{bmatrix}$$

$$\rightarrow\begin{bmatrix}1&-2&1&0\\0&1&-1&-4\\0&0&0&0\end{bmatrix}\rightarrow\begin{bmatrix}1&0&-1&-8\\0&1&-1&-4\\0&0&0&0\end{bmatrix}$$

所以原线性方程组的一般解为

$$\begin{cases}x_1=-8+k,\\x_2=-4+k,\\x_3=k.\end{cases}\qquad(\text{其中 } k \text{ 为任意常数})$$

(三)齐次线性方程组的解

定理:齐次线性方程组 $AX=O$ 一定有解,如果 $r(A)=n$,那么方程组只有零解;如果 $r(A)<n$,那么方程组有非零解.

例 7　求齐次线性方程组 $\begin{cases}x_1+x_2+x_3=0,\\2x_1+x_2+x_3=0,\\x_1+2x_2+2x_3=0\end{cases}$ 的解.

$$\text{解}:A=\begin{bmatrix}1&1&1\\2&1&1\\1&2&2\end{bmatrix}\rightarrow\begin{bmatrix}1&1&1\\0&-1&-1\\0&1&1\end{bmatrix}\rightarrow\begin{bmatrix}1&1&1\\0&-1&-1\\0&0&0\end{bmatrix}$$

$$\rightarrow\begin{bmatrix}1&1&1\\0&1&1\\0&0&0\end{bmatrix}\rightarrow\begin{bmatrix}1&0&0\\0&1&1\\0&0&0\end{bmatrix}$$

得同解齐次线性方程组为 $\begin{cases}x_1=0,\\x_2+x_3=0.\end{cases}$

令 $x_3=k$,得原方程组的解为 $\begin{cases}x_1=0,\\x_2=-k,\\x_3=k.\end{cases}$ （其中 k 为任意常数）

例 8　试问 k 取何值时,下面方程组无解？有解？若有解时求其一般解.

$$\begin{cases}x_1+x_3=k,\\4x_1+x_2+2x_3=k+2,\\6x_1+x_2+4x_3=2k+3.\end{cases}$$

解:对增广矩阵 $[A\quad B]$ 施行初等行变换化为阶梯形矩阵

$$[A\quad B]=\begin{bmatrix}1&0&1&k\\4&1&2&k+2\\6&1&4&2k+3\end{bmatrix}\to\begin{bmatrix}1&0&1&k\\0&1&-2&2-3k\\0&1&-2&3-4k\end{bmatrix}\to\begin{bmatrix}1&0&1&k\\0&1&-2&2-3k\\0&0&0&1-k\end{bmatrix}$$

当 $k\neq1$ 时,$r(A\quad B)\neq r(A)$,方程组无解；

当 $k=1$ 时,$r(A\quad B)=r(A)=2$,方程组有无穷个解；

当 $k=1$ 时,原方程组为

$$\begin{cases}x_1+x_3=1,\\4x_1+x_2+2x_3=3,\\6x_1+x_2+4x_3=5.\end{cases}$$

令 $x_3=k$,得原方程组的一般解为

$$\begin{cases}x_1=1-k,\\x_2=-1+2k,\\x_3=k.\end{cases}\quad（其中 k 为任意常数）$$

案例的讨论解决

解:设 x_1 表示木工的日工资,x_2 表示电工的日工资,x_3 表示油漆工的日工资,由此木工 10 个工作日总收入为 $10x_1$,木工、电工、油漆工三人在木工家工作的天数分别为:2 天,1 天,6 天,则木工的总支出为:$2x_1+x_2+6x_3$. 由于木工总支出与总收入要相等,于是木工的收支平衡关系可描述为

$$2x_1+x_2+6x_3=10x_1.$$

同理,可以分别建立描述电工、油漆工各自的收支平衡关系的两个等式：

$$4x_1+5x_2+x_3=10x_2,$$
$$4x_1+4x_2+3x_3=10x_3.$$

联立三个方程得方程组：

$$\begin{cases}2x_1+x_2+6x_3=10x_1,\\4x_1+5x_2+x_3=10x_2,\\4x_1+4x_2+3x_3=10x_3,\end{cases}$$

整理得三个人的日工资数应满足齐次线性方程组为

$$\begin{cases}8x_1-x_2-6x_3=0,\\4x_1-5x_2+x_3=0,\\4x_1+4x_2-7x_3=0.\end{cases}$$

利用初等行变换可以求出该线性方程组的一般解为 $\begin{cases}x_1=\dfrac{31}{36}x_3,\\x_2=\dfrac{8}{9}x_3,\end{cases}$

令 $x_3=k$，得原方程组的一般解为

$$\begin{cases}x_1=\dfrac{31}{36}k,\\x_2=\dfrac{8}{9}k,\\x_3=k.\end{cases}\quad（其中 k 为任意常数）$$

由于每个人的日工资在 60～80 元之间，故选择 $k=72$，以确定木工、电工及油漆工每人每天的日工资为 $x_1=62$，$x_2=64$，$x_3=72$.

同步练习 2-4

1. 用消元法解下列线性方程组：

(1) $\begin{cases}x_1+2x_2-3x_3=4,\\2x_1+3x_2-5x_3=7,\\4x_1+3x_2-9x_3=9;\end{cases}$ (2) $\begin{cases}x_1+x_2+x_3=1,\\-x_1+2x_2-4x_3=2,\\2x_1+5x_2-x_3=3;\end{cases}$

(3) $\begin{cases}x_1+2x_2-3x_3=-11,\\-x_1-x_2+2x_3=7,\\2x_1-3x_2+x_3=6.\end{cases}$

2. 当满足条件(　　)时，n 元齐次线性方程组 $AX=O$ 有非零解.

A. 线性方程组 $AX=B$ 的系数矩阵的秩为 n

B. 线性方程组 $AX=B$ 的增广矩阵的秩为 n

C. 线性方程组 $AX=O$ 的系数矩阵的秩为 n

D. 线性方程组 $AX=O$ 的系数矩阵的秩小于 n

3. 求线性方程组 $\begin{cases}x_1-x_2+x_3-x_4=0,\\2x_1-x_2+3x_3-2x_4=0,\\3x_1-2x_2-x_3+2x_4=0.\end{cases}$ 的解.

4. 问 a、b 取何值时，线性方程组 $\begin{cases}x_1+x_2+x_3=b,\\x_1+x_2+ax_3=3,\\x_1+2x_2+x_3=4.\end{cases}$

(1)无解；(2)有唯一解；(3)有无穷多解.

习题二

1. 用消元法解下列线性方程组：

(1) $\begin{cases}x_1+2x_2+3x_3=8,\\2x_1+5x_2+9x_3=16,\\3x_1+4x_2+5x_3=24;\end{cases}$ (2) $\begin{cases}x_1+2x_2+3x_3=4,\\3x_1+5x_2+7x_3=9,\\5x_1+8x_2+11x_3=14;\end{cases}$

(3) $\begin{cases}2x_1+x_2+3x_3=6,\\3x_1+2x_2+x_3=1,\\5x_1+3x_2+4x_3=27.\end{cases}$

2. 判断下列线性方程组是否有解，若有解求出它的解.

(1) $\begin{cases}x_1-2x_2+x_3=1,\\x_1+x_2+x_3=1,\\2x_1-3x_2-2x_3=-2;\end{cases}$ (2) $\begin{cases}x_1+x_2-3x_3=-3,\\x_1+x_2-x_3=-1,\\x_1+x_2+x_3=1,\\3x_1+3x_2-5x_3=-5;\end{cases}$

(3) $\begin{cases}x_1+x_2-x_3=4,\\-x_1-x_2+x_3=1,\\x_1+x_2+x_3=1,\\x_1-x_2+2x_3=-4.\end{cases}$

3. 判断下列齐次线性方程组是否有非零解，若有非零解，则求出其一般解.

(1) $\begin{cases}x_1+2x_2-2x_3=0,\\2x_1+4x_2-4x_3=0,\\-2x_1-4x_2+4x_3=0;\end{cases}$ (2) $\begin{cases}3x_1+x_2+x_3-x_4=0,\\x_1+3x_2-x_3+x_4=0,\\x_1-x_2+3x_3+x_4=0,\\-x_1+x_2+x_3+3x_4=0.\end{cases}$

自测题 A(基础层次)

一、单项选择题:(每小题 5 分,共 20 分)

1. $r(A)=r(A\quad B)$ 是线性方程组 $AX=B$ 有解的(　　).

A. 必要条件　　B. 充分条件

C. 充分必要条件　　D. 无关条件

2. 设线性方程组的增广矩阵是 $\begin{bmatrix}1 & 2 & 3 & 1\\ 0 & 0 & 0 & 1\end{bmatrix}$,则这个方程组解的情况是(　　).

A. 有唯一解　　B. 有两个解

C. 有无穷多解　　D. 无解

3. 若线性方程组 $AX=B$ 有唯一解,则相应的齐次线性方程组 $AX=O$ 解的情况为(　　).

A. 无解　　B. 只有零解

C. 有非零解　　D. 不能确定

4. 设 n 元齐次线性方程组 $AX=O$,若 $r(A)=r<n$,则解中自由未知量的个数是(　　).

A. 共有 $n-r$ 个　　B. 含有 $n-r$ 个解

C. 含有无穷多个解　　D. 不确定

二、填空题:(每小题 5 分,共 20 分)

1. 设 n 元齐次线性方程组的系数矩阵的秩为 r,则方程组有非零解的充分必要条件是________.

2. 若 n 元齐次线性方程组 $AX=O$ 有非零解,则系数矩阵的行列式为________.

3. 若非齐次线性方程组 $AX=B$ 的增广矩阵为

$$=\left[\begin{array}{cccc:c}1 & 3 & 2 & 1 & 0\\ 0 & 2 & 1 & 0 & 1\\ 0 & 0 & 0 & 0 & d+1\end{array}\right],$$

则当 $d=$________时 $AX=B$ 有解,有________解.

4. 若非齐次线性方程组 $AX=B$ 的增广矩阵为

$$\begin{bmatrix}1 & 0 & 2 & 1\\ 0 & 1 & 3 & 2\\ 0 & 0 & 0 & 0\end{bmatrix},$$

则方程组的一般解为________.

三、计算解答题:(每小题 15 分,共 60 分)

1. 求下列齐次线性方程组的一般解:

(1) $\begin{cases} x_1-2x_3+5x_4=0, \\ x_2+4x_3-x_4=0, \\ x_2+2x_3+4x_4=0; \end{cases}$　　(2) $\begin{cases} x_1-x_2+5x_3-x_4=0, \\ x_1+x_2-2x_3+3x_4=0, \\ 3x_1-x_2+8x_3+x_4=0. \end{cases}$

2. 求下列非齐次线性方程组的一般解：

(1) $\begin{cases} x_1-5x_2+2x_3-3x_4=11, \\ -3x_1+x_2-4x_3+2x_4=5, \\ -x_1-9x_2-4x_4=17, \\ 5x_1+3x_2+6x_3-x_4=-1; \end{cases}$

(2) $\begin{cases} x_1+x_2+x_3+x_4+x_5=1, \\ 3x_1+2x_2+x_3+x_4-3x_5=0, \\ 5x_1+4x_2+3x_3+3x_4-x_5=2. \end{cases}$

自测题 B(提高层次)

一、单项选择题:(每小题 5 分,共 20 分)

1. 设线性方程组的增广矩阵是

$$\begin{bmatrix} 1 & 7 & 0 & -2 \\ 0 & -1 & 3 & -5 \\ 0 & 2 & -6 & 10 \\ 0 & 0 & 11 & 9 \end{bmatrix},$$

则这个方程组解的情况是(　　).

A. 有唯一解　　B. 有两个解

C. 有无穷多解　　D. 无解

2. 齐次线性方程组 $A_{3\times4}X_{4\times1}=O$ 的解的情况是(　　).

A. 无解　　B. 有非零解

C. 只有零解　　D. 可能有解,也可能无解

3. 若线性方程组 $AX=O$ 有非零解,则线性方程组 $AX=B$(　　).

A. 无解　　B. 有唯一解

C. 有无穷多解　　D. 解不能确定

4. 以下结论正确的是(　　).

A. 方程的个数小于未知量的个数的线性方程组一定有无穷多解

B. 方程的个数等于未知量的个数的线性方程组一定有唯一解

C. 方程的个数大于未知量的个数的线性方程组一定无解

D. 以上结论都不对

二、填空题:(每小题5分,共20分)

1. 一个 n 元线性方程组无解,则该方程组一定是________;

2. 已知线性方程组 $\begin{cases} x_1+x_2+kx_3=1, \\ -x_1+kx_2+x_3=-1, \\ x_1-x_2+2x_3=0 \end{cases}$ 有唯一解,则 k 满足________;

3. 齐次线性方程组 $\begin{cases} (m-2)x_1+x_2=0, \\ x_1+(m-2)x_2=0, \\ x_2+(m-2)x_3=0 \end{cases}$ 有非零解,则 m 的值为________;

4. 齐次线性方程组 $\begin{cases} x_1+kx_2+x_3=0, \\ 2x_1+x_2+x_3=0, \\ kx_2+3x_3=0 \end{cases}$ 只有零解,则 k 满足________.

三、计算解答题:(每小题15分,共60分)

1. 解方程组 $\begin{cases} -3x_1-2x_2-2x_3=1, \\ x_1+x_2+x_3=-1, \\ 3x_2+x_3=-4, \\ x_1+2x_3=1. \end{cases}$

2. 当 a,b 为何值时,方程组 $\begin{cases} x_1-x_3-x_4=-2, \\ x_1+x_2+x_3+x_4=a, \\ x_2+2x_3+2x_4=3, \\ 5x_1+3x_2+x_3+x_4=b \end{cases}$ 有解? 并求解.

3. 解线性方程组 $\begin{cases} 2x_1-3x_2+x_3+5x_4=6, \\ -3x_1+x_2+2x_3-4x_4=5, \\ x_1+2x_2-3x_3-x_4=2. \end{cases}$

4. 当 k 为何值时,线性方程组 $\begin{cases} x_1+x_2+kx_3=4, \\ -x_1+kx_2+x_3=k^2, \\ x_1-x_2+2x_3=-4 \end{cases}$,(1)有唯一解;(2)无解;(3)有无穷多解. 在有无穷多解的情况下,求出其一般解.

模型研究 任务三

2-5 线性规划数学模型

线性规划属运筹学的一个重要分支，最早于上个世纪的30年代末有人从运输问题开始进行研究，二次世界大战期间为了战争的需要，线性规划得到了迅速的发展. 1947年，美国数学家丹齐克（G. B. Dantzig）给出了一般线性规划问题的数学模型和理论，从而奠定了线性规划作为一门学科的基础. 从50年代起线性规划的应用逐渐从军事扩大到工农业生产、经济管理和交通运输等各项经济活动中.

创设情境

在各类经济活动中经常遇到这样一些问题：在生产条件不变的情况下，如何通过统筹安排，改进生产组织和计划，合理安排人力和物力资源，组织生产过程，使总的经济效益达到最大，这样的问题常化成“线性规划”，通过数学方法得到解决. 随着电子计算机的不断发展，专门程序只要输入有关数据，几乎立即就可把要求计算的结果显示出来.

案例1 组织生产问题：某工厂生产甲、乙两种电子产品都需要逐次经过 A、B 两条装配线进行装配. 每件甲、乙产品在不同装配线上装配所需的工时、它们销售后所能获得的利润值以及这两条装配线每工期能提供的有限工时数均列于表2－5－1. 试问如何安排生产计划，即甲、乙两种产品各生产多少件，可使该厂所得利润最大.

表2－5－1

设备	每件产品的装配工时		总有限工时
	甲	乙	
A	3	4	70
B	2	1	50
利润（元/件）	100	90	

案例2 运输问题：设有三处煤矿 A_1、A_2、A_3 分别将煤炭运往 B_1、B_2、B_3、B_4 四地，有关数据如下表2－5－2所示：

表 2-5-2

销地 运价(千元) 煤矿	B_1	B_2	B_3	B_4	产量(万吨)
A_1	10	12	8	6	12
A_2	5	8	7	8	15
A_3	5.5	11	6	12	10
需求量(万吨)	10	11	16	8	

问如何调运,才能使总费用最省.

任务导入 任务一:线性规划问题数学模型;

任务二:二元线性规划问题的图解法;

任务三:单纯形法.

知识掌握

案例1的讨论解决

设每一工期甲、乙两种产品的产量分别为 x_1 件和 x_2 件,则满足两种装配线能提供的工时限制的关系可用下列不等式组表示:

$$\begin{cases} 3x_1+4x_2\leqslant 70, \\ 2x_1+x_2\leqslant 50, \\ x_1\geqslant 0, x_2\geqslant 0. \end{cases} \tag{2.5.1}$$

这就是变量 x_1、x_2 受到的全部限制,称这些限制条件为约束条件,记作 *s. t.* (subject to). 变量 x_1、x_2 称为决策变量(决策变量的一组值确定了该生产计划的一个执行方案).

问题是在满足两种装配线所能提供的工时限制的前提下,获得最大的利润,由于该厂所获得的利润 S 可由甲、乙两种产品的产量表示为:$S=100x_1+90x_2$,称为目标函数,问题可表述成:

$$\begin{aligned} &\max S=100x_1+90x_2, \\ &s.t\quad 3x_1+4x_2\leqslant 70, \\ &\qquad 2x_1+x_2\leqslant 50, \\ &\qquad x_1\geqslant 0, x_2\geqslant 0. \end{aligned} \tag{2.5.2}$$

这就是这个生产计划最优化问题的数学模型.

案例2的讨论解决

设 $x_{ij}(i=1,2,3;j=1,2,3,4)$ 表示从 A_i 运往 B_j 处的煤炭数量(单位:万吨),列表2－5－3如下:

表2－5－3

销地 运量(万吨) 煤矿	B_1	B_2	B_3	B_4	产量(万吨)
A_1	x_{11}	x_{12}	x_{13}	x_{14}	12
A_2	x_{21}	x_{22}	x_{23}	x_{24}	15
A_3	x_{31}	x_{32}	x_{33}	x_{34}	10
需求量(万吨)	10	11	16	8	

由题和上表可知,x_{ij} 的值应满足约束条件(s. t.)

$$\begin{aligned}
&x_{11}+x_{12}+x_{13}+x_{14}=12,\\
&x_{21}+x_{22}+x_{23}+x_{24}=15,\\
&x_{31}+x_{32}+x_{33}+x_{34}=10,\\
&x_{11}+x_{21}+x_{31}=10,\\
&x_{12}+x_{22}+x_{32}=11,\\
&x_{13}+x_{23}+x_{33}=16,\\
&x_{14}+x_{24}+x_{34}=8,\\
&x_{ij}\geqslant 0 \quad (i=1,2,3;j=1,2,3,4).
\end{aligned} \tag{2.5.3}$$

即从煤矿 A_i 运往各销地的煤炭数应当等于 A_i 产量的煤炭数,销地 B_j 得到的各煤矿运来的煤炭量应当等于 B_j 处的需要量.

目标函数是

$$\min S=10x_{11}+12x_{12}+8x_{13}+6x_{14}+5x_{21}+8x_{22}+7x_{23}+8x_{24}+5.5x_{31}+11x_{32}+6x_{33}+12x_{34}. \tag{2.5.4}$$

案例2解决的问题就是:求一组变量 $(x_{11},\cdots,x_{14},x_{21},\cdots,x_{24},\cdots,x_{31},\cdots,x_{34})$ 的值,使其不仅满足约束条件,而且使目标函数取最小值(即运费最省). 由式子(2.5.3)和(2.5.4)得

$$\min S=10x_{11}+12x_{12}+8x_{13}+6x_{14}+5x_{21}+8x_{22}+7x_{23}+8x_{24}+5.5x_{31}+11x_{32}+6x_{33}+12x_{34},$$

$$\begin{aligned} s.t.\quad & x_{11}+x_{12}+x_{13}+x_{14}=12,\\ & x_{21}+x_{22}+x_{23}+x_{24}=15,\\ & x_{31}+x_{32}+x_{33}+x_{34}=10,\\ & x_{11}+x_{21}+x_{31}=10,\\ & x_{12}+x_{22}+x_{32}=11,\\ & x_{13}+x_{23}+x_{33}=16,\\ & x_{14}+x_{24}+x_{34}=8,\\ & x_{ij}\geqslant 0\quad (i=1,2,3;j=1,2,3,4). \end{aligned}$$

即为该问题的数学模型.

上述两个数学模型的共同特征:目标函数是决策变量的线性函数,约束条件是决策变量的线性等式或线性不等式.这种以未知数(决策变量)的线性函数为特征的一类最优化问题即是线性规划问题.线性规划的数学模型是描述实际问题的抽象的数学形式,它反映了客观事物数量间的本质规律.

一、线性规划问题数学模型

(一)一般形式

求一组变量 $x_1,x_2,\cdots,x_n$ 值,使之满足

$$\begin{aligned} &\max(\text{或}\min)S=c_1x_1+c_2x_2+\cdots+c_nx_n,\\ s.t.\quad & a_{11}x_1+a_{12}x_2+\cdots+a_{1n}x_n\leqslant b_1(\text{或}\geqslant b_1,\text{或}=b_1),\\ & a_{21}x_1+a_{22}x_2+\cdots+a_{2n}x_n\leqslant b_2(\text{或}\geqslant b_2,\text{或}=b_2),\\ & \cdots\quad\cdots\quad\cdots\quad\cdots\quad\cdots \\ & a_{m1}x_1+a_{m2}x_2+\cdots+a_{mn}x_n\leqslant b_m(\text{或}\geqslant b_m,\text{或}=b_m),\\ & x_i\geqslant 0\quad (i=1,2,\cdots,n). \end{aligned} \tag{2.5.5}$$

若令 $A=\begin{bmatrix} a_{11} & a_{12} & \cdots & a_{1n}\\ a_{21} & a_{22} & \cdots & a_{2n}\\ \cdots & \cdots & \cdots & \cdots\\ a_{m1} & a_{m2} & \cdots & a_{mn}\end{bmatrix},X=\begin{bmatrix}x_1\\x_2\\ \vdots\\x_n\end{bmatrix},B=\begin{bmatrix}b_1\\b_2\\ \vdots\\b_m\end{bmatrix},C=\begin{bmatrix}c_1\\c_2\\ \vdots\\c_n\end{bmatrix}$,

由矩阵知识,该数学模型表示为:

$$\begin{aligned} &\max(\text{或}\min)S=C^TX.\\ s.t.\quad & AX\leqslant B(\text{或}\geqslant B,\text{或}=B),\\ & x_i\geqslant 0\quad (i=1,2,\cdots,n). \end{aligned} \tag{2.5.6}$$

称为线性规划模型的矩阵形式,其中 A 为约束条件的系数矩阵,X 为决策变量矩阵.

(二)标准形式

因为线性规划问题的数学模型具有多样性,为了问题方便,需要建立一种线性规划问题数学模型的标准形式,规定具有下列四个特征的线性规划模型为标准形:

(1)目标函数求最大值;

(2)约束条件都用等式表示;

(3)所有的变量都是非负的;

(4)约束条件等式右侧的常数都是非负数.

其矩阵形式的标准形为:

$$\begin{aligned} & \max S = C^T X, \\ s.t.\quad & AX = B(b_j \geqslant 0, j = 1, 2 \cdots, m), \\ & x_i \geqslant 0 \quad (i = 1, 2, \cdots, n). \end{aligned} \tag{2.5.7}$$

其中矩阵 A,X,B,C 同(2.5.6).

对任何一般形式的线性规划数学模型总可以化成标准形.

具体步骤如下:

(1)若是求目标函数的最小值,可以将等式两边同乘上(-1)使其变成求最大值.

(2)若约束条件中有的是不等式,可以在不等式的左边加上或减去一个非负变量,使之成为等式.新添的变量叫松弛变量,松弛变量在目标函数中的系数为零.

(3)若约束条件右侧的常数是负数,可在等式两边同乘上 -1.

应用训练:

例 1 将线性规划问题化为标准型:

$$\begin{aligned} & \min S = -3x_1 + x_2 + 4x_3 - 2x_4, \\ s.t.\quad & 3x_1 - 4x_2 + 5x_3 + x_4 \leqslant 7, \\ & 2x_1 + x_2 - 7x_3 + 3x_4 \geqslant 5, \\ & x_j \geqslant 0 (j = 1, 2, 3, 4). \end{aligned}$$

解:首先检查变量 x_j 的非负约束情况,问题中的变量都是非负的,即 $x_j \geqslant 0 (j = 1,2,3,4)$;其次将目标函数化为求最大值,令 $\max S' = 3x_1 - x_2 - 4x_3 + 2x_4$;再对含有不等号的约束方程,引入松弛变量 $x_5 \geqslant 0, x_6 \geqslant 0$,使约束方程变为

$$\begin{aligned} s.t.\quad & 3x_1 - 4x_2 + 5x_3 + x_4 + x_5 = 7, \\ & 2x_1 + x_2 - 7x_3 + 3x_4 - x_6 = 5, \\ & x_j \geqslant 0 (j = 1, 2, 3, 4, 5, 6). \end{aligned}$$

这样,得到了原问题的标准形式:

$$\max S' = 3x_1 - x_2 - 4x_3 + 2x_4,$$

$$s.t.\quad \begin{aligned} &3x_1 - 4x_2 + 5x_3 + x_4 + x_5 = 7,\\ &2x_1 + x_2 - 7x_3 + 3x_4 - x_6 = 5,\\ &x_j \geqslant 0 (j = 1,2,3,4,5,6). \end{aligned}$$

二、二元线性规划问题的图解法

(一)基本概念

对线性规划问题的标准形(2.5.7),称满足全部约束条件的解为线性规划问题(2.5.7)的可行解,全部可行解的集合称为可行域. 使目标函数取最大值的可行解,称为最优解(实际问题中可称为最佳方案),此时目标函数的最大值称为最优值.

(二)二元线性规划问题的图解法

对于只涉及两个决策变量的线性规划问题,可在平面直角坐标系上借助几何意义求出其解.

应用训练:

例2　某工厂生产甲、乙两种产品,要用 A、B、C 三种不同的原料,每天三种原料的供应量和单位产品的消耗量及其他有关数据如表 2-5-4 所示.

表 2-5-4

产品 / 供应量 / 原料	甲	乙	原料供应量
A	1	1	6
B	1	2	8
C	0	1	3
利润(元/件)	3	4	

问在不超出原料供应量的情况下,如何组织生产,才能使一天获得的利润最大.

分析:设甲、乙两种产品的产量分别为 x_1、x_2 件,则生产量必须满足三种原料供应量的限制. 所以 x_1、x_2 满足下列不等式组:

$$\begin{cases} x_1 + x_2 \leqslant 6,\\ x_1 + 2x_2 \leqslant 8,\\ x_2 \leqslant 3,\\ x_1 \geqslant 0, x_2 \geqslant 0. \end{cases}$$

求出使利润函数 $S=3x_1+4x_2$ 取得最大值的 x_1、x_2 的值.

该线性规划问题的数学模型

$$\max S=3x_1+4x_2,$$

$$s.t.\quad \begin{aligned} &x_1+x_2\leqslant 6,\\ &x_1+2x_2\leqslant 8,\\ &x_2\leqslant 3,\\ &x_1\geqslant 0, x_2\geqslant 0. \end{aligned}$$

用图解法解该线性规划问题.

解:第一步:由全部约束条件作图求出可行域

把 x_1、x_2 看作直角坐标平面上点的横、纵坐标,那么满足约束条件中每一个不等式的点集都是一个半平面. 因此所给线性规划问题的可行解集就是由约束条件中的不等式所表示的五个半平面所交成的公共部分,即由直线 $x_1=0$, $x_2=0$, $x_1+x_2=6$, $x_1+2x_2=8$, $x_2=3$ 所围成的包括边界在内的凸多边形 $OABCD$ 上(如图 2-5-1).

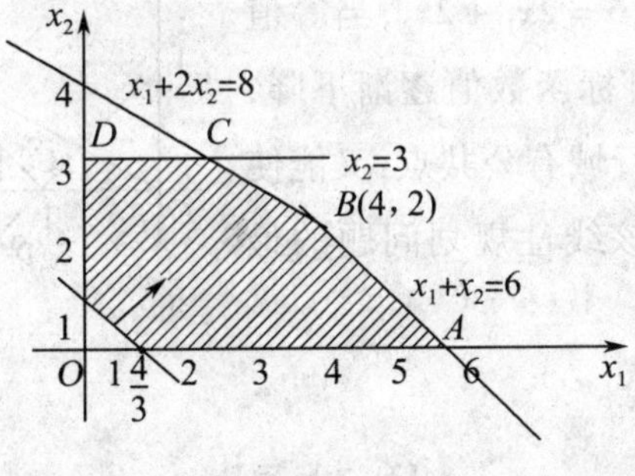

图 2-5-1

由图可知,在这个凸多边形内部及其边界上的任意点的坐标都同时满足约束条件中的五个不等式,因而都是线性规划问题的可行解. 反过来,这个凸多边形外部的任何一点的坐标都不具有这个性质,因而都不是可行解. 因此凸多边形 $OABCD$ 就是该线性规划问题的可行域.

第二步:做出一条目标函数的等直线

把目标函数 $S=3x_1+4x_2$ 中的 S 看作参数,例如让 $S=4$,则直线 $4=3x_1+4x_2$ 上的所有点的坐标使目标函数 $3x_1+4x_2$ 都等于 4,它是一条目标函数的等值线. 在直角坐标平面内,目标函数 $S=3x_1+4x_2$ 的图形是与直线 $4=3x_1+4x_2$ 平行的一族直线.

第三步:平行移动目标函数的等值线,作图求出最优点、最优值

本例中是求利润函数 S 的最大值,所以做出一条目标函数的等值线后,一方面要确定这一条等值线向哪个方向平移可使 S 值增大(该例图中箭头方向),另一方面它对应的直线 $S=3x_1+4x_2$ 至少与可行域有一个交点. 从图 2-5-1 看,只有通过 B 点的直线同时满足

上述两个要求,所以点 B 就是这个线性规划问题的最优解对应的点. 而点 B 是直线 $x_1+x_2=6$,与 $x_1+2x_2=8$ 的交点,所以解方程组

$$\begin{cases}x_1+x_2=6,\\x_1+2x_2=8\end{cases}$$

得 $x_1=4,x_2=2$ 为最优解的坐标,代入目标函数中,得目标函数的最优值为 20.

故当安排生产甲种产品 4 件,乙种产品 2 件时,能获得最大利润 20 元.

例 3　用图解法解线性规划问题

$$\min S=2x_1+2x_2,$$

$$s.t.\quad x_1-x_2\geqslant 1,$$
$$-x_1+2x_2\leqslant 0,$$
$$x_1\geqslant 0,x_2\geqslant 0.$$

解:画出可行域,如图 2-5-2 中的阴影部分 $ABCD$ 所示,它是一个无界凸形域. 作目标函数 $S=2x_1+2x_2$ 的一条等值线 $6=2x_1+2x_2$,当等值线平行向左下方移动时,目标函数值逐渐下降,其中过 C 点的直线既与可行域有公共点,又能使 S 值最小,所以 C 点就是该线性规划问题的最优解.

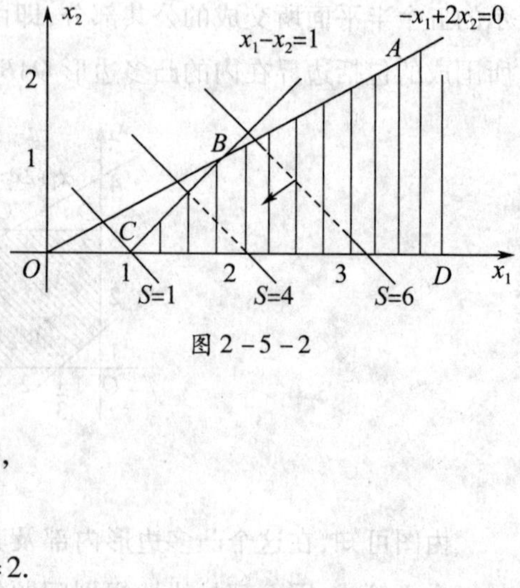

图 2-5-2

解方程组

$$\begin{cases}x_1-x_2=1,\\x_2=0\end{cases}$$

得最优解 $x_1=1,x_2=0$,代入目标函数得最优值 $S=2$.

三、单纯形法

图解法用来解两个变量的线性规划问题是简单而准确的,但对于含三个或三个以上变量的线性规划问题用图解法就变得非常复杂和困难了. 单纯形法是解线性规划问题的最重要的基本方法. 其基本思想是从一个基本可行解(或叫初始解)开始,通过逐次调整基本可行解,使目标函数值逐步达到最优化. 单纯形法是利用表格(叫单纯形表)来实现调整的,方法比较简单方便. 这种解线性规划问题的方法叫单纯形法.

应用训练:

例 4　用单纯形法解上节二元线性规划问题的图解法中的例 2,其数学模型为:

$$\max S = 3x_1 + 4x_2,$$
$$s.t.\quad x_1 + x_2 \leqslant 6,$$
$$x_1 + 2x_2 \leqslant 8, \qquad (2.5.8)$$
$$x_2 \leqslant 3,$$
$$x_1 \geqslant 0, x_2 \geqslant 0.$$

解:首先将上述线性规划问题的数学模型化为标准形

$$\max S = 3x_1 + 4x_2,$$
$$s.t.\quad x_1 + x_2 + x_3 = 6,$$
$$x_1 + 2x_2 + x_4 = 8, \qquad (2.5.9)$$
$$x_2 + x_5 = 3,$$
$$x_j \geqslant 0 (j = 1,2,3,4,5).$$

其中 x_3, x_4, x_5 为松弛变量,用来分别填补 $x_1 + x_2$ 与 6;$x_1 + 2x_2$ 与 8;x_2 与 3 之间的差距. 下面的约束方程组

$$\begin{cases} x_1 + x_2 + x_3 = 6, \\ x_1 + 2x_2 + x_4 = 8, \\ x_2 + x_5 = 3 \end{cases} \qquad (2.5.10)$$

有无穷多组解,而(2.5.8)的解就在其中. 单纯形法就是确定这个解的一个迭代过程,并在到达解时能给出此解.

由标准形(2.5.9)写出初始单纯形表

	x_1	x_2	x_3	x_4	x_5	x_0
x_3	1	1	1	0	0	6
x_4	1	2	0	1	0	8
x_5	0	1	0	0	1	3
S	−3	−4	0	0	0	0

在初始单纯形表中,两横线之间的部分即为约束方程组(2.5.10)的增广矩阵,最后这一行由目标函数系数的相反数组成(因目标函数中未出现 x_3, x_4, x_5 及常数项,故认为其系数均为零),今后称这一行为检验行,其中每一元素为相应变量的检验数(x_0 下方的数是约束方程组中的常数项,不作为检验数).

在单纯形表中,称系数组成单位矩阵的 m 个变量为基本变量(无单位矩阵的情况在此略述),而其他变量为非基本变量,称约束方程组中的非基本变量取值为零时的解为线性

规划问题的基本解. 在基本解的每个分量皆满足非负限制时称为基本可行解.

对这张初始单纯形表,对应的基本变量是 x_3、x_4、x_5(为便于读取,标记在单纯形表中的第一列),非基本变量是 x_1 和 x_2,首先取非基本变量 $x_1=0,x_2=0$,再代入约束方程组(2.5.10)可得解 $x_3=6,x_4=8,x_5=3$. 从而得基本解 $[0,0,6,8,3]^T$,这是个基本可行解.

单纯形法的运算过程是反复执行以下运算(称为单纯形迭代):

1. 确定主元列:从检验数中选出绝对值最大的负数称为负元,负元所在的列称为主元列(若检验数中无负元,则过程结束,已达到最优解);

2. 确定主元:用主元列中的每一个正数(也称正元,若无正元,则线性规划问题无解)去除最后一列中对应的数,使其比值最小的正数称为主元;

3. 按矩阵的初等变换,将主元列中的主元化成 1,其他元素(包括检验数)全都化成零.

现列表运算如下(带星号"☆"的元素为主元):

	x_1	x_2	x_3	x_4	x_5	x_0
x_3	1	1	1	0	0	6
x_4	1	2	0	1	0	8
x_5	0	$1^{☆}$	0	0	1	3
S	−3	−4	0	0	0	0

因为检验行中绝对值最大的负检验数是 −4,所以检验数 −4 所在的列就作为主元列;又因为 $\min\left\{\frac{3}{1},\frac{8}{2},\frac{6}{1}\right\}=\frac{3}{1}$,所以选第三行中的 1 为主元. 然后按矩阵的初等变换,把主元列中的非主元数 1,2,和 −4 都化成零,得如下单纯形表.

	x_1	x_2	x_3	x_4	x_5	x_0
x_3	1	0	1	0	−1	3
x_4	1	0	0	1	−2	2
x_2	0	1	0	0	1	3
S	−3	0	0	0	4	12

对这张单纯形表,两横线中间的部分对应的方程组与约束方程组(2.5.10)同解,此时的基本变量是 x_3,x_4,x_2,而 x_1 和 x_5 是非基本变量,令非基本变量 $x_1=x_5=0$,代入对应的约束方程组可得基本变量的值(也可从 x_0 下方的数直接读出)$x_3=3,x_4=2,x_2=3$,从而得到这张单纯形表对应的基本可行解是 $[0,3,3,2,0]^T$,因为检验数中仍有负数,所以需要继续进行迭代:

	x_1	x_2	x_3	x_4	x_5	x_0
x_3	1	0	1	0	-1	3
x_4	$1^{☆}$	0	0	1	-2	2
x_2	0	1	0	0	1	3
S	-3	0	0	0	4	12

上表中,因为 $\min\left\{\frac{2}{1},\frac{3}{1}\right\}=\frac{2}{1}$,所以选第二行中的 1 为主元. 然后按矩阵的初等变换,把主元列中的其他元素 1 和 -3 都化成零,得如下单纯形表.

	x_1	x_2	x_3	x_4	x_5	x_0
x_3	0	0	1	-1	1	1
x_1	1	0	0	1	-2	2
x_2	0	1	0	0	1	3
S	0	0	0	3	-2	18

对这张单纯形表,此时的基本变量是 x_3,x_1,x_2,而 x_4 和 x_5 是非基本变量,令非基本变量 $x_4=x_5=0$,代入对应的约束方程组可得基本变量的值(也可从 x_0 下方的数直接读出)$x_3=1,x_1=2,x_2=3$,从而得到这张单纯形表对应的基本可行解是 $[2,3,1,0,0]^T$.

因为上表检验数中仍有负数,所以需要继续进行迭代:

	x_1	x_2	x_3	x_4	x_5	x_0
x_3	0	0	1	-1	$1^{☆}$	1
x_1	1	0	0	1	-2	2
x_2	0	1	0	0	1	3
S	0	0	0	3	-2	18

由上表可知,选 1 为主元. 然后按矩阵的初等变换,把主元列中的其他元素都化成零,得如下单纯形表.

	x_1	x_2	x_3	x_4	x_5	x_0
x_5	0	0	1	-1	1	1
x_1	1	0	2	-1	0	4
x_2	0	1	-1	1	0	2
S	0	0	2	1	0	20

至此,检验数中已无负元,故已达到最优解,称这样的单纯形表为最优表.

在最优表中,基本变量是 x_5、x_1、x_2,由 x_0 下方的数可知,当 $x_3=x_4=0$ 时,得 $x_5=1$,$x_1=4$,$x_2=2$,故最优表对应的基本可行解是 $[4,2,0,0,1]^T$,这就是最优解.

故原问题的最优解是:$x_1=4$,$x_2=2$,$\max S=20$.

现在回过来考察,对约束不等式组添加松弛变量写成约束方程组后,其基本可行解与约束不等式组的非负解集合(即可行域)之间的关系.

由上可知,每张单纯行表都对应着一个基本可行解,以上四张单纯形表对应的约束方程组(2.5.10)的基本可行解依次为:

$$\begin{bmatrix}0\\0\\6\\8\\3\end{bmatrix},\begin{bmatrix}0\\3\\3\\2\\0\end{bmatrix},\begin{bmatrix}2\\3\\1\\0\\0\end{bmatrix},\begin{bmatrix}4\\2\\0\\0\\1\end{bmatrix}.$$

第一个基本可行解是 $x_1=0,x_2=0,x_3=6,x_4=8,x_5=3$,若对照图 2-5-1 可看出,这个基本可行解 x_1 和 x_2 的值都是零,正对应于可行域的顶点(原点)O.

第二个基本可行解是 $x_1=0,x_2=3,x_3=3,x_4=2,x_5=0$,由图 2-5-1 可看出,这个基本可行解中 $x_1=0,x_2=3$ 正对应于可行域的顶点 D.

第三个基本可行解是 $x_1=2,x_2=3,x_3=1,x_4=0,x_5=0$,由图 2-5-1 可看出,这个基本可行解中 $x_1=2,x_2=3$ 正对应于可行域的顶点 C.

最后这个基本可行解是 $x_1=4,x_2=2,x_3=0,x_4=0,x_5=1$. 在这个基本可行解中 $x_1=4$,$x_2=2$,正是可行域的顶点 B,也就是问题(2.5.8)的最优解.

综上所述可知,在将约束不等式组添加松弛变量写成约束方程组后,可行域的顶点就是约束方程组的基本可行解,反之亦然.

单纯形法的过程可看作是由一个基本可行解(顶点)转向另一个基本可行解(顶点)的一个搜索过程,目的是逐步实现最优化.

例 5 解如下线性规划问题:

$$\begin{aligned}&\max S=3x_1+5x_2+10x_3-8x_4,\\ s.t.\quad &3x_1+5x_2+2x_3\leqslant 80,\\ &x_1+2x_3+2x_4\leqslant 60,\\ &4x_1+2x_2+x_3+3x_4\leqslant 50,\\ &x_j\geqslant 0(j=1,2,3,4).\end{aligned}\tag{2.5.11}$$

解:首先将上述线性规划问题化为标准形

$$\max S = 3x_1 + 5x_2 + 10x_3 - 8x_4,$$
$$s.t.\quad 3x_1 + 5x_2 + 2x_3 + x_5 = 80,$$
$$x_1 + 2x_3 + 2x_4 + x_6 = 60, \qquad (2.5.12)$$
$$4x_1 + 2x_2 + x_3 + 3x_4 + x_7 = 50,$$
$$x_j \geqslant 0 (j = 1,2,3,4,5,6,7),$$

其中 x_5, x_6, x_7 为松弛变量.

根据标准形(2.5.12)写出初始单纯形表,并做如下单纯形迭代:

	x_1	x_2	x_3	x_4	x_5	x_6	x_7	x_0
x_5	3	5	2	0	1	0	0	80
x_6	1	0	$2^☆$	2	0	1	0	60
x_7	4	2	1	3	0	0	1	50
S	−3	−5	−10	8	0	0	0	0

	x_1	x_2	x_3	x_4	x_5	x_6	x_7	x_0
x_5	2	$5^☆$	0	−2	1	−1	0	20
x_3	$\frac{1}{2}$	0	1	1	0	$\frac{1}{2}$	0	30
x_7	$\frac{7}{2}$	2	0	2	0	$-\frac{1}{2}$	1	20
S	2	−5	0	18	0	5	0	300

	x_1	x_2	x_3	x_4	x_5	x_6	x_7	x_0
x_2	$\frac{2}{5}$	1	0	$-\frac{2}{5}$	$\frac{1}{5}$	$-\frac{1}{5}$	0	4
x_3	$\frac{1}{2}$	0	1	1	0	$\frac{1}{2}$	0	30
x_7	$\frac{27}{10}$	0	0	$\frac{14}{5}$	$-\frac{2}{5}$	$-\frac{1}{10}$	1	12
S	4	0	0	16	1	4	0	320

至此,检验数中已无负数,上表已成为最优表.

从最优表中读出最优解、最优值. 由表可知,非基本变量是 x_1, x_4, x_5, x_6,令其全部为零;基本变量是 x_2, x_3, x_7,其值可从 x_0 下面这一列中直接读出:

$$x_2 = 4, x_3 = 30, x_7 = 12.$$

最优值(或此时的目标函数值)为 $S=320$.

所以,线性规划问题(2.5.11)的最优解为,$x_1=0, x_2=4, x_3=30, x_4=0, \max S=320$.

同步练习　2—5

一、建立下列问题的数学模型,并将其化成标准形

有两个砖厂 A_1、A_2 生产的砖供给三个工地 B_1、B_2、B_3 使用,其产量(万块)分别为 23、27,三个工地的需要量(销量)(万块)分别是 17、18、15,A_1 运往三个工地的运价(元/万块)为 50、60、70,A_2 运往三个工地的运价为 60、110、160,问如何组织调运,才能使总运费最少.

二、用图解法解下列线性规划问题

1. $\max S=3x_1+3x_2$,

$$\begin{aligned} s.t.\quad & x_1+x_2\leqslant 6,\\ & x_1+2x_2\leqslant 8,\\ & x_2\leqslant 3,\\ & x_1\geqslant 0, x_2\geqslant 0; \end{aligned}$$

2. $\min S=x_1-2x_2$,

$$\begin{aligned} s.t.\quad & x_1-x_2\leqslant 1,\\ & 2x_1-x_2\leqslant 3,\\ & x_1\geqslant 0, x_2\geqslant 0; \end{aligned}$$

3. $\min S=2x_1+2x_2$,

$$\begin{aligned} s.t.\quad & -x_1+x_2\geqslant 1,\\ & x_1+x_2\leqslant -2,\\ & x_1\geqslant 0, x_2\geqslant 0. \end{aligned}$$

三、用单纯形法解下列线性规划问题

1. $\max S=50x_1+40x_2$,

$$\begin{aligned} s.t.\quad & 3x_1+2x_2\leqslant 60,\\ & 2x_1+4x_2\leqslant 80,\\ & x_j\geqslant 0(j=1,2); \end{aligned}$$

2. $\max S=x_1+2x_2+3x_3+4x_4$,

$$\begin{aligned} s.t.\quad & x_1+2x_2+2x_3+3x_4\leqslant 20,\\ & 2x_1+x_2+3x_3+2x_4\leqslant 20,\\ & x_j\geqslant 0(j=1,2,3,4). \end{aligned}$$

项目三

经济现象的推断分析

知识目标

1. 理解随机现象、随机事件，掌握实际问题的概率计算方法；

2. 理解随机变量、正态分布等含义，掌握实际问题的处理方法；

3. 理解统计量、参数估计、假设检验的含义，掌握实际问题中参数估计、假设检验的处理方法.

能力目标

1. 能根据随机事件间的关系、概率的计算公式解决实际问题概率的计算；

2. 根据随机变量、正态分布等含义，进行实际问题处理应用；

3. 根据统计量、参数估计、假设检验含义，解决实际问题的参数估计、假设检验.

本项目共有三个任务：任务一：随机事件与概率计算
任务二：随机变量的数字特征
任务三：统计推断

随机事件与概率计算 任务一

概率统计的应用相当广泛，不仅在天文、气象、水文、地质、物理、化学、生物、医学等学科有其应用，而且在农业、工业、商业、军事、电讯等部门也有广泛的应用. 概率论与数理统计是从数量方面研究随机现象及其统计规律性，进而做出一定精确程度的判断.

3-1 偶然中的必然

创设情境

抛一枚均匀的硬币,出现正面或反面是非常偶然的现象;但随着抛硬币试验次数的增加,会呈现出一定的规律性与必然性吗?

案 例 观察表 3-1-1 中给出的历史上比较著名的掷硬币试验记录:

表 3-1-1

实验者	n	n_A	$f_n(A)$
蒲丰	4040	2048	0.5070
K. 皮尔逊	12000	6019	0.5016
K. 皮尔逊	24000	12012	0.5005
维尼	30000	14994	0.4998

(1)从上表可观察出什么结论?

(2)进而得出,抛一次均匀的硬币,出现正面向上的概率会是多少?

任务导入 任务一:随机事件含义及事件间的关系;

任务二:概率的统计定义;

任务三:概率的古典定义.

知识掌握

一、随机事件

自然界中的现象可分为必然现象(确定性现象)与随机现象.

例 1 观察两个试验,分析试验结果.

试验Ⅰ:一盒中有十个完全相同的白球,搅匀后从中摸出一球;

试验Ⅱ:一盒中有十个相同的球,其中 5 个白球,5 个黑球,搅匀后从中任意摸出一球.

(一)必然现象与随机现象

对于试验Ⅰ,在球没有取出之前,就能确定取出的球必是白球,也就是说在试验之前就能断定它只有一个确定的结果,这种现象就是必然现象(确定性现象).

对于试验Ⅱ,在球没有取出之前,不能确定试验结果(取出的球)是白球还是黑球,也就是说一次试验的结果(取出的球)出现白球还是黑球,在试验之前无法肯定. 这类试验所代表的是随机现象.

在一定条件下必然发生的现象称为必然现象(确定性现象).

例:在一个标准大气压下,纯水加热到100℃时必然沸腾;

向上抛一块石头必然下落;

同性电荷相斥,异性电荷相吸等等.

具有随机性(偶然性),即在一定条件下进行试验或观察会出现不同的结果,而且在每次试验之前都无法预知会出现哪一个结果的现象称为随机现象.

例:在相同的条件下,向上抛一枚质地均匀的硬币,其结果可能是正面朝上,也可能是反面朝上;

一名炮手使用同一门大炮,按同样设计条件对同一目标进行多次射击,各次弹着点会不相同,并且每次射击之前无法确定弹着点的确切位置.

例2 (1)掷一枚均匀的硬币,观察哪一面向上;(2)掷一颗均匀的骰子,观察出现的点数;(3)从一批产品中任意抽取一件产品来检验是否为正品;(4)观察某一公共汽车站在一段时间内的候车人数.

(二)随机试验

为了研究随机现象,就要对客观事物进行观察,观察的过程叫作随机试验,简称试验.

一个随机试验满足下列三个条件:

(1)在相同的条件下,试验可以重复进行;

(2)每次试验的可能结果不止一个,事先能确定知道所有可能的结果;

(3)每次试验总是恰好出现这些可能结果中的一个,但在试验之前却不能确定这次试验出现哪一个结果.

(三)随机事件及其表示

随机试验的结果称为随机事件,简称事件.事件通常用大写字母 A,B,C 等表示;或用 A_1,A_2,A_3 等表示;也可以用文字语言描述加花括号来表示.例如:{掷一颗骰子,点数不超过3},{掷一枚硬币,出现正面}.

不可分解的事件为基本事件,例:$A=${球的标号为3}.可分解的事件为复合事件,例:$B=${球的标号为偶数},$C=${球的标号大于1}.

在每次试验中一定发生的事件称为必然事件,记作 U 或 Ω.

每次试验一定不发生的事件称为不可能事件,记作$\varnothing$.

为了讨论问题的方便,必然事件与不可能事件也看作随机事件.

例3 一批产品共8件,其中2件次品,其余为正品,从中任取3件,则:

$A=${恰有一件正品},$B=${至少有一件正品},$C=${恰有两件正品},$D=${至少有一件次品}都是随机事件;$U=${至少有一件正品}为必然事件;$\varnothing=${三件全为次品}为不可能事件. 对于这个随机试验来说,基本事件总数为 C_8^3 个.

（四）随机事件间的关系及运算

事件之间的关系与运算和集合论中集合之间的关系与运算完全类同,不仅要注意其事件意义,关键是会用数学的语言准确地表达事件之间的关系.

例 3 中,事件 $A=\{$恰有一件合格品$\}$发生就导致了事件 $B=\{$至少有一件合格品$\}$的发生,所以 $A\subset B$.

1. 包含关系

若事件 A 发生必然导致事件 B 发生,则称事件 B 包含 A,或称 A 是 B 的子事件,记作 $A\subset B$ 或 $B\supset A$.

上述含义用维恩(Venn)图(见图 3-1a)表示,"A 发生必然导致 B 发生".

例:设某种动物从出生生活至 10 岁记为 A,从出生到 15 岁记为 B,则 $B\subset A$.

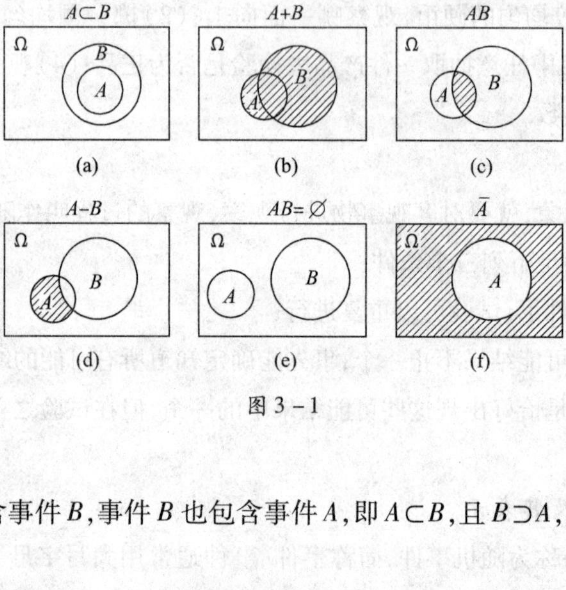

(a) (b) (c)

(d) (e) (f)

图 3-1

2. 相等关系

如果事件 A 包含事件 B,事件 B 也包含事件 A,即 $A\subset B$,且 $B\supset A$,则称事件 A 与事件 B 相等,记作 $A=B$.

两个事件相等,表示这两个事件含有的基本事件完全相同.

例:掷一颗均匀的骰子,$A=\{$出现偶数点$\}$;$B=\{$出现 2、4、6 点$\}$,则 $A=B$.

例 4　设某种圆柱形产品,若底面直径和高都合格,则该产品合格.

令 $A=\{$直径不合格$\}$,$B=\{$高度不合格$\}$,则$\{$产品不合格$\}=A\cup B$.

3. 并(和)事件

事件 A 与 B 中至少有一个发生的事件,称为事件 A 和事件 B 的和事件或并事件,记作 $A\cup B$ 或 $A+B$(见图 3-1b).

实质上:$A+B$ 表示"A 或 B 发生".

显然 $A+\varnothing=A$,$A+U=U=\Omega$,$A+A=A$;$A\subset A+B$,$B\subset A+B$;若 $A\subset B$,则 $A+B=B$.

例 5　设某种圆柱形产品,若底面直径和高都合格,则该产品合格.

令 $A=\{$直径合格$\}$，$B=\{$高度合格$\}$，则分析下列二个事件含义：

(1)｛产品合格｝；(2)｛该产品的直径合格，高度不合格｝.

分析：｛产品合格｝$=AB$；｛该产品的直径合格，高度不合格｝$=A-B$.

4. 积(交)事件

事件 A 与事件 B 同时发生的事件，称为事件 A 和事件 B 的积事件或交事件. 记作 AB 或 $A\cap B$（见图 3－1c）.

显然 $A\varnothing=\varnothing$，$AU=A$；$AA=A$，$AB\subset A$，$AB\subset B$；若 $A\subset B$，则 $AB=A$.

5. 差事件

事件 A 发生而事件 B 不发生的事件，称为事件 A 与事件 B 的差事件，记作 $A-B$（见图 3－1d）.

例6　掷一颗均匀的骰子，观察出现的点数.

(1)$A=\{$出现 3 点$\}$，$B=\{$出现 5 点$\}$，分析事件 A 与 B 的含义；

(2)$C=\{$出现偶数点$\}$；$D=\{$出现奇数点$\}$，分析事件 C 与 D 的含义.

分析：事件 A 与事件 B 不能同时发生，则称事件 A 与 B 互斥；事件 C 与事件 D 不能同时发生，且两者又必发生其一，则称事件 A 与 B 互逆.

6. 互斥事件(互不相容事件)

若两个事件 A 与 B 不能同时发生，即 $AB=\varnothing$，则称事件 A 与事件 B 为互不相容事件或互斥事件.

两个事件互斥，表示它们没有相同的基本事件（见图 3－1e）.

7. 对立事件(互逆事件)

事件 $U-A$ 称为事件 A 的对立事件或逆事件，记作 $\overline{A}$.

显然 $A+\overline{A}=U=\Omega$，$A\overline{A}=\varnothing$.

说明：(1)在一次试验中 A 与 $\overline{A}$ 有且仅有一个发生. 即：不是 A 发生就是 $\overline{A}$ 发生（见图 3－1f）.

(2)若 A，B 为互斥事件，则 A，B 不一定为对立事件. 反之，若 A，B 为对立事件，则 A，B 一定为互斥事件.

例7　某人在相同条件下向同一目标射击三次，设 A_i $(i=1,2,3)$ 表示"第 i 次命中目标"的事件. 试用 A_1，A_2，A_3 表示下列事件：

(1)三次全命中；

(2)第一次命中，第二、三次没命中；

(3)恰好命中一次；

(4)至少命中一次；

(5)三次全未击中；

(6)恰好命中两次.

解:因为$A_i(i=1,2,3)$表示"第 i 次命中目标"的事件,所以$\overline{A_i}(i=1,2,3)$表示"第 i 次没命中"的事件. 所以

(1)三次全命中表示为$A_1A_2A_3$;

(2)第一次命中,第二、三次没命中可以表示为$A_1\overline{A_2}\overline{A_3}$;

(3)恰好命中一次可以表示为$A_1\overline{A_2}\overline{A_3}+\overline{A_1}A_2\overline{A_3}+\overline{A_1}\overline{A_2}A_3$;

(4)至少命中一次可以表示为$A_1+A_2+A_3$;

(5)三次全未击中$\overline{A_1}\overline{A_2}\overline{A_3}$;

(6)恰好命中两次$A_1A_2\overline{A_3}+A_1\overline{A_2}A_3+\overline{A_1}A_2A_3$.

例 8　袋中有四个球编号为 1,2,3,4;从中任意摸出一球,观察其号码,记:$A=\{$球的号码小于 4$\}$,$B=\{$球的号码为奇数$\}$,$C=\{$球的号码为 4$\}$.

试问:(1)A 与 B,A 与 C,B 与 C 是否互斥?

(2)A,B,C 的对立事件是什么?

(3)A 与 C 的和事件,A 与 B 积事件各是什么?

解:(1)$A=\{1,2,3\}$,$B=\{1,3\}$,$C=\{4\}$;

A 与 B 是相容的;B 与 C,A 与 C 均为互斥事件;

(2)$\overline{A}=\{4\}=C$,$\overline{B}=\{2,4\}$;$\overline{C}=\{1,2,3\}=A$;

(3)$A+C=U$,$AB=\{1,3\}$.

二、概率的统计定义

概率论研究随机现象的规律性,必须对事件发生的可能性的大小进行定量研究. "频率稳定性"的性质揭示了隐藏在随机现象中的规律性与必然性.

(一)频率

例 9　掷一枚硬币十次,正面出现六次,则正面出现的次数与总次数之比为$\frac{6}{10}$,这个比值就是十次试验中正面出现的频率.

定义 1　在相同的条件下,进行了 n 次试验,在这 n 次试验中,事件 A 发生的次数 n_A 称为事件 A 发生的频数,比值$\frac{n_A}{n}$称为事件 A 发生的频率,记作:$f_n(A)=\frac{n_A}{n}$.

案例的讨论解决

分析:掷一次均匀的硬币,事件 A(正面朝上)是否发生是不确定的;当试验大量重复进行

的时候,事件 A 发生的次数,体现出一定的规律性,约占总试验次数的一半,频率 $f_n(A)$ 总是在 0.5 附近摆动而逐渐稳定于 0.5;0.5 就是掷一次均匀的硬币正面向上的概率.

一个随机试验的随机事件 A 在 n 次试验中出现的频率 $f_n(A)$,当试验的次数 n 逐渐增多时,它在一个常数附近摆动,而且逐渐稳定于这个常数,该常数为事件 A 发生的概率.

(二)概率的统计定义

定义 2　在相同的条件下重复进行 n 次试验,设事件 A 发生了 n_A 次,如果随着试验次数的增大,事件 A 发生的频率 $f_n(A)$ 总稳定在某个常数 p 附近,则称这个常数 p 为事件 A 发生的概率,记作 $P(A)=p$.

概率的性质:

(1) $0\leqslant P(A)\leqslant 1$;

(2)对必然事件 U,则 $P(U)=1$;

(3)对不可能事件 $\varnothing$,则 $P(\varnothing)=0$.

说明:(1)概率的统计定义提供了估算概率的方法,即试验次数足够大时,可以用事件 A 发生的频率 $f_n(A)$ 近似代替概率 $P(A)$.

(2)用频率来近似表达概率的方法在社会实践中得到了比较广泛的应用. 例如,产品的合格品率;天气预报的准确率;种子的发芽率;电话机的使用率及翻译电码的错误率等.

三、概率的古典定义

(一)古典概型

例 10　观察下面两个试验的共同特征.

试验一:掷一枚均匀的硬币,显然只有出现正面与出现反面两种结果发生. 由于硬币是均匀的,所以这两种结果发生的可能性是相等的,即概率都是 0.5.

试验二:从 100 件不同的产品中任取一件,显然有 100 种结果出现. 由于抽取任意,所以这 100 种结果出现的机会是一样的,即每件产品被取到的可能性是相等的,概率都是 0.01.

分析:以上两个试验具有两个共同的特征:

(1)试验的全部结果只有有限个;(2)每次试验中各个结果的出现是等可能的.

具有上述两个特点的数学模型被称为古典概型.

(二)概率的古典定义

定义 3　在古典试验下,若试验的基本事件总数为 n,而事件 A 含有其中 m 个基本事件,则事件 A 的概率为

$$P(A)=\frac{A\text{包含的基本事件数}}{\text{试验的基本事件总数}}=\frac{m}{n}.$$

例 11　将某班 50 名学生编号为 1,2,…,50,现任找一名学生回答问题,求所找学生的

编号大于 30 的概率.

解:设 A 表示"编号大于 30"的事件,由于试验的基本事件总数为 $n=50$,它们的出现是等可能的. A 包含的基本事件数为 $m=20$,所以有

$$P(A)=\frac{m}{n}=\frac{20}{50}=0.4.$$

即所找学生的编号大于 30 的概率为 0.4.

例 12　掷一颗骰子,求出现的点数为奇数的概率.

解:掷一颗骰子具有 6 个等可能的基本事件,即 $n=6$,而出现点数为奇数的基本事件有 3 个,即 $m=3$. 设 A 表示"出现点数为奇数"的事件,则

$$P(A)=\frac{m}{n}=\frac{3}{6}=0.5.$$

即出现点数为奇数的概率为 0.5.

例 13　有 9 个产品,其中有 3 个次品,

(1)从中任取 2 个产品,求 2 个都是正品的概率;

(2)从中任取 4 个产品,求所取 4 个产品中恰有 2 个次品的概率.

解:设事件 $A=\{$任取 2 个产品,2 个都是正品$\}$, $B=\{$任取 4 个产品,恰有 2 个次品$\}$.

(1)把每一种取法看作一个基本事件,则从 9 个产品中任取 2 个共有 C_9^2 种不同取法,每种取法的可能性相等,而恰有 2 个正品的取法有 C_6^2 种,

$$P(A)=\frac{C_6^2}{C_9^2}=\frac{5}{12}.$$

(2)把每一种取法看作一个基本事件,则从 9 个产品中任取 4 个共有 C_9^4 种不同取法,每种取法的可能性相等,而恰有 2 个次品的取法有 $C_3^2\cdot C_6^2$ 种.

$$P(B)=\frac{C_3^2C_6^2}{C_9^4}=\frac{5}{14}.$$

将例 13 推广到一般情形:

设有 N 个产品,其中有 M 个次品,从中任取 n 个,则 n 个产品中恰有 k 个次品的概率为

$$P(A)=\frac{C_M^k\cdot C_{N-M}^{n-k}}{C_N^n},k\leqslant\min\{n,M\}.$$

这个模型应用广泛,像产品抽样检验等许多问题均可利用这个模型来处理.

例 14　从全班 48 名学生中任选 5 名参加一项活动,已知 48 名学生中有 16 名女生,求所选的 5 名学生中恰有 2 名女生的概率.

解:设 A 表示"所选 5 名学生中恰有 2 名女生"的事件,则有

$$P(A)=\frac{C_{16}^{2}\cdot C_{32}^{3}}{C_{48}^{5}}=0.3476,$$

即所求概率为 0. 3476.

同步练习 3-1

1. 设 A,B,C 为 3 个事件,则

(1)它们都不发生的事件可表示为________;

(2)其中不多于 1 个发生的事件可表示为________;

(3)其中不多于 2 个发生的事件可表示为________;

(4)其中恰有 2 个事件发生可表示为________;

(5)其中至少有 2 个发生的事件可表示为________.

2. 电路如下图所示,设 A_i = {第 i 个开关闭合}, $i=1,2,3,4$,试将电路Ⅰ、Ⅱ分别用 A_i $(i=1,2,3,4)$ 表示事件 A = {电路 L 至 R 导通}.

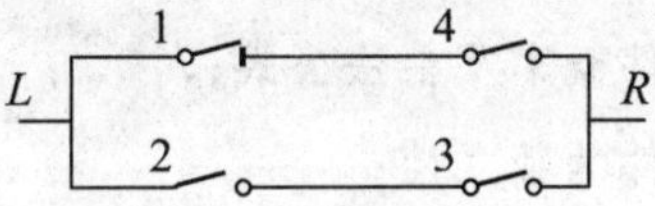

电路Ⅰ

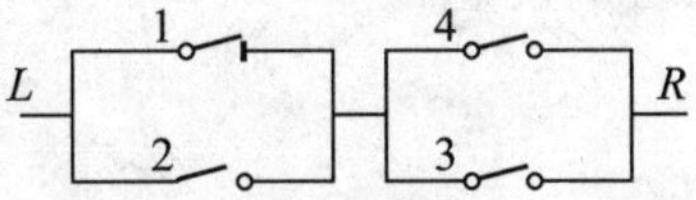

电路Ⅱ

3. 掷两枚均匀的硬币,两枚都出现正面的概率是(　　).

A. $\frac{1}{4}$　　B. $\frac{1}{8}$　　C. $\frac{1}{2}$　　D. $\frac{1}{3}$

4. 掷一枚均匀的骰子,出现的点数为奇数的概率是(　　).

A. $\frac{1}{4}$　　B. $\frac{1}{8}$　　C. $\frac{1}{2}$　　D. $\frac{1}{3}$

5. 从标号为 1 ~ 10 的十件同型产品中任取一件,试求下列事件的概率:

(1) A = {取得偶数号产品};

(2) B = {取得号数不大于 3 的产品};

(3) C = {取得号数能被 3 整除的产品}.

6. 设有 10 件产品,其中有 3 件是不合格品,其余都是合格品. 现按下面两种方式随机地依次取出两件产品:(1)有放回抽样;(2)无放回抽样,试求下列事件的概率:

A = {取出的两件都是合格品}; B = {取出的两件中恰有一件是合格品};

C = {第二次取出的产品是不合格品}.

3-2 产品抽样问题

创设情境

案例 有一批产品 10 件，7 件正品，3 件次品；

(1) 第一次任取一产品，随即放回，第二次再任取一产品，两次都取到正品的概率是多少？

(2) 第一次任取一产品，不放回，第二次再任取一产品，两次都取到正品的概率是多少？

(3) 有放回的抽取，即任取一产品，检查一下它是正品还是次品后，仍放回去，再进行第二次抽取，问任取 8 次后发现 2 个次品的概率是多少？

任务导入 任务一：概率的加法公式；

任务二：条件概率及乘法公式；

任务三：事件的独立性；

任务四：伯努利概型.

知识掌握

一、概率的加法公式

(一) 互斥事件的概率加法公式

定理 1 若两事件 A、B 互斥，则 $P(A+B)=P(A)+P(B)$.

即两个互斥事件的和的概率等于这两个事件概率的和.

推论 1 若 n 个事件 $A_1, A_2, \cdots, A_n$ 两两互斥，则

$P(A_1+A_2+\cdots+A_n)=P(A_1)+P(A_2)+\cdots+P(A_n)$.

推论 2 对任意事件 A，有 $P(A)+P(\overline{A})=1$ 或 $P(A)=1-P(\overline{A})$.

证明：由于 A 与 $\overline{A}$ 互斥，且 $A+\overline{A}=U$，所以

$P(A+\overline{A})=P(A)+P(\overline{A})=P(U)=1$，即 $P(A)+P(\overline{A})=1$.

例 1 某人有 5 把外形相似的钥匙，其中一把是开办公室门的，但他忘记了是哪一把，只好逐把试开（不放回），求三次内把办公室门打开的概率.

解：设 $A_i=\{$恰好第 i 次打开门$\}$，$i=1,2,3$，则

$B=\{$三次内把门打开$\}=A_1+A_2+A_3$，且 A_1,A_2,A_3 两两互斥.

因为 $P(A_1)=\frac{1}{5}$，$P(A_2)=\frac{4\times1}{5\times4}=\frac{1}{5}$，$P(A_3)=\frac{4\times3\times1}{5\times4\times3}=\frac{1}{5}$，

所以 $P(B)=P(A_1)+P(A_2)+P(A_3)=0.6$.

例2　一盒装有20个产品，有4个次品，从盒中任取3个，求至少有1个次品的概率.

解：因为“至少有1个次品”的事件包括“1个次品，2个次品，3个次品”四种情况，其对立事件为“3个全是正品”，故可利用对立事件求得概率.

设 A 表示“至少有1个次品”的事件，则所求概率为

$$P(A)=1-\frac{C_{16}^3\cdot C_4^0}{C_{20}^3}\approx1-0.4912\approx0.5088.$$

(二)任意两事件的概率加法公式

定理2　对任意两事件 A、B，有 $P(A+B)=P(A)+P(B)-P(AB)$.

证明　由于 $A+B=A+(B-AB)$，而事件 A 与 $B-AB$ 互斥，且 $B\supset AB$，所以

$P(A+B)=P(A)+P(B-AB)=P(A)+P(B)-P(AB)$.

例3　某设备由甲、乙两个部件组成，当超载负荷时，甲出故障的概率为0.8，乙出故障的概率为0.7，而甲、乙同时出故障的概率为0.6. 求超负荷时至少有一部件出故障的概率.

解：设 $A=\{$甲部件出故障$\}$，$B=\{$乙部件出故障$\}$，则 $A+B=\{$至少有一部件出故障$\}$.

由任意两事件的概率加法公式可得

$P(A+B)=P(A)+P(B)-P(AB)=0.8+0.7-0.6=0.9$，

即在超负荷时，至少有一部件出故障的概率为0.9.

二、条件概率及乘法公式

(一)条件概率公式

例1　有7个灯泡，其中3个是坏的，每次任取一个，无放回地抽取两次，若第一次取得好灯泡，则第二次取得好灯泡的概率为$\frac{3}{6}$；若第一次取得坏灯泡，则第二次取得好灯泡的概率为$\frac{4}{6}$，即第二次取得好灯泡的概率取决于第一次发生的结果.

分析：若设事件 $A=\{$第一次取得好灯泡$\}$，$B=\{$第二次取得好灯泡$\}$，则在第一次取得好灯泡的条件下，第二次取得好灯泡的概率可表示为 $P(B|A)$. 此问题既是条件概率.

在某一个事件已经发生的条件下，求另一个事件发生的概率，这类问题的概率称为条件概率.

定义1　设 A、B 是同一试验的两个事件，其中 $P(A)>0$，则称

$$P(B|A)=\frac{P(AB)}{P(A)}$$

为在事件 A 已经发生的条件下,事件 B 发生的条件概率.

类似地,在事件 B 已经发生的条件下,事件 A 发生的条件概率的计算公式为

$$P(A|B)=\frac{P(AB)}{P(B)}(P(B)>0).$$

例2　据一百多年来的气象记录知道,甲、乙两市在一年中的雨天的比例甲市占25%,乙市占20%,两地同时下雨占18%. 记 $A=\{$甲市出现雨天$\}$,$B=\{$乙市出现雨天$\}$. 求:

(1)两市至少有一市是雨天的概率;

(2)乙市出现雨天的条件下,甲市也出现雨天的概率;

(3)甲市出现雨天的条件下,乙市也出现雨天的概率.

解:(1)$P(A+B)=P(A)+P(B)-P(AB)=0.25+0.2-0.18=0.27$;

(2)$P(A|B)=\frac{P(AB)}{P(B)}=\frac{0.18}{0.2}=0.9$;

(3)$P(B|A)=\frac{P(AB)}{P(A)}=\frac{0.18}{0.25}=0.72$.

(二)乘法公式

由条件概率公式,可以得到

$$P(AB)=P(A)P(B|A), \tag{1}$$

或

$$P(AB)=P(B)P(A|B). \tag{2}$$

例3　已知100件产品中有5件次品,不放回的从中抽取2次,每次抽取一件,求第一次取到次品,第二次取到正品的概率.

解:设事件 $A=\{$第一次取得次品$\}$,$B=\{$第二次取得正品$\}$,$P(A)=\frac{5}{100}$,$P(B|A)=\frac{95}{99}$,$P(AB)=P(A)P(B|A)=\frac{5}{100}\frac{95}{99}=0.048$.

三、事件的独立性

一般说来,条件概率 $P(B|A)$ 不等于概率 $P(B)$,即事件 A 的发生对事件 B 的发生是有影响的;但是,当条件概率 $P(B|A)$ 等于概率 $P(B)$ 时,就说事件 A 的发生不影响事件 B 的发生.

定义2　如果事件 A 发生与否不影响事件 B 的发生,即 $P(B|A)=P(B)$,同时,事件 B 的发生与否不影响事件 A 的发生,即 $P(A|B)=P(A)$,则称事件 A 与事件 B 相互独立.

定理1　两事件 A,B 相互独立的充要条件是:$P(AB)=P(A)P(B)$.

定理2　四对事件 $\{A,B\}$,$\{\overline{A},B\}$,$\{A,\overline{B}\}$,$\{\overline{A},\overline{B}\}$ 中有一对相互独立,则其他三对也相

互独立.

说明:事件 A、B 互斥与相互独立是两个不同的概念,前者是指 A、B 不能同时发生,这正说明它们之间不是相互独立的.

例4 甲、乙两学生参加同一次升学考试,其各自考上的概率分别为0.8、0.9,求至少有一人考上的概率.

法一:解设 A、B 分别表示甲、乙两学生考上,由考试规则可知,A、B 两事件相互独立,于是

$$P(A+B)=P(A)+P(B)-P(A)P(B)=0.8+0.9-0.8\times0.9=0.98,$$

即至少有一人考上的概率为0.98.

法二:解设 A、B 分别表示甲、乙两学生考上,"至少有一人考上"的对立事件为"甲、乙两学生都未考上";$P(\overline{A}\overline{B})=P(\overline{A})P(\overline{B})=0.2\times0.1=0.02$.

故至少有一人考上的概率为 $P=1-P(\overline{A}\overline{B})=1-0.02=0.98$.

例5 加工一个零件需经三道工序,三道工序彼此独立,每道工序的次品率分别为1%、2%和3%,求加工出的零件是次品的概率.

解:设 A、B、C 分别表示三道工序合格的事件,则

$$P(A)=1-1\%=0.99,P(B)=1-2\%=0.98,P(C)=1-3\%=0.97.$$

而三道工序都合格的概率为

$$P(ABC)=P(A)P(B)P(C)=0.99\times0.98\times0.97=0.941.$$

故加工出的零件是次品的概率为.

$$P=1-P(ABC)=1-0.941=0.059.$$

例6 假若每个人血清中含有肝炎病毒的概率为0.4%,混合100个人的血清,求此血清中含有肝炎病毒的概率.

解:设 $A_i=\{$第 i 个人血清中含有肝炎病毒$\}$,$i=1,2,\cdots,100$,可以认为 $A_1,A_2,\cdots,A_{100}$ 相互独立,所求的概率为

$$P(A_1+A_2+\cdots+A_{100})=1-P(\overline{A_1})P(\overline{A_2})\cdots P(\overline{A_{100}})$$
$$=1-0.996^{100}=0.33.$$

虽然每个人有病毒的概率都是很小,但是混合后,则有很大的概率,在实际工作中,这类效应值得充分重视.

四、伯努利概型

(一)伯努利概型

伯努利试验应用很广,如产品检验中的合格与不合格,科学实验中的成功与失败,考试成绩的及格与不及格以及射击的中靶与脱靶等都属于伯努利试验.

定义3　设随机试验具有如下特征：

(1)每次试验是相互独立的；

(2)每次试验有且仅有两种结果：事件 A 和事件 $\overline{A}$；

(3)每次试验的结果发生的概率相同即 $P(A)=p, P(\overline{A})=1-p=q$，则称试验表示的数学模型为伯努利概型.

若将试验做了 n 次，则这一系列试验也称为 n 重伯努利试验，也称为独立试验序列.

例如"一次抛掷 n 枚相同的硬币"的试验可以看作是一个 n 重伯努利试验.

(二)伯努利概型的计算公式

设事件 A 在每次试验中发生的概率为 $p(0<p<1)$，则在 n 次独立重复试验中事件 A 恰好发生 k 次的概率为

$$P_n(k)=C_n^k p^k q^{n-k}\text{，其中 } p+q=1, k=0,1,2,\cdots,n.$$

例7　有一批种子，出苗率为0.67，现每穴种6粒，求每穴中有 k 粒出苗的概率($0\leqslant k\leqslant 6$).

解：把穴中每一粒种子看作一次实验，而各粒种子发芽与否是互不影响的，所以可看作是6次相互独立的实验，故由伯努利概型的计算公式，每穴中 k 粒种子出苗的概率为

$$P_6(k)=C_6^k(0.67)^k(0.33)^{6-k}, 0\leqslant k\leqslant 6.$$

计算结果如下表：

k	0	1	2	3	4	5	6
$P_6(k)$	0.0013	0.0156	0.0793	0.2153	0.3291	0.2687	0.0911

例8　设有批量很大的一批产品的废品率为0.05，如果抽检20件，试求废品数正好是2件的概率.

解：由伯努利概型 $P_{20}(2)=C_{20}^2(0.05)^2(0.95)^{18}\approx 0.189$.

说明：当一批产品的总数很大，且抽出的样品的数量相对较小时，可当作放回抽样处理，这样会有一些误差，但误差不会太大.

案例的讨论解决

分析：对于产品抽样，分为放回抽样与不放回抽样.(1)是放回抽样，事件是相互独立的；(2)不放回抽样，事件是条件概率.

(1)由题意，$P(A)=\dfrac{7}{10}, P(B)=\dfrac{7}{10}, P(AB)=P(A)P(B)=\dfrac{49}{100}$；

(2)由题意，$P(A)=\dfrac{7}{10}, P(B|A)=\dfrac{6}{9}=\dfrac{2}{3}, P(AB)=P(A)P(B|A)=\dfrac{7}{10}\dfrac{2}{3}=\dfrac{7}{15}$；

(3)由伯努利概型 $P_8(2)=C_8^2\left(\frac{3}{10}\right)^2\left(\frac{7}{10}\right)^6=0.296$.

同步练习　3-2

1. 若事件 A、B 互不相容,则(　　).

A. $P(B|A)\neq P(B)$　　B. $P(A|B)\neq P(A)$

C. $P(A+B)=P(A)+P(B)$　　D. $P(AB)=P(A)P(B)$

2. 设有 5 件产品,其中有 3 件正品,依次无放回地抽取 2 次,两次都取到正品的概率是(　　).

A. $\frac{3}{5}$　　B. $\frac{2}{5}$　　C. $\frac{1}{10}$　　D. $\frac{3}{10}$

3. 甲、乙两人做同一实验,已知甲成功的概率为 0.81,乙成功的概率为 0.85,甲乙两人都成功的概率为 0.73,求至少有一人成功的概率.

4. 设有 100 个圆柱形零件,其中 95 个长度合格,92 个直径合格,87 个长度直径都合格,现从中任取一件该产品,若已知该产品直径合格,则该产品是合格品的概率是多少?

5. 若事件 A、B 相互独立,则(　　).

A. $P(B|A)\neq P(B)$　　B. $P(A|B)\neq P(A)$

C. $P(A+B)=P(A)+P(B)$　　D. $P(AB)=P(A)P(B)$

6. 若 $P(A)=0.5$,$P(B)=0.6$,且 A、B 相互独立,则 $P(A+B)=$(　　).

7. 某企业的一批产品中,有 10% 的次品,进行重复抽样检查,共取 5 件样品,计算:

(1)这 5 件中恰好有 3 件次品的概率;

(2)这 5 件中至多有 4 件次品的概率.

3-3　产品质量责任追究问题

创设情境

案　例　一商店出售的是某公司两个分厂生产的同型号空调,而这两个分厂的空调生产比例为 3:1,它们的不合格品率依次为 0.01,0.05.

(1)某顾客想从这批空调中任意选购一台,如何预先了解自己会买到不合格商品的可能性的大小?

(2)该顾客从这批空调中任意选购一台,确实为次品,提出向厂方索赔.那么该如何追究分厂的责任?

任务导入 任务一:全概率公式;

任务二:贝叶斯公式.

知识掌握

一、全概率公式

实际中有一类问题,伴随一个事件发生的条件并不是唯一的,这时求这个事件发生的概率,就必须考虑其各种条件下该事件发生的可能性,这类问题称之为全概率问题.

定义:设有 n 个事件 $A_1,A_2,\cdots,A_n$,若满足下列两个条件:

(1)$A_1,A_2,\cdots,A_n$两两互不相容;(2)$A_1+A_2+\cdots+A_n=U$(或 $P(A_1)+P(A_2)+\cdots+P(A_n)=1$),则称由 $A_1,A_2,\cdots,A_n$构成的事件组为一完备事件组.

定理:事件 $A_1,A_2,\cdots,A_n$构成一个完备事件组,且 $P(A_i)>0(i=1,2,\cdots,n)$,则对任一事件 B,有

$$P(B)=\sum_{i=1}^{n}P(A_i)P(B|A_i).$$

该公式称为全概率公式.

说明:①全概率公式是在各"原因"的影响下,求"结果"发生的概率(知因求果);

②利用全概率公式计算概率时,关键是要找出一个完备事件组.

例1 设袋中共有10个球,其中3个带有中奖标志.两人分别从袋中任取一球,试求第二个人中奖的概率.

解:设 A_i表示第 i 个人中奖($i=1,2$),

显然 $P(A_1)=\dfrac{3}{10},P(\overline{A_1})=\dfrac{7}{10}$,

$P(A_2|A_1)=\dfrac{2}{9},P(A_2|\overline{A_1})=\dfrac{3}{9}=\dfrac{1}{3}$.

因为 $A_1,\overline{A_1}$构成一个完备事件组,所以

$$\begin{aligned}P(A_2)&=P(A_1)P(A_2|A_1)+P(\overline{A_1})P(A_2|\overline{A_1})\\&=\frac{3}{10}\times\frac{2}{9}+\frac{7}{10}\times\frac{3}{9}=\frac{3}{10}.\end{aligned}$$

即每人中奖的概率相等,都是$\dfrac{3}{10}$,这说明抽奖的公平对等性,是否中奖与先后次序无关.

二、贝叶斯公式

定理:事件 $A_1, A_2, \cdots, A_n$ 构成一个完备事件组,且 $P(A_i) > 0 (i = 1, 2, \cdots, n)$,则对任一事件 $B(P(B) > 0)$,有

$$P(A_i|B) = \frac{P(A_i)P(B|A_i)}{\sum_{i=1}^{n} P(A_i)P(B|A_i)}, i = 1, 2, \cdots, n.$$

此公式称为贝叶斯公式,也叫后验概率公式.

说明:贝叶斯公式是在已知“结果”发生的条件下,求各“原因”发生的概率(执果溯因).

例2　据对以往数据分析,结果表明:当机器调整良好时,产品的合格品率为90%;而当机器未调整良好时,合格品率仅为40%.通常,每天早上机器开动时,机器处于调整良好状态的概率为80%.若某天早上机器生产的第一件产品是合格品,则这天机器处于调整良好状态的概率是多少?

解:设 $B = \{$第一件产品是合格品$\}$,$A = \{$机器处于调整良好状态$\}$,则 A 与 $\bar{A}$ 构成完备事件组,依题意有

$$P(A) = 0.8, P(\bar{A}) = 0.2,$$

$$P(B|A) = 0.9, P(B|\bar{A}) = 0.4.$$

所求事件的概率为 $P(A|B)$,由贝叶斯公式可知

$$P(A|B) = \frac{P(A)P(B|A)}{P(A)P(B|A) + P(\bar{A})P(B|\bar{A})}$$

$$= \frac{0.8 \times 0.9}{0.8 \times 0.9 + 0.2 \times 0.4}$$

$$= 0.9.$$

则这天机器处于调整良好状态的概率是0.9.

案例的讨论解决

分析:将这两个问题抽象为概率问题:

①知因求果(全概率公式);②执果溯因(贝叶斯公式).

解:设 $B = \{$顾客购到不合格空调$\}$.由题目条件,虽不能确定选购的这一台空调是哪一个分厂生产的,但它必是这两个分厂中的一个厂生产的.

设 $A_i = \{$顾客购到第 i 个分厂生产的空调$\}$,$i = 1, 2$.则由题意

$P(A_1) = 0.75, P(A_2) = 0.25, P(B|A_1) = 0.01, P(B|A_2) = 0.05.$

(1)显然 $A_1 + A_2 = U$,而且 A_1, A_2 互不相容.

于是有 $B = BU = B(A_1 + A_2) = BA_1 + BA_2$,且 BA_1, BA_2 互不相容.

$$P(B)=P(BA_1+BA_2)=P(BA_1)+P(BA_2)=P(A_1)P(B|A_1)+P(A_2)P(B|A_2)$$
$$=0.75\times0.01+0.25\times0.05=0.02.$$

(2)由贝叶斯公式

$$P(A_1|B)=\frac{P(A_1B)}{P(B)}=\frac{P(A_1)P(B|A_1)}{\sum_{i=1}^{2}P(A_i)P(B|A_i)}=\frac{0.75\times0.01}{0.02}=0.375,$$

$$P(A_2|B)=\frac{P(A_2B)}{P(B)}=\frac{P(A_2)P(B|A_2)}{\sum_{i=1}^{2}P(A_i)P(B|A_i)}=\frac{0.25\times0.05}{0.02}=0.625.$$

以上结果表明,这台不合格空调来自第二家分厂的可能性较大.

例3 某电子设备制造厂所用的元件是由三家元件厂提供的,根据以往的记录有以下数据:

元件制造厂	次品率	提供原件的份额
1	0.02	0.15
2	0.01	0.80
3	0.03	0.05

这三家工厂的产品在仓库内是均匀混合的,且无区别的标志.在仓库里随机地取一只元件,若已知取到的是次品,分析此产品来自何厂.

解:设 $B=\{$取到的是一只次品$\}$;$A_i=\{$所取到的产品是由第 i 家工厂提供的$\}$,$i=1,2,3$.则

$$P(A_1)=0.15,P(A_2)=0.80,P(A_3)=0.05,P(B|A_1)=0.02,$$
$$P(B|A_2)=0.01,P(B|A_3)=0.03.$$

由全概率公式

$$P(B)=P(BA_1+BA_2+BA_3)=P(BA_1)+P(BA_2)+P(BA_3)$$
$$=P(A_1)P(B|A_1)+P(A_2)P(B|A_2)+P(A_3)P(B|A_3)$$
$$=0.15\times0.02+0.80\times0.01+\times0.05\times0.03=0.0125.$$

由贝叶斯公式

$$P(A_1|B)=\frac{P(A_1B)}{P(B)}=\frac{P(A_1)P(B|A_1)}{\sum_{i=1}^{3}P(A_i)P(B|A_i)}=\frac{0.15\times0.02}{0.0125}=0.24,$$

$$P(A_2|B)=\frac{P(A_2B)}{P(B)}=\frac{P(A_2)P(B|A_2)}{\sum_{i=1}^{3}P(A_i)P(B|A_i)}=\frac{0.80\times0.01}{0.0125}=0.64,$$

$$P(A_3|B)=\frac{P(A_3B)}{P(B)}=\frac{P(A_3)P(B|A_3)}{\sum_{i=1}^{3}P(A_i)P(B|A_i)}=\frac{0.05\times0.03}{0.0125}=0.12.$$

以上结果表明,这只次品来自第二家工厂的可能性较大.

同步练习 3—3

1. 设10张彩票中有3张中奖彩票,甲先乙后各买一张,两人中奖的概率分别是多少?
2. 某厂有四条流水线生产同一种产品,该四条流水线的产量分别占总产量的15%,20%,30%,35%,各流水线的次品率分别为0.05,0.04,0.03,0.02,从出厂产品中随机抽取一件,求此产品为次品的概率.
3. 在第2题中,如果该厂规定,出了次品要追究有关流水线的经济责任,现在若有一件次品,其标志脱落,即不知道是在哪条流水线生产的,问它是第一条流水线生产的概率是多少.

习题一

1. 设A,B是任意2个事件,则$P(A-B)=($ $)$.

   A. $P(A)-P(B)$

   B. $P(A)-P(B)+P(AB)$

   C. $P(A)-P(AB)$

   D. $P(A)+P(\overline{B})-P(AB)$
2. 某保险盒内装有甲、乙两根保险丝.根据以往经验,当电流超过额定值10%时,甲、乙保险丝被熔断的概率分别是0.7和0.6,而两根保险丝同时被熔断的概率为0.5.试求下一次电流超过额定值10%时,至少有一根保险丝被熔断的概率.
3. 已知某批产品的不合格率为4%,其合格品中75%是一级品,今从这批产品中随机抽取一件,试求取到一件一级品的概率.
4. 某种动物由出生算起活到20岁以上的概率为0.8,活到25岁以上的概率为0.4,试求现年20岁的这种动物能活到25的概率.
5. 学生在做一道有4个选项的单项选择题时,如果他不知道问题的正确答案时,就作随机猜测,现从卷面上看题是答对了,试在以下情况下求学生确实知道正确答案的概率:

   (1)学生知道正确答案和胡乱猜测的概率都是$\frac{1}{2}$;

   (2)学生知道正确答案的概率是0.2.
6. 一学生接连参加同一课程的两次测试,第一次及格的概率为p,若第一次及格则第二次及格的概率也为p;若第一次不及格则第二次及格的概率为$\frac{p}{2}$.

(1)若至少有一次及格则他能取得某种资格证书,求他取得该资格证书的概率.

(2)若已知他第二次已经及格,求他第一次及格的概率.

7. 设事件 A 与 B 相互独立,且已知 $P(A\cup B)=0.6$,$P(A)=0.4$,求 $P(B)$.

8. 对一目标射击 3 次,已知第一、二、三次射击命中率分别为 0.4,0.5,0.7,试求三次射击中恰有一次命中的概率以及至少有一次命中的概率.

9. 设每次试验事件 A 发生的概率均为 p,现进行四次独立试验,若已知事件 A 至少发生一次的概率为 65/81,试求 p.

10. 某机构有一个 9 人组成的顾问小组,若每个顾问贡献正确意见的百分比是 0.7. 现该机构对某事的可行与否个别征求各位顾问意见,并按多数人意见做出决策,求做出正确决策的概率.

11. 如果每一门炮发射一次击中敌机的概率为 0.6,现若干门炮同时发射(每炮一发),问欲以 99% 的把握击中来犯的一架敌机,至少需要几门炮?

自测题 A(基础层次)

一、填空题:(每小题 5 分,共 25 分)

1. 设 $P(A)=0.4$,$P(A\cup B)=0.7$,若 A 与 B 互不相容,则 $P(B)=$________;若 A 与 B 相互独立,则 $P(B)=$________;

2. 设 $P(A)=\frac{1}{3}$,$P(B)=\frac{1}{4}$,$P(A\cup B)=\frac{1}{2}$,则 $P(\overline{A}\cup\overline{B})$________;

3. 口袋中有 4 个白球,2 个黑球,从中随机地抽取 3 个球,则取得 2 个白球,1 个黑球的概率为________;

4. 设 $P(A)=0.5$,$P(B)=0.6$,$P(B|A)=0.8$,则 $P(A\cup B)=$________;

5. A,B 相互独立,则有 $\overline{A}$ 与 B,A 与 $\overline{B}$,$\overline{A}$ 与 $\overline{B}$ 中每一对事件都________.

二、单项选择题:(每小题 5 分,共 25 分)

1. 设 A,B 是任意 2 个事件,则 $P(A+B)=($　　$)$.

A. $P(A)+P(B)-P(AB)$

B. $P(A)-P(B)+P(AB)$

C. $P(A)-P(AB)$

D. $P(A)+P(\overline{B})-P(AB)$

2. 袋中共有 5 个球,其中 3 个新球,2 个旧球,每次取 1 个,无放回地取 2 次,则第二次取到新球的概率是(　　).

A. $\frac{3}{5}$　　B. $\frac{3}{4}$　　C. $\frac{1}{2}$　　D. $\frac{3}{10}$

3. 设 $P(AB)=0$,则(　　).

A. A 和 B 互不相容

B. A 和 B 独立

C. $P(A)=0$ 或 $P(B)=0$

D. $P(A-B)=P(A)$

4. 设 $0<P(A)<1, 0<P(B)<1, P(A|B)+P(\bar{A}|\bar{B})=1$,则事件 A 与 B(　　).

A. 互不相容　　　　B. 互逆

C. 不独立　　　　D. 独立

5. 设 $P(A)\neq P(B)>0$,且 $B\subset A$,则下列命题成立的是(　　).

A. $P(A|B)=1$　　　　B. $P(B|A)=1$

C. $P(B|\bar{A})=1$　　　　D. $P(A|\bar{B})=0$

三、计算解答题:(1～7 题每小题 6 分,第 8 题 8 分,共 50 分)

1. 在 1 万张有奖储蓄的奖券中,设有一等奖 1 名,二等奖 10 名,三等奖 50 名,四等奖 100 名. 任取一张奖券,求:

(1)获得一等奖的概率;

(2)获奖的概率.

2. 将 n 只球随机地放入 n 个盒子中,求每个盒子中恰好有 1 只球的概率.

3. 将 C,C,E,E,I,N,S 七个字母随机地排成一行,则恰好排成英文单词 SCIENCE 的概率为多少?

4. 两人独立地去破译密码,他们能译出密码的概率分别为$\frac{1}{3}$,$\frac{1}{4}$,试问密码能被破译的概率是多少.

5. 某射手射靶 4 次,各次命中率为 0.6,则 4 次中恰好有 2 次命中的概率为多少?

6. 甲、乙两台车床加工同一种产品,已知其合格率分别为 95% 和 90%,且甲车床加工的产品的数量是乙的一半,若将加工后的产品放在一起,求从中任取一件是合格品的概率.

7. 一批种子中,一等种子、二等种子和三等种子各占 85%、10% 和 5%,其发芽的概率分别为 1、0.7 和 0.5. 从这批种子中任取一粒,求这粒种子发芽的概率. 又若已知这粒种子发芽了,求它是一等种子的概率.

8. 假定人在一年 365 日任一日出生的概率是一样的,求某班级 48 名学生中至少有两人生于元旦的概率.

自测题B（提高层次）

一、单项选择题：（每小题5分，共25分）

1. 事件 A 与 B 为互不相容事件等价于（　　）.

A. $AB=\varnothing$　　B. $A+B=U$

C. A、B 相互独立　　D. $A+B=U$ 且 $AB=\varnothing$

2. 设事件 A、B 为互斥事件，且 $P(A)=0.3$，$P(\overline{B})=0.4$，则 $P(A+B)=$（　　）.

A. 1　　B. 0.9　　C. 0.8　　D. 0.7

3. 某人在一次射击中射中10环、9环、8环的概率分别为0.26、0.2、0.3，则命中不足8环的概率为（　　）.

A. 0.24　　B. 0.34　　C. 0.76　　D. 0.5

4. 任取2个零件，令 $A=\{$两件都是正品$\}$，则 $\overline{A}$ 表示（　　）.

A. 两件都是次品　　B. 两件中至少有一件正品

C. 两件中至少有一件次品　　D. 两件中只有一件次品

5. 若事件 A 与 B 相互独立，$P(A)=\dfrac{3}{5}$，$P(A+B)=\dfrac{4}{5}$，则 $P(B)=$（　　）.

A. $\dfrac{1}{16}$　　B. $\dfrac{1}{2}$　　C. $\dfrac{1}{4}$　　D. $\dfrac{2}{5}$

二、填空题：（每小题5分，共25分）

1. 若 A 与 B 互逆，且 $P(A)=0.6$，则 $P(B)=$ ________；

2. 若 $P(A)=\dfrac{1}{2}$，$P(B|A)=\dfrac{2}{3}$，$P(A|B)=\dfrac{3}{4}$，则 $P(B)=$ ________；

3. 若 $P(A)=\dfrac{1}{2}$，$P(B)=\dfrac{3}{5}$，$P(B|A)=\dfrac{4}{5}$，则 $P(A+B)=$ ________；

4. 设随机事件 A 与 B 既互不相容，又相互独立，则 $\min\{P(A),P(B)\}$ ________；

5. 每次试验的成功率为 $p(0<p<1)$，则3次独立重复试验中至少失败一次的概率为 ________.

三、计算解答题：（第1小题16分，第2、3小题各8分，第4小题18分，共50分）

1. 在20件产品中，有18件一等品，2件二等品，从中任取3件，求：

（1）3件中恰有1件二等品的概率；（2）3件都是一等品的概率.

2. 10把钥匙中有3把能打开门，今任取两把，求能打开门的概率.

3. 一批产品中，一、二、三等品的概率分别为0.8、0.16、0.04，若规定一、二等品为合格品，求产品的合格率.

4. 有两个口袋，甲袋中盛有两个白球、一个黑球，乙袋中盛有一个白球、两个黑球. 由甲袋任取一个球放入乙袋,再从乙袋中取出一个球,(1)求取到白球的概率;(2)若发现从乙袋中取出的是白球,则从甲袋中取出放入乙袋的球,黑、白哪种颜色可能性大?

随机变量的数字特征 任务二

前面我们学习了从静态的观点——用随机事件来描述随机现象,下面主要是从动态的观点——用数量来描述随机现象.随机变量是研究随机现象的一个很有效的工具,正是由于随机变量的引入,对随机现象的研究就更突出了数量这一特征,就可以借助微积分的知识、方法,更深入、细致地讨论问题,这样,概率论就从计算一些事件的概率发展成为一个更高的体系.

3-4 随机变量

创设情境

用概率论知识可以解决运筹学所要解决的有效运用人力、物力资源的问题.

案 例 某工厂的车间有80台同型车床,彼此独立工作,每台车床发生故障的概率都是0.01,设1台车床的故障可由1人维修.该车间提出两个维修的方案:(1)由1人负责维修20台车床;(2)若由3名维修工人共同负责维修80台车床,试分析哪一种方案管理经济效益更好一些.

任务导入 任务一:随机变量;

任务二:离散型随机变量;

任务三:连续性随机变量.

知识掌握

一、随机变量

(一)随机变量

定义1 在随机试验中,如果实验的结果可以用一个变量来表示,则这个变量称为随机变量. 随机变量常用希腊字母 ξ、η 或大写的英文字母 X、Y、Z 等表示.

例 1　一射手对一射击目标连续射击,试写出他命中目标次数的取值范围. 他命中目标的次数看作随机变量 ξ,则 ξ 的可能取值为 $0,1,2,\cdots$

例 2　测量某零件直径尺寸时产生的误差是随机的,试写出误差的取值范围. 测量误差的取值是一个区间,若用 ξ 表示测量误差,a,b 分别表示这个区间的下限和上限,则 ξ 的可能取值为 $a \leqslant \xi \leqslant b$.

例 3　抛掷一枚均匀的硬币可能出现正面,也可能出现反面.

设{试验结果出现正面} = $(\eta=1)$;{试验结果出现反面} = $(\eta=0)$. 记作

$$\eta=\begin{cases}1,\text{出现正面};\\0,\text{出现反面}.\end{cases}$$

因此,有些看起来与数值无关的随机现象,也常能联系数值进行描述:

$$\xi=\begin{cases}1,\text{若 } A \text{ 发生};\\0,\text{若 } A \text{ 不发生}.\end{cases}$$

例 4　设 T 表示所测试灯泡的寿命,则事件"灯泡寿命小于 500 小时",可用 $\{T<500\}$ 来表示.

例 5　从一批产品中,任意抽取 15 件检测,若用 X 表示检测的 15 件中的次品数. 这时"次品数不超过 4 件"及"至少有一件次品",就可分别用 $\{0 \leqslant X \leqslant 4\}$ 及 $\{1 \leqslant X \leqslant 15\}$ 来表示.

(二)随机变量的分类

随机变量按取值情况可分为离散型和非离散型两类.

随机变量的所有可能取值,可按一定次序一一列出,这样的随机变量叫离散型随机变量;随机变量的所有可能取值不能一一列出,这样的随机变量叫非离散型随机变量.

非离散型随机变量中最重要最常用的一类是连续型随机变量. 连续型随机变量的所有可能取值是某个区间内的全部实数. 例如某人在车站候车的时间;某个地区的人的身高;某型号电子管的使用寿命等. 下面只讨论离散型和连续型随机变量.

二、离散型随机变量

(一)离散型随机变量的概率分布

定义 2　设离散型随机变量 ξ 的全部可能取值为 $x_1, x_2, \cdots, x_k, \cdots$, ξ 取各个可能值相应概率的表达式

$$P(\xi=x_k)=p_k, k=1,2. \cdots$$

称为离散型随机变量 ξ 的概率分布(或分布列).

可将 ξ 的概率分布写成以下表格形式:

ξ	x_1	x_2	…	x_k	…
P	p_1	p_2	…	p_k	…

例 6　设袋中有 6 个球,其中 4 个黑球 2 个白球,从中任取两球,则取到的白球数 ξ 的概率分布为:

$$P(\xi=0)=\frac{C_4^2}{C_6^2}=\frac{2}{5},P(\xi=1)=\frac{C_2^1C_4^1}{C_6^2}=\frac{8}{15},P(\xi=2)=\frac{C_2^2}{C_6^2}=\frac{1}{15}.$$

或

ξ	0	1	2
P	$\frac{2}{5}$	$\frac{8}{15}$	$\frac{1}{15}$

例 7　在 $n=5$ 的伯努利试验中,设随机事件 A 在一次试验中出现的概率为 P,令 ξ 为 5 次试验中事件 A 出现的次数. 于是 ξ 的分布列为

$$P(\xi=k)=C_5^kp^k(1-p)^{5-k},k=0,1,2,3,4,5.$$

或

ξ	0	1	2	3	4	5
P	$(1-p)^5$	$5p(1-p)^4$	$10p^2(1-p)^3$	$10p^3(1-p)^2$	$5p^4(1-p)$	p^5

由概率的性质,任一离散型随机变量 ξ 的分布列都具有下述性质:

(1) $p_k\geqslant0,k=1,2,\cdots$;

(2) $\sum\limits_{k=1}^{\infty}p_k=1$.

例 8　设随机变量 ξ 的分布列为: $P(\xi=i)=c\left(\frac{1}{3}\right)^i,i=0,1,2,3$,求 c 的值.

解:由分布列的性质 $\sum\limits_{k=1}^{\infty}p_k=1$,即 $\sum\limits_{i=0}^{3}c\left(\frac{1}{3}\right)^i=1$,

所以 $c\left(1+\frac{1}{3}+\frac{1}{9}+\frac{1}{27}\right)=1$,即 $c=\frac{27}{40}$.

(二)几种常用的离散型随机变量的分布

1. 两点分布

设 ξ 的分布列为

ξ	1	0
P	p	$1-p$

称 ξ 服从两点分布或 0－1 分布. 产生两点分布的是伯努利试验. 当一次随机试验只有两种可能结果,就可由两点分布来描述. 如掷一枚硬币,观察哪面向上;向一目标射击一次,观察打中或打不中. 抽检一件产品,当检测结果是合格品,则令 $\xi=1$,当检测结果为不合格品,则令 $\xi=0$.

2. 二项分布

设随机变量 ξ 的分布列为 $P(\xi=k)=\mathrm{C}_n^k p^k q^{n-k}$,其中 $p+q=1,k=0,1,2,\cdots,n$,则称随机变量 ξ 服从参数为 n,p 的二项分布,记作 $\xi\sim B(n,p)$;由于公式 $\mathrm{C}_n^k p^k q^{n-k}$ 正好是二项式 $(p+q)^n$ 展开式中的通项,所以称 ξ 服从二项分布.

特别,$n=1$ 时的二项分布即为两点分布,即两点分布是二项分布在 $n=1$ 时的特例,记作 $\xi\sim B(1,p)$.

产生二项分布的是 n 重伯努利试验(独立试验序列概型),即将一个试验独立地重复进行 n 次,而每次试验只考虑事件 A 是否出现,则事件 A 出现的次数 $\xi\sim B(n,p)$.

例 9　设某车间有 20 台同型车床,如果每台车床的工作情况是相互独立的,且每台车床平均每小时开动 10 分钟. 令 ξ 表示该车间任一时刻处在工作状态的车床数,试求 ξ 的分布列.

解:任一时刻,我们对一台车床进行观察,其结果只有“工作”与“不工作”两种情况. 观察这 20 台车床,就相当于作一个 20 重伯努利试验. 由题意,每台车床处于“工作”状态的概率是 $p=\frac{10}{60}=\frac{1}{6}$,所以 $\xi\sim B(20,\frac{1}{6})$,其分布列为

$$P(\xi=k)=\mathrm{C}_{20}^k\left(\frac{1}{6}\right)^k\left(\frac{5}{6}\right)^{1-k},k=0,1,2,\cdots,20.$$

3. 泊松(Poisson)分布

观察电信局在单位时间内收到的呼唤次数,某公共汽车站在单位时间内来站乘车的乘客数等,可用变量 ξ 表示,实践表明 ξ 的统计规律近似地为

$$P(\xi=k)=\frac{\lambda^k}{k!}\mathrm{e}^{-\lambda},\text{其中 }\lambda>0\text{ 是某个常数},k=0,1,2,\cdots,$$

则称 ξ 服从参数为 λ 的泊松(Poisson)分布,记作 $\xi\sim P(\lambda)$.

泊松分布是 1837 年由法国数学家泊松引入的,是概率论中常用的分布之一. 通常把在一次试验中发生的可能性很小的事件称为小概率事件,一般来说,泊松分布常用以描述在 n 重伯努利试验中,某小概率事件在某段时间内出现的次数,而参数 λ 的实际意义是该小概率事件在某段时间内出现的平均次数. 例如,某段时间内某放射性物质放射出的粒子数、牧草种子中的杂草种子数、某页书上的印刷错误的个数、某匹布上的疵点的个数等都可认为服从或近似服从泊松分布.

在实际应用中,以 n,p 为参数的二项分布,当 n 较大,p 较小时(通常,要求 $n\geqslant10,p\leqslant$

0.1，$np \leqslant 5$)，就可近似看作以 $\lambda = np$ 为参数的泊松分布. 即

$$C_n^k p^k q^{n-k} \approx \frac{\lambda^k}{k!} e^{-\lambda}, \lambda = np.$$

泊松分布的概率计算，可查泊松分布表(见附表1).

案例的讨论解决

分析：要分析哪一种方案管理经济效益更好一些，首先分别求当车床发生故障时需要等待维修的概率. 由伯努利概型进行计算，泊松分布作为简化的近似计算，求得结果.

解：(1)由1人负责维修20台机床，在任一时刻观察20台车床是否发生故障，可看作是20重的伯努利试验. 于是，$\xi \sim B(20, 0.01)$，可近似认为 $\xi \sim P(0.2)$，所以当车床发生故障时需要等待维修的概率

$$P(\xi \geqslant 2) = 1 - P(\xi \leqslant 1)$$

$$\approx 1 - \sum_{k=0}^{1} \frac{(0.2)^k e^{-0.2}}{k!}$$

$$\approx 0.0175$$

(2)当由3人共同负责维修80台车床时，在任一时刻观察这80台车床是否发生故障，可看作是80重的伯努利试验. 于是，$\xi \sim B(80, 0.01)$，可近似认为 $\xi \sim P(0.8)$，所以当车床发生故障时需要等待维修的概率

$$P(\xi \geqslant 4) = 1 - P(\xi < 4)$$

$$\approx 1 - \sum_{k=0}^{3} \frac{(0.8)^k e^{-0.8}}{k!}$$

$$\approx 0.0091$$

由于 $0.0091 < 0.0175$，说明后一种方案不但每个人平均维修的车床台数有所增加，而且发生故障时需要等待维修的概率还大大减少，因此后者的管理经济效益显然要好一些.

同步练习 3-4-1

1. 下列各表中可作为某随机变量分布列的是(　　).

A.

ξ	0	1	2
p	0.5	0.2	-0.1

B.

ξ	0	1	2
p	$\frac{1}{3}$	$\frac{2}{5}$	$\frac{4}{15}$

C.

ξ	0	1	2
p	0.3	0.5	0.1

D.

ξ	0	1	2
p	$\frac{1}{2}$	$\frac{1}{3}$	$\frac{1}{4}$

2. 常用到的离散型分布有(　　).

A. 指数分布　　B. 正态分布

C. 泊松分布　　D. 均匀分布

3. 随机变量 ξ 的分布列为:

ξ	1	2	3	4	5
P	0.1	$2a$	0.5	a	0.1

则 $a=$ ________.

4. 掷一枚均匀色子,试写出点数 ξ 的概率分布列.

三、连续型随机变量

(一)连续型随机变量概率分布

定义 3　如果对于随机变量 ξ,存在一个非负可积函数 $f(x)$,使对于任意 $a,b(a<b)$,都有

$$P(a\leqslant\xi\leqslant b)=\int_a^b f(x)dx,$$

则称 ξ 为连续型随机变量. 其中 $f(x)$ 称为 ξ 的概率密度函数,简称概率密度或分布密度.

显然,概率密度函数 $f(x)$ 具有以下性质:

(1) 对 $\forall x\in(-\infty,+\infty)$, $f(x)\geqslant 0$;

(2) $\int_{+\infty}^{-\infty} f(x)dx=1$.

性质(1)、(2)说明概率密度曲线 $f(x)$ 在 x 轴上方,且整个曲线与 x 轴所围成图形的面积为 1.

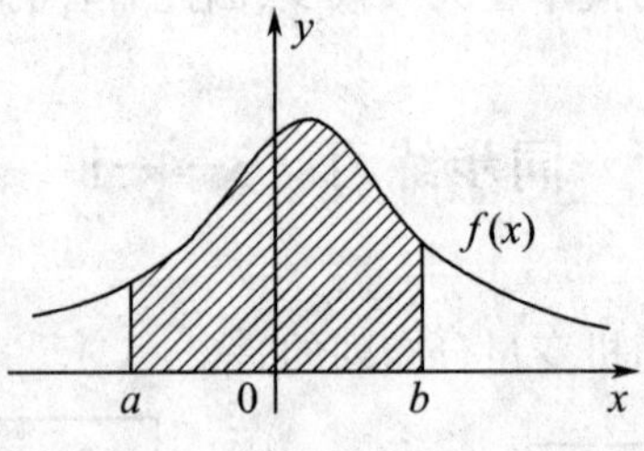

图 3-4-1

说明:(1) 连续型随机变量 ξ,由定积分的定义有 $P(\xi=x_0)=0$,即连续型随机变量在任意一点处的概率都是 0.

(2) 连续型随机变量 ξ 只讨论在某一区间取值的概率,而不必强调是开区间、闭区间或者半开半闭区间,即对于任意 $a,b(a<b)$,都有

$$P(a\leqslant\xi\leqslant b)=P(a<\xi\leqslant b)=P(a\leqslant\xi<b)=P(a<\xi<b)=\int_a^b f(x)dx.$$

例 10　设随机变量 ξ 的概率密度函数为 $f(x)=\dfrac{c}{1+x^2}, x\in(-\infty,+\infty)$,试求:

(1)常数 c;(2)$P(0\leqslant\xi<1)$;(3)$P\left(\dfrac{\sqrt{3}}{3}<\xi\leqslant\sqrt{3}\right)$.

解:(1)由概率密度函数的性质可知 $c\geqslant0$, $\int_{-\infty}^{+\infty}f(x)dx=1$,即

$$\int_{-\infty}^{+\infty}\frac{c}{1+x^2}dx=c\arctan x\Big|_{-\infty}^{+\infty}=c\pi=1,\text{所以 } c=\frac{1}{\pi},$$

于是概率密度函数为 $f(x)=\dfrac{1}{\pi(1+x^2)}, x\in(-\infty,+\infty)$.

(2)$P(0\leqslant\xi<1)=\displaystyle\int_0^1\frac{1}{\pi(1+x^2)}dx=\frac{1}{\pi}\arctan x\Big|_0^1=\frac{1}{4}$.

(3)$P\left(\dfrac{\sqrt{3}}{3}<\xi\leqslant\sqrt{3}\right)=\displaystyle\int_{\frac{\sqrt{3}}{3}}^{\sqrt{3}}\frac{1}{\pi(1+x)^2}dx=\frac{1}{\pi}\arctan x\Big|_{\frac{\sqrt{3}}{3}}^{\sqrt{3}}=\frac{1}{6}$.

例 11　设随机变量的概率密度函数为 $f(x)=\begin{cases}0, x\leqslant0,\\ ce^{-\lambda x}, x>0,\end{cases}\quad\lambda>0.$

试求:(1)常数 c;(2)$P(\xi\geqslant1)$.

解:(1)由概率密度函数的性质可知 $c\geqslant0$, $\int_{-\infty}^{+\infty}f(x)dx=1$,即

$$\int_{-\infty}^{+\infty}f(x)dx=\int_0^{+\infty}ce^{-\lambda x}dx=c\frac{1}{-\lambda}\int_0^{+\infty}e^{-\lambda x}d(-\lambda x)=c\cdot\frac{1}{-\lambda}e^{-\lambda x}\Big|_0^{+\infty}=c\cdot\frac{1}{\lambda}=1,$$

所以 $c=\lambda$,

于是概率密度函数为 $f(x)=\begin{cases}0, x\leqslant0,\\ \lambda e^{-\lambda x}, x>0.\end{cases}$

(2)$P(\xi\geqslant1)=\displaystyle\int_1^{+\infty}f(x)dx=\int_1^{+\infty}\lambda e^{-\lambda x}dx=-\int_1^{+\infty}e^{-\lambda x}d(-\lambda x)=-e^{-\lambda x}\Big|_1^{+\infty}=e^{-\lambda}$.

(二)几种常用的连续型随机变量的分布

1. 均匀分布

定义 4　设随机变量 ξ 的概率密度函数为

$$f(x)=\begin{cases}\dfrac{1}{b-a}, a\leqslant x\leqslant b,\\ 0,\text{其他},\end{cases}$$

则称 ξ 服从区间 $[a,b]$ 上的均匀分布,记作 $\xi\sim U[a,b]$.

一般地,若 $\xi\sim U[a,b]$,对 $\forall[a_1,b_1]\subset[a,b]$,则有

$$P(a_1 \leqslant \xi \leqslant b_1) = \int_{a_1}^{b_1} \frac{1}{b-a} dx = \frac{b_1 - a_1}{b-a},$$

这表明 ξ 落在 $[a,b]$ 内任一子区间上取值的概率与该小区间的长度成正比，而与子区间的位置无关，说明概率分布是均匀的，故称均匀分布.

例如向区间 $[a,b]$ 上均匀投掷随机点，则随机点的坐标 ξ 服从 $[a,b]$ 上的均匀分布.

在研究等待时间的分布时，也常使用均匀分布；若每隔一定的时间 m 有一辆公交车通过某车站，任一随机到达车站的乘客，其候车时间 T 一般可认为服从区间 $[0,m]$ 上的均匀分布.

例 11　设某公交车站每 10 分钟来一班车，某乘客到达该站的时间是任意的，求他的候车时间不超过 4 分钟的概率.

解：设 ξ 表示"候车时间"，则 $\xi \sim U(0,10)$，

$$f(x) = \begin{cases} \dfrac{1}{10}, 0 \leqslant x \leqslant 10, \\ 0, \text{其他}, \end{cases}$$

于是 $P(X \leqslant 4) = \int_0^4 \frac{1}{10} dt = \frac{1}{10} t \Big|_0^4 = \frac{2}{5}$.

2. 指数分布

定义 5　若随机变量 ξ 的概率密度函数为 $f(x) = \begin{cases} \lambda e^{-\lambda x}, x > 0, \\ 0, x \leqslant 0, \end{cases}$ 则称 ξ 服从参数为 λ 的指数分布，记作 $\xi \sim E(\lambda)$.

指数分布常用来描述某些电子元器件、某些微生物、某些易损物品的寿命等. 指数分布中参数 λ 的倒数 $\frac{1}{\lambda}$ 的实际意义是寿命的平均值.

例 12　假定打一次电话所用的时间 ξ（单位：分）服从参数 $\lambda = \frac{1}{10}$ 的指数分布，试求在排队打电话的人中，后一个人等待前一个人的时间(1)超过 10 分钟的概率；(2)10 分钟到 20 分钟之间的概率.

解：由题设知 $\xi \sim E(\frac{1}{10})$，故所求概率为

(1) $P(\xi > 10) = e^{-\frac{1}{10} \times 10} = e^{-1} \approx 0.368$；

(2) $P(10 < \xi < 20) = e^{-\frac{1}{10} \times 10} - e^{-\frac{1}{10} \times 20} = e^{-1} - e^{-2} \approx 0.233$.

3. 正态分布

定义 6　若随机变量 ξ 的概率密度函数为

$$f(x) = \frac{1}{\sigma \sqrt{2\pi}} e^{-\frac{(x-\mu)^2}{2\sigma^2}}, -\infty < x < +\infty,$$

则称 ξ 服从参数为 μ,σ 的正态分布，记为 $\xi \sim N(\mu,\sigma^2)$.

正态分布又称为高斯分布，由德国数学家高斯（Gauss）引入了这种分布.

正态分布的概率密度函数 $f(x)$ 的图像是一条钟形曲线，称之为正态曲线（见图 3－4－2）.

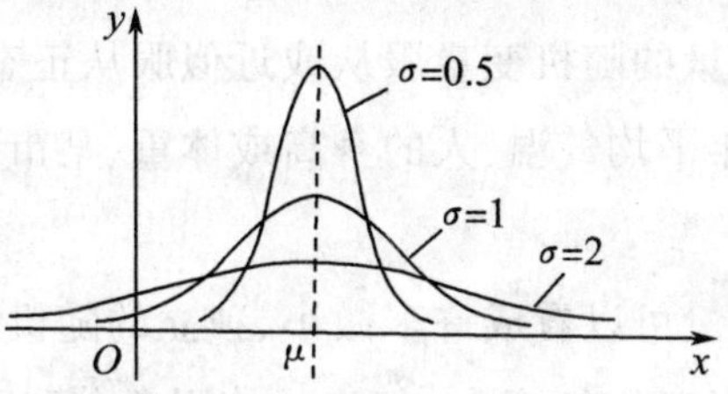

图 3－4－2

正态曲线 $y=f(x)$ 具有如下性质：

（1）曲线关于直线 $x=\mu$ 对称；

（2）当 $x=\mu$ 时，$f(x)$ 达到最大值 $\dfrac{1}{\sigma\sqrt{2\pi}}$；

（3）曲线以 x 轴为其渐近线；

（4）当 $x=\mu\pm\sigma$ 时，曲线有拐点；

（5）若固定 σ，改变 μ 的值，则曲线的位置沿 x 轴平移，曲线形状不发生改变；

（6）若固定 μ，改变 σ 的值，σ 越小，曲线的峰顶越高，曲线越陡峭；σ 越大，曲线的峰顶越低，曲线越平坦.

说明：（1）正态变量取值的特征概括为三句话："中间大，两头小，且对称".

（2）正态分布的参数 σ 的大小表示正态变量取值的集中或分散程度，σ 越大，其取值也就越分散；而 μ 则反映了正态变量的平均取值及取值的集中位置. μ 和 σ^2 分别是正态分布的均值与方差.

定义 7　称 $\mu=0,\sigma=1$ 的正态分布为标准正态分布，记为 $\xi \sim N(0,1)$.

它的概率密度函数记为 $\varphi(x)=\dfrac{1}{\sqrt{2\pi}}e^{-\frac{x^2}{2}}$.

显然，标准正态分布曲线 $\varphi(x)$ 关于 $x=0$ 对称.（见图 3－4－3）

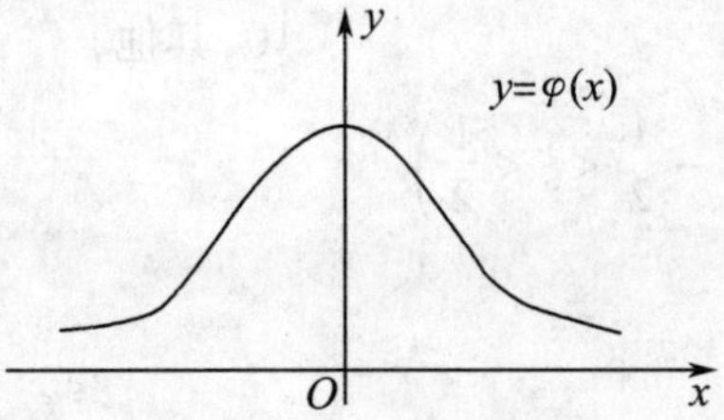

图 3－4－3

由于 $\int_{-\infty}^{+\infty} \varphi(x)\,dx = 1$,所以根据标准正态曲线的对称性,很容易得到

$$P(\xi<0)=P(\xi>0)=0.5,$$
$$P(\xi<-a)=P(\xi>a).$$

自然和社会现象中,大量的随机变量服从或近似服从正态分布. 例如,各种产品的质量指标、某地区年降雨量、年平均气温、人的身高或体重、某市一天的用电量、某班的考试成绩等.

实践经验表明,当一个量可以看成许多微小、独立的随机因素作用的总结果时,这个量一般都服从或近似服从正态分布. 例如,灯泡的使用寿命受原料、工艺、保管、使用环境、电压等因素的影响,而每种因素在正常状态下,都不会对灯泡的使用寿命产生真正的影响作用,因此灯泡的使用寿命在正常状态下服从正态分布,这也是正态分布名称的缘由.

同步练习 3-4-2

1. $f(x)$ 为 ξ 的概率密度函数,则 $\int_{-\infty}^{+\infty} f(x)\,dx=$ ________.

2. ξ 的概率密度函数为 $f(x)=\begin{cases}2x, 0\leqslant x\leqslant 1,\\ 0, \text{其他},\end{cases}$ 则 $P\left(0\leqslant\xi\leqslant\frac{1}{2}\right)=$ ________.

3. 常用到的连续型分布有(　　).

A. 两点分布　　　　B. 正态分布

C. 泊松分布　　　　D. 二项分布

4. 设随机变量 ξ 的密度函数是

$$f(x)=\begin{cases}Cx, 0\leqslant x\leqslant 1,\\ 0, \text{其他},\end{cases}$$

求:(1)常数 C;(2)$P(0.3<\xi<0.7)$;(3)$P(0.5<\xi<1.2)$.

5. 设随机变量 X 的概率密度函数是 $f(x)=\begin{cases}\dfrac{k}{\sqrt{1-x^2}}, |x|<1,\\ 0, \text{其他},\end{cases}$

求:(1)系数 k;(2)$P\left(-\frac{1}{2}<\xi<\frac{1}{2}\right)$.

3-5 企业质量管理的原则

创设情境

企业质量管理中经常使用 3σ 原则，即落在区间 $(\mu-3\sigma,\mu-3\sigma)$ 内的概率为 99.74%，这一重要特性可作为过程质量控制的重要依据. 这意味着在1000次中实验中，所测得的特性超过 $\pm3\sigma$ 的范围而落到分布曲线两端尾部的情况之外的数值的可能性微乎其微(只有0.0026). 如果这种小概率事件竟然在一次试验中发生了，则有理由怀疑生产发生了质量问题，需要及时检查、调整.

案 例 某生产线中袋装盐的质量 ξ 服从均值 μ 为 1000g，方差 σ^2 为 20^2g 的正态分布，即 $\xi\sim N(1000,20^2)$，现对袋装盐的质量进行抽查，发现有一袋盐质量为 1080g，问：是否有理由怀疑生产线存在故障？需要检修吗？

任务导入 任务一：分布函数；

任务二：离散型随机变量的分布函数；

任务三：连续性随机变量的分布函数.

知识掌握

一、分布函数

(一)分布函数的定义

定义 设 ξ 是任一随机变量(离散型或非离散型)，称定义在 $(-\infty,+\infty)$ 上的实数函数 $F(x)=P(\xi<x)$ 为随机变量 ξ 的分布函数.

说明：$F(x)$ 是定义域为 $\mathbf{R}$，值域为 $[0,1]$ 的函数. 它的引入将概率问题转化为函数问题来研究.

(二)分布函数的性质

(1)非负性：$0\leqslant F(x)\leqslant1, x\in(-\infty,+\infty)$；

(2)单调性：若 $x_1<x_2$，则 $F(x_1)\leqslant F(x_2)$；

(3)极限性：$\lim\limits_{x\to-\infty}F(x)=F(-\infty)=0$，$\lim\limits_{x\to+\infty}F(x)=F(+\infty)=1$.

分布函数 $F(x)$ 的值表示随机变量 ξ 在区间 $(-\infty,x]$ 上取值的"累积概率". 对于任意实数 $a<b$ 有

$$P(a\leqslant\xi<b)=P(\xi<b)-P(\xi<a)=F(b)-F(a),P(\xi\geqslant b)=1-F(b).$$

即由分布函数 $F(x)$ 可以求出 x 在任意区间内取值的概率.

例1　设随机变量 ξ 的分布函数为 $F(x)=A+B\arctan x,x\in(-\infty,+\infty)$,

求(1)常数 A,B;(2)$P(0\leqslant\xi<1)$.

解:(1)由极限性 $\begin{cases}F(+\infty)=1,\\F(-\infty)=0\end{cases}$ 得 $\begin{cases}A+B\cdot\dfrac{\pi}{2}=1,\\A-B\cdot\dfrac{\pi}{2}=0,\end{cases}$ 从而解得 $\begin{cases}A=\dfrac{1}{2},\\B=\dfrac{1}{\pi},\end{cases}$

于是 $F(x)=\dfrac{1}{2}+\dfrac{1}{\pi}\cdot\arctan x,x\in(-\infty,+\infty)$.

(2)$P(0\leqslant\xi<1)=F(1)-F(0)=\dfrac{1}{2}+\dfrac{1}{\pi}\arctan1-\dfrac{1}{2}-\dfrac{1}{\pi}\arctan0=\dfrac{1}{4}$.

例2　设随机变量 ξ 的分布函数为 $F(x)=\begin{cases}0,x\leqslant0,\\x^2,0<x<1,\\1,x\geqslant1,\end{cases}$

求 $P\left(-2\leqslant\xi<\dfrac{1}{2}\right)$.

解:$P\left(-2\leqslant\xi<\dfrac{1}{2}\right)=F\left(\dfrac{1}{2}\right)-F(-2)=\left(\dfrac{1}{2}\right)^2-0=\dfrac{1}{4}$.

二、离散型随机变量的分布函数

定义　设 ξ 为一个离散型随机变量,它的分布列为 $P(\xi=x_k)=p_k,k=1,2,\cdots$,则 ξ 的分布函数为

$$F(x)=P(\xi<x)=\sum_{x_k<x}P(\xi=x_k)=\sum_{x_k<x}p_k.$$

例1　设随机变量 ξ 的分布列为

ξ	-2	1	2
P	$\frac{1}{3}$	$\frac{1}{2}$	$\frac{1}{6}$

试求:(1)ξ 的分布函数 $F(x)$;

(2)$P(\xi<0),P\left(-1\leqslant\xi<\dfrac{5}{4}\right),P\left(\xi\geqslant\dfrac{3}{5}\right)$.

解:(1)因为 ξ 的可能取值 $-2,1,2$ 将 $(-\infty,+\infty)$ 分成了四部分,所以分以下四种情况来讨论 $F(x)$ 的取值:

当 $x\leqslant-2$ 时,$F(x)=P(\xi<x)=0$;

当 $-2<x\leqslant 1$ 时，$F(x)=P(\xi<x)=P(\xi=-2)=\frac{1}{3}$；

当 $1<x\leqslant 2$ 时，$F(x)=P(\xi<x)=P(\xi=-2)+P(\xi=1)=\frac{1}{3}+\frac{1}{2}=\frac{5}{6}$；

当 $x>2$ 时，$F(x)=P(\xi<x)=P(\xi=-2)+P(\xi=1)+P(\xi=2)=\frac{1}{3}+\frac{1}{2}+\frac{1}{6}=1$，

因此，ξ 的分布函数 $F(x)$ 为

$$F(x)=\begin{cases}0, x\leqslant -2,\\ \frac{1}{3}, -2<x\leqslant 1,\\ \frac{5}{6}, 1<x\leqslant 2,\\ 1, x>2.\end{cases}$$

注意：从上面求 $F(x)$ 的过程看出，$F(x)$ 的值不是 ξ 取值于 x 的概率，而是 ξ 取那些不超过 x 的所有可能值的累积概率，因此也称 ξ 的分布函数为 ξ 的累积分布律.

(2) $P(\xi<0)=F(0)=\frac{1}{3}$；

$P\left(-1\leqslant\xi<\frac{5}{4}\right)=F\left(\frac{5}{4}\right)-F(-1)=\frac{5}{6}-\frac{1}{3}=\frac{1}{2}$；

$P\left(\xi\geqslant\frac{3}{5}\right)=1-P(\xi<\frac{3}{5})=1-F\left(\frac{3}{5}\right)=1-\frac{1}{3}=\frac{2}{3}$.

三、连续型随机变量的分布函数

(一)定义

连续型随机变量 ξ 的分布函数为 $F(x)=P(\xi<x)=\int_{-\infty}^{x}f(x)dx$.

其中 $f(x)$ 是随机变量 ξ 的概率密度函数，由微积分知识，$F(x)$ 在 $(-\infty,+\infty)$ 上连续，并且 $f'(x)=f(x)$，即概率密度函数是分布函数的导数，而分布函数是概率密度函数的一个原函数.

注意：$F(x)$ 是一个变上限定积分函数，积分变量可以用任意字母代替. 如

$$F(x)=P(\xi<x)=\int_{-\infty}^{x}f(t)dt.$$

(二)几种常用连续型随机变量的分布函数

1. 均匀分布

例 2　设随机变量 ξ 服从区间 $[a,b]$ 上的均匀分布，ξ 的概率密度函数为

$$f(x)=\begin{cases}\dfrac{1}{b-a},a\leqslant x\leqslant b,\\0,其他,\end{cases}$$ 求 ξ 的分布函数.

解:(1)因为 ξ 的可能取值 a,b 将 $(-\infty,+\infty)$ 分成了三部分,故分以下三种情况来讨论 $F(x)$ 的取值:

当 $x\leqslant a$ 时, $F(x)=P(\xi<x)=\int_{-\infty}^{x}f(t)dt=\int_{-\infty}^{x}0dt=0$;

当 $a<x\leqslant b$ 时,

$$F(x)=P(\xi<x)=\int_{-\infty}^{x}f(t)dt=\int_{-\infty}^{a}0dt+\int_{a}^{x}\frac{1}{b-a}dt=\frac{1}{b-a}t\Big|_a^x=\frac{x-a}{b-a};$$

当 $x>b$ 时,

$$F(x)=P(\xi<x)=\int_{-\infty}^{x}f(t)dt=\int_{-\infty}^{a}0dt+\int_{a}^{b}\frac{1}{b-a}dt+\int_{b}^{x}0dt=\frac{1}{b-a}t\Big|_a^b=\frac{b-a}{b-a}=1.$$

即 $\xi\sim U[a,b]$,则其分布函数为

$$F(x)=\begin{cases}0,x\leqslant a,\\\dfrac{x-a}{b-a},a<x\leqslant b,\\1,x>b.\end{cases}$$

2. 正态分布

若 $\xi\sim N(\mu,\sigma^2)$,则其分布函数为 $F(x)=\int_{-\infty}^{x}\frac{1}{\sigma\sqrt{2\pi}}e^{-\frac{(t-\mu)^2}{2\sigma^2}}dt$.

特别地,当 ξ 服从标准正态分布,即 $\xi\sim N(0,1)$ 时,其分布函数用规定的符号记为

$$\Phi(x)=\int_{-\infty}^{x}\frac{1}{\sqrt{2\pi}}e^{-\frac{t^2}{2}}dt$$

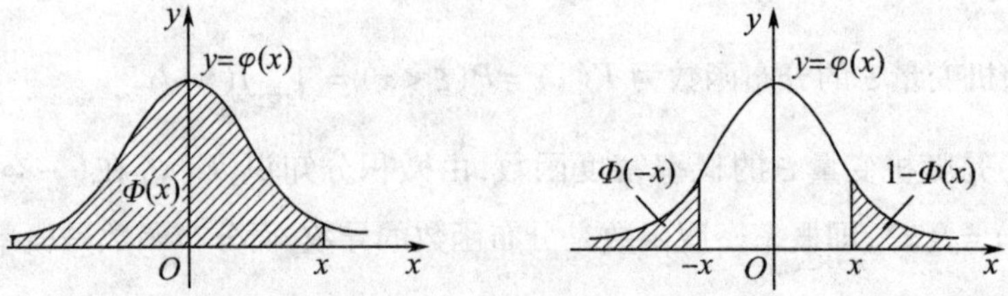

图 3－5

显然, $\Phi(-x)=1-\Phi(x)$, $\Phi(0)=\frac{1}{2}$.

(1)标准正态分布的概率计算

若已知 $\xi\sim N(0,1)$,其分布函数为 $\Phi(x)=P(\xi<x)$,其分布函数值的计算可以从已经编制好的分布函数值表——标准正态分布表(见附表 2)上查得.

(2)标准正态分布概率计算中的常用公式

①$P(\xi \leqslant a)=P(\xi<a)=\Phi(a)$;

②$P(\xi \geqslant a)=P(\xi>a)=1-\Phi(a)$;

③$P(a \leqslant \xi \leqslant b)=P(a<\xi \leqslant b)=P(a \leqslant \xi<b)=P(a<\xi<b)=\Phi(b)-\Phi(a)$;

④$P(|\xi| \leqslant a)=P(|\xi|<a)=\Phi(a)-\Phi(-a)=2\Phi(a)-1 \quad (a>0)$;

⑤$P(|\xi| \geqslant a)=P(|\xi|>a)=1-P(|\xi| \leqslant a)=2[1-\Phi(a)] \quad (a>0)$.

例3　设$\xi \sim N(0,1)$,求(1)$P(1 \leqslant \xi \leqslant 2.5)$;(2)$P(|\xi|<1)$;(3)$P(|\xi| \geqslant 2)$.

解:(1)$P(1 \leqslant \xi \leqslant 2.5)=\Phi(2.5)-\Phi(1)=0.9938-0.8413=0.1525$;

(2)$P(|\xi|<2)=2\Phi(2)-1=2 \times 0.9772-1=0.9544$;

(3)$P(|\xi| \geqslant 1)=2[1-\Phi(1)]=2(1-0.8413)=0.3174$.

(3)一般正态分布可将其标准化为标准正态分布后再计算.

定理:若随机变量$\xi \sim N(\mu,\sigma^2)$,则$\eta=\dfrac{\xi-\mu}{\sigma} \sim N(0,1)$.

证明:因为η的分布函数

$$F(x)=P(\eta<x)=P\left(\frac{\xi-\mu}{\sigma}<x\right)=P(\xi<\sigma x+\mu)=\int_{-\infty}^{\sigma x+\mu} \frac{1}{\sqrt{2\pi}\sigma} e^{-\frac{(t-\mu)^2}{2\sigma^2}} dt$$

$$\xlongequal{令 u=\frac{t-\mu}{\sigma}} \int_{-\infty}^{x} \frac{1}{\sqrt{2\pi}} e^{-\frac{u^2}{2}} du=\Phi(x),$$

所以$\eta=\dfrac{\xi-\mu}{\sigma} \sim N(0,1)$.

通常把$\eta=\dfrac{\xi-\mu}{\sigma}$称为$\xi$的标准化随机变量.

(4)常用公式

若随机变量$\xi \sim N(\mu,\sigma^2)$,则

①$P(\xi \leqslant x)=P\left(\dfrac{\xi-\mu}{\sigma} \leqslant \dfrac{x-\mu}{\sigma}\right)=\Phi\left(\dfrac{x-\mu}{\sigma}\right)$;

②$P(a \leqslant \xi \leqslant b)=P\left(\dfrac{a-\mu}{\sigma} \leqslant \dfrac{\xi-\mu}{\sigma} \leqslant \dfrac{b-\mu}{\sigma}\right)=\Phi\left(\dfrac{b-\mu}{\sigma}\right)-\Phi\left(\dfrac{a-\mu}{\sigma}\right)$.

例4　设$\xi \sim N(1,4)$,求(1)$P(0 \leqslant \xi \leqslant 2.8)$;(2)$P(\xi>6)$.

解:(1)$P(0 \leqslant \xi \leqslant 2.8)=\Phi\left(\dfrac{2.8-1}{2}\right)-\Phi\left(\dfrac{0-1}{2}\right)=\Phi(0.9)-\Phi(-0.5)$

$=\Phi(0.9)-[1-\Phi(0.5)]=0.8159-(1-0.6915)=0.5074$;

(2)$P(\xi>6)=1-P(\xi \leqslant 6)=1-\Phi\left(\dfrac{6-1}{2}\right)=1-\Phi(2.5)=1-0.9938=0.0062$.

例5　设人的身高(单位:米)$\xi \sim N(1.75,0.05^2)$,试问公共汽车的门应至少设计多

高，才能使上下车需要低头的人不超过0.5%.

解：设公共汽车的门高为h，由题意

$$P(\xi>h)=1-P(\xi\leqslant h)=1-\Phi\left(\frac{h-1.75}{0.05}\right)\leqslant 0.5\%,$$

所以 $\Phi\left(\frac{h-1.75}{0.05}\right)\geqslant 0.995$,

查表得 $\frac{h-1.75}{0.05}\geqslant 2.58$,

所以 $h\geqslant 1.879$,

即车门高度取1.9米就可以了.

例6 设$\xi\sim N(\mu,\sigma^2)$，求(1)$P(|\xi-\mu|<\sigma)$；(2)$P(|\xi-\mu|<2\sigma)$；(3)$P(|\xi-\mu|<3\sigma)$；(4)$P(|\xi-\mu|<6\sigma)$.

解：(1)$P(|\xi-\mu|<\sigma)=P(\mu-\sigma<\xi<\mu+\sigma)=P\left(-1<\frac{\xi-\mu}{\sigma}<1\right)$

$=\Phi(1)-\Phi(-1)=2\Phi(1)-1=0.6826$;

(2)$P(|\xi-\mu|<2\sigma)=\Phi(2)-\Phi(-2)=2\Phi(2)-1=0.9554$;

(3)$P(|\xi-\mu|<3\sigma)=\Phi(3)-\Phi(-3)=2\Phi(3)-1=0.9974$;

(4)$P(|\xi-\mu|<6\sigma)=\Phi(6)-\Phi(-6)=2\Phi(6)-1=0.9999966$.

一般地$P(|\xi-\mu|<k\sigma)=\Phi(k)-\Phi(-k)=2\Phi(k)-1$，这个概率与$\sigma$无关.

由此例看出，正态变量ξ的取值大部分都落在区间$(\mu-\sigma,\mu-\sigma)$内，基本上都落在区间$(\mu-2\sigma,\mu-2\sigma)$内，几乎全部落在区间$(\mu-3\sigma,\mu-3\sigma)$内. 从理论上讲，正态变量$\xi$的可能取值范围是$(-\infty,+\infty)$，但实际上，$\xi$取区间$(\mu-3\sigma,\mu-3\sigma)$之外的数值的可能性微乎其微（只有0.0026），一般可以忽略不计.

案例的讨论解决

分析：由正态分布的“3σ原则”，袋装盐质量应以概率99.74%，几乎以1的概率落在$(1000-3\times20,1000+3\times20)$之间，即(940,1060)之内，现在被抽取的这袋盐为1080g，落在此区间的外部，即小概率事件竟然在一次试验中发生了，所以我们有理由怀疑该生产线发生了故障，需要检修.

随着现代科学技术和管理水平的飞速发展和进步，为了进一步改善产品的质量，降低成本，提高顾客的满意度，20世纪80年代中期以来，由美国摩托罗拉公司首创，并在通用电气、海尔等世界级企业得到成功应用的6σ管理，目前正在生产制造业和服务业等行业中得到广泛应用. 而6σ管理是要求随机变量在每百万次机会当中，出现缺陷或失误的个数不能多于3.4次，推行6σ管理就是通过设计和监控过程，将可能的失误减少到最低限度，减少波动，从而使质量与效率最高,成本最低,过程的周期最短,利润最大,全方位地使顾客满意.它是一种管理的最优标准和理念,更是一项突出追求超严格质量和总体优化的系统工程.

同步练习 3-5

1. 设随机变量 ξ 的分布函数是 $F(x)$,概率密度是 $f(x)$,则两者的关系是(　　).
A. $f'(x)=f(x)$　　B. $f'(x)=F(x)$　　C. $F(x)=f(x)$　　D. 二者无关
2. 已知 $\Phi(1.65)=0.9505$,则 $\Phi(-1.65)=$(　　).
A. 0.9505　　B. 0.0495　　C. −0.0495　　D. −0.9505
3. $\Phi(0)=$(　　).
A. 0　　B. 0.5　　C. 0.9　　D. 1
4. 若 $\xi\sim N(1,2^2)$,则 $\eta=$ ________ $\sim N(0,1)$.
5. 设 $\xi\sim N(0,1)$,求(1)$P(\xi<0.5)$;(2)$P(\xi<-0.8)$;(3)$P(\xi>0.6)$;(4)$P(|\xi|<1.6)$.
6. 设 $\xi\sim N(10,4)$,求(1)$P(10<\xi<13)$;(2)$P(\xi>12)$.

3-6 生产的平均收益和风险

创设情境

随机变量的数学期望体现了随机变量取值的平均水平,例如:要比较不同班级的学习成绩通常就是比较考试中的平均成绩,而在检查棉花质量时非常关心的是棉花纤维的平均长度等.随机变量的方差体现了随机变量的取值偏离平均值的离散程度.

案　例　下面是一个风险型决策方面的例子:

有一项工程,施工人员需要决定在未来30天内是否开工.如果开工后天气好,则可如期完工,获利50万元.如果天气坏,则会造成损失10万元.假如不开工,天气不论好坏,都要付出窝工费而损失1万元.根据过去天气的统计资料,预测未来30天内好天气的概率为0.2,坏天气的概率为0.8,为使利润最大,平均收益最大,风险损失最小,决策人在开工不开工两个方案中应选择哪一个?

任务导入　任务一:随机变量的数学期望;
任务二:随机变量的方差;
任务三:常用分布的数学期望与方差.

知识掌握

一、随机变量的数学期望

(一)离散型随机变量的数学期望

定义1 设离散型随机变量ξ的概率分布为

$$P(\xi=x_k)=p_k, k=1,2,\cdots,$$

当$\sum_k |x_k| p_k < +\infty$时,则称和数$\sum_k x_k p_k$为离散型随机变量$\xi$的数学期望(均值),记为

$$E\xi=\sum_k x_k p_k;$$

若$\sum_k |x_k| p_k = +\infty$,则称$\xi$的数学期望不存在.

说明:数学期望称为均值.但是随机变量取什么值在试验前是不能确定的,所以数学期望也只是一种“期望”而已.

定义2 设有两个随机变量ξ、η,$\eta=g(\xi)$,若ξ是离散型随机变量,其概率分布为

$$P(\xi=x_k)=p_k \quad k=1,2,\cdots,$$

则η的数学期望为

$$E\eta=E[g(\xi)]=\sum_k g(x_k)p_k.$$

例1 已知随机变量ξ的分布列如下表,求ξ的数学期望$E\xi$,$E\xi^2$

ξ	−2	−1	0	1	2	3
P	0.1	0.2	0.3	0.2	0.1	0.1

解:$E\xi=\sum_k x_k p_k$

$=(-2)\times 0.1+(-1)\times 0.2+0\times 0.3+1\times 0.2+2\times 0.1+3\times 0.1=0.3;$

$E\xi^2=\sum_k x_k^2 p_k$

$=(-2)^2\times 0.1+(-1)^2\times 0.2+0^2\times 0.3+1^2\times 0.2+2^2\times 0.1+3^2\times 0.1$

$=2.1.$

例2 设随机变量ξ的分布列为

ξ	−1	0	2
P	0.3	0.4	0.3

试求$E\xi$,$E(2\xi^2+4)$.

解:$E\xi=\sum_k x_k p_k=(-1)\times 0.3+0\times 0.4+2\times 0.3=0.3;$

$E(2\xi^2+4)=[2(-1)^2+4]\times 0.3+(2\times 0^2+4)\times 0.4+(2\times 2^2+4)\times 0.3=7.0.$

案例的讨论解决

分析:不论施工人员开工还是不开工都会承担一定的风险,所以这种决策问题属于风险型决策问题.由于开工或不开工都有获益和损失两种结果,事前是无法确定的,把两者同时考虑,则损益值可以看成是一个随机变量 ξ.

解:若决定开工,则 ξ 的分布列如下

ξ	50	-10
P	0.2	0.8

$E\xi=\sum_k x_k p_k=50\times0.2+(-10)\times0.8=2$(万元).

若决定不开工,则 ξ 的分布列如下

ξ	-1	-1
P	0.2	0.8

$E\xi=\sum_k x_k p_k=(-1)\times0.2+(-1)\times0.8=-1$(万元).

将两种方案的数学期望(这里称损益期望值)进行比较,可以看出决策人用"开工"方案比较合理.

(二)连续性随机变量的数学期望

定义 3　设连续型随机变量 ξ 的密度函数为 $f(x)$,当 $\int_{-\infty}^{+\infty}|x|f(x)dx<+\infty$ 时,则称积分 $\int_{-\infty}^{+\infty}x\cdot f(x)dx$ 为连续型随机变量 ξ 的数学期望,记为:

$$E\xi=\int_{-\infty}^{+\infty}x\cdot f(x)dx.$$

当 $\int_{-\infty}^{+\infty}|x|f(x)dx=+\infty$ 时,则称 ξ 的数学期望不存在.

定义 4　设有两个随机变量 ξ、η,$\eta=g(\xi)$,若 ξ 是连续型随机变量,其密度函数为 $f(x)$,则 η 的数学期望为

$$E\eta=E[g(\xi)]=\int_{-\infty}^{+\infty}g(x)\cdot f(x)dx.$$

例 3　已知随机变量 ξ 的概率密度为

$$f(x)=\begin{cases}\dfrac{1}{2\sqrt{x}},0<x<1,\\ 0,\text{其他},\end{cases}$$

求 ξ 的数学期望 $E\xi$ 及 $\eta=\sqrt{\xi}$ 的数学期望.

解：$E\xi=\int_{-\infty}^{+\infty}x\cdot f(x)dx=\int_{0}^{1}\frac{x}{2\sqrt{x}}dx=\frac{1}{3}x^{\frac{3}{2}}\Big|_{0}^{1}=\frac{1}{3}$；

$$E\eta=\int_{-\infty}^{+\infty}\sqrt{x}\cdot f(x)dx=\int_{0}^{1}\frac{\sqrt{x}}{2\sqrt{x}}dx=\frac{1}{2}x\Big|_{0}^{1}=\frac{1}{2}.$$

例 4　某种电子元器件的使用寿命的概率密度为

$$f(x)=\begin{cases}e^{\frac{-x^2}{2000}}, x\geqslant 0,\\ 0, x<0,\end{cases}$$

试求该电子元器件的平均使用寿命(小时).

解：$E\xi=\int_{-\infty}^{+\infty}x\cdot f(x)dx=\int_{0}^{+\infty}xe^{\frac{-x^2}{2000}}dx=-1000\int_{0}^{+\infty}e^{\frac{-x^2}{2000}}d\left(\frac{-x^2}{2000}\right)$

$$=-1000e^{\frac{-x^2}{2000}}\Big|_{0}^{+\infty}=1000(\text{小时}),$$

该电子元器件的平均使用寿命为 1000 小时.

(三)数学期望的性质

数学期望是随机变量的一个重要特征，下面所列的性质在计算数学期望时经常用到.

设 ξ 为随机变量，c,b 为常数，

(1) $E(c)=c$；

(2) $E(c\xi)=cE(\xi)$；

(3) $E(c\xi+b)=cE(\xi)+b$；

(4) 对任意两个随机变量 ξ,η，有 $E(\xi+\eta)=E\xi+E\eta$.

二、随机变量的方差

例如，用两把不同的量具测量同一零件的长度，分别测量四次，得到如下两组结果(单位：毫米)：

第一把量具	10.5	10	9.7	9.8
第二把量具	10.1	9.9	10	10

计算两组数据的平均值都为 10，即两把量具测得的平均长度都是 10 毫米，但由表中数据可看出，第二把量具测得的数据比较集中在 10 毫米左右，而第一把量具测得的数据却比较分散，故可以认为第二把量具的测量结果比第一把量具的精密度高，这个例子说明研究实际数据与其平均值的偏差程度是很有必要的.

对于随机变量 ξ，经常需要研究其取值相对于均值 $E\xi$ 的偏差程度，通常用 $(\xi-E\xi)^2$ 来计算与 $E\xi$ 的偏差，这里取平方的目的是要避免出现正负偏差相互抵消. 因为不论是正

偏差大还是负偏差大,同样都是偏离程度大. 另外,由于$(\xi-E\xi)^2$也是一个随机变量,所以用它的均值$E(\xi-E\xi)^2$作为ξ取值时以$E\xi$为中心的偏差整体指标是合适的,这就是方差概念的实际意义.

(一)方差的定义

定义　设ξ是一个随机变量,若数学期望$E(\xi-E\xi)^2$存在,则称$E(\xi-E\xi)^2$为随机变量ξ的方差. 记为

$$D\xi=E(\xi-E\xi)^2.$$

对于离散型随机变量ξ,如果其概率分布为$P(\xi=x_k)=p_k,k=1,2,\cdots$,则$\xi$的方差为

$$D\xi=E(\xi-E\xi)^2=\sum_k(x_k-E\xi)^2\cdot p_k.$$

对于连续型随机变量ξ,如果其密度函数为$f(x)$,则ξ的方差为

$$D\xi=E(\xi-E\xi)^2=\int_{-\infty}^{+\infty}(x-E\xi)^2\cdot f(x)dx.$$

把方差的平方根$\sqrt{D\xi}$称为随机变量ξ的标准差或均方差,常记为

$$\sigma=\sqrt{D\xi}.$$

在实际计算方差时常用的重要计算公式:$D\xi=E\xi^2-(E\xi)^2$.

证明:$D\xi=E(\xi-E\xi)^2$

$=E[\xi^2-2\xi\cdot E\xi+(E\xi)^2]$

$=E\xi^2-2E\xi\cdot E\xi+(E\xi)^2=E\xi^2-(E\xi)^2$.

例5　设ξ,η分别表示抽查的甲、乙两个品种棉花的纤维长度(单位:mm),已知ξ,η的分布列分别为

ξ	20	25	30	35	40
P	0.1	0.1	0.4	0.3	0.1

η	20	25	30	35	40
P	0.2	0.3	0.1	0.2	0.2

试从纤维长度上比较两个品种的优劣.

解:因为$E\xi=\sum_k x_kp_k=20\times0.1+25\times0.1+30\times0.4+35\times0.3+40\times0.1=31$,

$E\eta=\sum_k y_kp_k=20\times0.2+25\times0.3+30\times0.1+35\times0.2+40\times0.2=29.5$,

$E\xi^2=20^2\times0.1+25^2\times0.1+30^2\times0.4+35^2\times0.3+40^2\times0.1=990$,

$E\eta^2=20^2\times0.2+25^2\times0.3+30^2\times0.1+35^2\times0.2+40^2\times0.2=922.5$,

$D\xi=E\xi^2-(E\xi)^2=990-31^2=29$,

$D\eta=E\eta^2-(E\eta)^2=922.5-29.5^2=52.25$.

所以 $E\xi > E\eta$，表明甲品种的纤维平均长度大于乙品种；同时，$D\xi < D\eta$ 表明乙品种的棉花纤维长度长短不齐，整体质量不如甲品种均匀. 综合分析，从纤维长度上比较甲品种较好.

（二）方差的性质

随机变量 ξ 的方差具有以下性质：若 c,b 为常数，则

(1) $Dc=0$；

(2) $D(c\xi)=c^2D\xi$；

(3) $D(c\xi+b)=c^2D\xi$；

(4) 若 ξ,η 是两个相互独立的随机变量，且 $D\xi,D\eta$ 存在，则 $D(\xi+\eta)=D\xi+D\eta$.

三、常用分布的数学期望与方差

分布类型	概率分布	参数	数学期望	方差
两点分布	$P(\xi=k)=p^kq^{1-k}\quad(k=0,1)$	$0<p<1$ $q=1-p$	p	pq
二项分布 $B(n,p)$	$P(\xi=k)=C_n^kp^kq^{n-k}$ $(p+q=1,k=0,1,2,\cdots,n)$	$0<p<1$ $q=1-p$	np	npq
泊松分布 $P(\lambda)$	$P(\xi=k)=\dfrac{\lambda^k}{k!}e^{-\lambda}$ $k=0,1,2,\cdots$	$\lambda>0$	λ	λ
均匀分布 $U[a,b]$	$f(x)=\begin{cases}\dfrac{1}{b-a},a\leqslant x\leqslant b,\\0,其他\end{cases}$	$a<b$	$\dfrac{b+a}{2}$	$\dfrac{(b-a)^2}{12}$
指数分布 $E(\lambda)$	$f(x)=\begin{cases}\lambda e^{-\lambda x},x>0,\\0,x\leqslant x\end{cases}$	$\lambda>0$	$\dfrac{1}{\lambda}$	$\dfrac{1}{\lambda^2}$
正态分布 $N(\mu,\sigma^2)$	$f(x)=\dfrac{1}{\sigma\sqrt{2\pi}}e^{-\frac{(x-\mu)^2}{2\sigma^2}}\quad -\infty<x<+\infty$	$-\infty<\mu<+\infty$ $\sigma>0$	μ	σ^2

各分布的参数与分布的数学期望和方差有着密切的关系. 例如正态分布的两个参数 μ 和 σ^2 恰好是数学期望和方差.

同步练习 3-6

1. $E(a\xi+b)=($　　$)$.

A. $aE\xi$　　B. $a^2E\xi$　　C. $a^2E\xi+b$　　D. $aE\xi+b$

2. 已知随机变量 ξ 满足 $E\xi=-1,E\xi^2=2$，则 $D\xi=$ ________.

3. 设 $\xi-B(n,p)$，且 $E\xi=12,D\xi=8$，则 $p=$ ________，$n=$ ________.

4. 若 $\xi \sim N(\mu,\sigma^2)$，则 $E\xi =$ ________，$D\xi =$ ________.

5. 设随机变量 ξ 的概率分布为

ξ	2	0	1
p	$\frac{1}{2}$	$\frac{1}{3}$	$\frac{1}{6}$

试求 $E\xi$ 和 $D\xi$.

习题二

1. 袋中有 3 个白球，8 个黑球，从中任取两个球，设随机变量 ξ 为取到的两球中黑球的个数，试写出其概率分布.

2. 设随机变量 ξ 的分布列为

$$P(\xi = k) = \frac{k}{15}, k = 1,2,3,4,5$$

试求：(1) $P(1 < \xi \leqslant 4)$；(2) $P(\xi > 3)$.

3. 设随机变量 ξ 的取值分别为 $-1,0,1,2$；相应的概率分别为 $0.1,0.2,k,0.4$；求：(1) k；(2) $P(\xi \leqslant 1.5)$.

4. 设随机变量 ξ 的概率密度函数为 $f(x) = \begin{cases} Ax^2, 0 \leqslant x \leqslant 1, \\ 0, x > 0, \end{cases}$

试求：(1) 常数 A；(2) $P(-1 \leqslant \xi \leqslant 0.5)$.

5. 设随机变量 ξ 的分布列为

ξ	0	1	2
p	0.3	0.5	0.2

试求：(1) ξ 的分布函数 $F(x)$；(2) $P\left(-1 \leqslant \xi \leqslant \frac{3}{2}\right)$，$P\left(\xi \geqslant \frac{3}{2}\right)$.

6. 设随机变量 ξ 的分布函数为

$$F(x) = \begin{cases} 0, x < 0, \\ Cx^2, 0 \leqslant x < 1, \\ 1, x \geqslant 1, \end{cases}$$

试求：(1) 常数 C；(2) ξ 的密度函数.

7. 设 $\xi \sim N(2,4^2)$，试求 (1) $P(-3 \leqslant \xi \leqslant 5)$；(2) $P(\xi > 6)$.

8. 设某种电池寿命 ξ（单位：小时）服从 $N(300,35^2)$，求电池寿命在 250 小时以上的概率.

9. 据统计某大学男生的体重(单位:kg)服从 $\mu=58,\sigma=1$ 的正态分布,求某男生的体重在 56kg ~ 60kg 之间的概率.

10. 设随机变量 ξ 的分布列为

ξ	-2	0	2
p	0.4	0.3	0.3

试求:(1) $E\xi, E\xi^2, E(3\xi^2+5)$;(2) $D\xi$.

11. 设有随机变量 ξ,已知 $E\xi=-1, D\xi=3$,求 $E[3(\xi^2+2)]$.

12. 设随机变量 $\xi \sim U(0,2)$,求 $\frac{D\xi}{E^2\xi}$.

自测题 A(基础层次)

一、单项选择题:(每小题 6 分,共 24 分)

1. 设随机变量 ξ 的密度函数为 $f(x)=\begin{cases} ax^2, -\frac{1}{2}\leqslant x\leqslant\frac{1}{2}, \\ 0, 其他, \end{cases}$ 则常数 $a=$(　　).

A. 1　　B. 24　　C. 12　　D. 6

2. 设随机变量 $\xi \sim N(0,1)$, $\eta=2\xi+1$,则 η 服从(　　).

A. $N(1,4)$　　B. $N(0,1)$　　C. $N(1,1)$　　D. $N(1,2)$

3. 设随机变量 ξ 的密度函数为 $f(x)=\begin{cases} 2-2x, 0\leqslant x\leqslant 1, \\ 0, 其他, \end{cases}$ 则 $E\xi=$(　　).

A. $\frac{1}{3}$　　B. $\frac{2}{3}$　　C. $\frac{1}{2}$　　D. 1

4. 设 $E\xi=\mu, D\xi=\sigma^2$,则 $E(2\xi+5)$ 和 $D(2\xi+5)$ 分别为(　　).

A. $2\mu+5, 4\sigma^2$　　B. $4\mu+5, 4\sigma^2$

C. $2\mu+5, 2\sigma^2$　　D. $4\mu, 2\sigma^2$

二、填空题:(每小题 6 分,共 24 分)

1. 设随机变量 ξ 的概率分布为

ξ	-2	-0.5	0	2	4
p	$\frac{1}{8}$	$\frac{1}{4}$	$\frac{1}{8}$	$\frac{1}{6}$	$\frac{1}{3}$

则 $\xi+2$ 的概率分布为________, ξ^2 的概率分布为________;

2. 设随机变量 ξ 服从 $B(n,p)$, $E\xi=10, D\xi=8$,则 $n=$________, $p=$________;

3. 设随机变量 $\xi \sim N(0,1)$,则 $P\{\xi > 1.65\} =$ ________;[$\Phi(1.65)=0.9505$]

4. 设有随机变量 ξ,且 $E\xi = a, E\xi^2 = b$,则 $D(c\xi) =$ ________.

三、计算解答题:(1、2 题每小题 12 分,3、4 题每小题 14 分,共 52 分)

1. 已知随机变量 ξ 的取值分别为 0,2,4,6,8,相应的概率分别为 0.1,0.3,0.2,0.3,0.1,求:(1)$P(3<\xi<7)$;(2)$P(2\leqslant\xi<8)$.

2. 设随机变量 ξ 的密度函数为 $f(x)=\begin{cases}x, 0\leqslant x\leqslant 1,\\ 2-x, 1<x<2,\\ 0, 其他,\end{cases}$ 求 $E\xi$ 和 $D\xi$.

3. 设某射手每次击中目标的概率为 0.5,现连续射击 10 次,

(1)求击中目标的次数 ξ 的概率分布;

(2)若至少命中 3 次才能参加下一轮考核,求该射手不能参加考核的概率.

4. 已知随机变量 ξ 的分布函数为:$F(x)=A+B\arctan x, x\in\mathbf{R}$,求:

(1)系数 A,B;(2)$P(-1\leqslant\xi\leqslant 1)$.

自测题 B(提高层次)

一、单项选择题:(每小题 5 分,共 25 分)

1. 设随机变量 ξ 服从均匀分布,其密度函数为 $f(x)=\begin{cases}\lambda, 3\leqslant x\leqslant 5,\\ 0, 其他,\end{cases}$ 则 $\lambda=$(　　).

A. $-\frac{1}{2}$　　B. 1　　C. 2　　D. $\frac{1}{2}$

2. 设 $\xi \sim N(2,4)$,则 $E(4\xi+2)$ 和 $D(4\xi+2)$ 分别为(　　).

A. 10,64　　B. 10,16　　C. 34,64　　D. 8,64

3. 相互独立的随机变量 ξ 和 η 的方差分别为 4 和 2,则随机变量 $3\xi+2\eta$ 的方差是(　　).

A. 8　　B. 16　　C. 24　　D. 44

4. 设随机变量 ξ 的密度函数为 $f(x)=\begin{cases}x^2, 0\leqslant x\leqslant 1,\\ 0, 其他,\end{cases}$ 则 $D\xi$ 是(　　).

A. $\frac{1}{20}$　　B. $\frac{1}{5}$　　C. $\frac{1}{4}$　　D. $\frac{11}{80}$

5. 设 $\xi \sim N(1,4)$,$\Phi(1)=0.8413$,则 $P(1\leqslant\xi\leqslant 3)=$(　　).

A. 0.2413　　B. 0.2934　　C. 0.3413　　D. 0.6826

二、填空题:(每小题 5 分,共 25 分)

1. 离散型随机变量 ξ 的分布列为 $P(\xi=k)=(k+2)p\quad(k=1,2,3)$,则 $p=$ ________;

2. 设随机变量 $\xi \sim N(0,1)$，则 $P\{\xi < -1\}=$ ________；$[\Phi(1)=0.8413]$

3. 设随机变量 ξ 的密度函数为 $f(x)=\begin{cases} e^{-2x}, x>0, \\ 0, x\leqslant 0, \end{cases}$ 则 $E\xi=$ ________；

4. 若随机变量 ξ 服从 $N(2,\sigma^2)$，且 $P(2\leqslant\xi\leqslant4)=0.3$，求概率 $P\{\xi\leqslant0\}=$ ________；

5. 由某机器生产的螺栓长度（单位：cm）服从 $N(10.05,0.06^2)$，规定长度在 10.05 ± 0.12 内为合格品，则一螺栓不合格的概率为________.

三、计算解答题：（每小题 10 分，共 50 分）

1. 独立地重复抛一枚均匀硬币，直到出现正面朝上为止，求抛掷次数 ξ 的分布列.

2. 纺织厂女工照顾 800 个纺锭，每一纺锭在某一短时间内发生断头的概率为 0.005（设短时间内每个纺锭最多只发生一次断头）. 求在短时间内总共发生的断头次数超过 2 的概率.（提示：用泊松分布近似）

3. 设打一次电话所用时间 ξ（单位：min）服从参数为 0.1 的指数分布. 若有一人刚好在你前面走进公共电话间，试求你等待时间在 10min 到 20min 之间的概率.

4. 设随机变量 ξ 的密度函数为 $f(x)=\begin{cases} k\cos x, 0\leqslant x\leqslant \dfrac{\pi}{4}, \\ 0, 其他, \end{cases}$

求：(1) k；(2) $P\left(-\dfrac{\pi}{2}<\xi<\dfrac{\pi}{2}\right)$.

5. 设随机变量 ξ 的密度函数为 $f(x)=\begin{cases} Ae^{-Ax}, x>0, \\ 0, x\leqslant 0, \end{cases}$ 且 $E\xi=6$，求 A.

任务三 统计推断

3-7 总体、样本与统计量

数理统计是应用数学的一个重要分支，它在工业、商业以及经济社会的各个领域都有着广泛的应用.

创设情境

如果设问：芭蕾舞演员和举重运动员的身材特征如何？大家都会不约而同地做出回

答,前者身材苗条,四肢修长;而后者则是虎背熊腰,肌肉发达. 做出这种推断的依据是什么? 是否观察了全世界所有的芭蕾舞演员和举重运动员的身材呢? 显然是不可能的,只是从观看的几场表演或比赛中,看到了这两类人都是具有上述特征的体形,经过科学推理判断,得出合乎情理的结论. 这里就用到从个别芭蕾舞演员及个别举重运动员身材特征推断全体芭蕾舞演员及全体举重运动员身材特征的方法. 这就是数理统计中个别推断一般的思想.

案 例 考察一批灯管的使用寿命,研究的目标就是要掌握这批灯管的寿命数据分布的统计规律,从而给出这批灯管质量优劣的正确评估. 问(1)研究的方法是什么? (2)研究的思想是什么?

任务导入 任务一:总体、样本;

任务二:统计量.

知识掌握

一、总体、样本

(一)总体和样本

在灯管的寿命试验中,被研究的整批灯管的全体就称为总体,而其中的每一支灯管就称为个体.

定义 1　在统计学中,研究对象的全体称为总体;组成总体的每一个基本单位就称为个体;从总体中随机抽出的一小部分个体称为随机样本,简称样本;样本中所包含的每一个个体称为一个样品;一个样本中包含的样品的个数称为样本容量,常用 n 表示.

例如,考察某班 50 名学生,这时 50 名学生就是总体,每名学生就是一个个体.

从总体中抽取 19 个学生考察,这 19 个学生就是一个样本,那么样本容量就为 19.

案例的讨论解决

分析:研究的方法是:很显然寿命试验是具有破坏性的,所以人们不可能逐个去检验每一支灯管的寿命,否则一旦寿命试验结束,所有的灯管也就报废了. 实际的操作应该是从整批灯管中随机抽取一小部分样本进行寿命试验,从这一小部分样本的寿命数据的分布特征推断出整批灯管寿命数据的分布特征.

研究的思想:样本估计总体的思想.

二、统计量

(一)统计量与抽样分布

在数理统计中常通过构造一个合适的依赖于样本的函数——统计量,实现样本反映总体.

定义1　设$\xi_1,\xi_2,\cdots,\xi_n$是总体ξ的容量为n的样本,不含未知参数的样本函数$\varphi(\xi_1,\xi_2,\cdots,\xi_n)$称为统计量,记为$\theta=\varphi(\xi_1,\xi_2,\cdots,\xi_n)$.

统计量的概率分布称为抽样分布.

显然,统计量具有二重性:由于样本$\xi_1,\xi_2,\cdots,\xi_n$为随机变量,所以统计量是随机变量;但对于给定了的样本观测值$x_1,x_2,\cdots,x_n,\theta=\varphi(x_1,x_2,\cdots x_n)$就是统计量$\theta$的一个观测值.

定义2　设$\xi_1,\xi_2,\cdots,\xi_n$是总体ξ的容量为n的样本,则称

$\bar{\xi}=\frac{1}{n}(\xi_1+\xi_2+\cdots+\xi_n)=\frac{1}{n}\sum_{i=1}^{n}\xi_i$为样本均值,它反映了数据集中的位置.

$S^2=\frac{n}{n-1}S_0^2=\frac{1}{n-1}[(\xi_1-\bar{\xi})^2+(\xi_2-\bar{\xi})^2+\cdots(\xi_n-\bar{\xi})^2]=\frac{1}{n-1}\sum_{i=1}^{n}(\xi_i-\bar{\xi})^2$为样本方差,反映了样本对于样本均值的离散程度.

同时称$S=\sqrt{S^2}$为样本标准差或样本均方差.

注意:统计量中不能含有未知参数,但允许含有已知参数.例如,设总体$\xi\sim N(\mu,\sigma^2)$,$\xi_1,\xi_2,\cdots,\xi_n$是取自总体ξ的一个样本,若μ已知,σ未知时,则样本均值$\bar{\xi}$,样本方差S^2都是统计量,$\sum_{i=1}^{n}(\xi_i-\mu)^2$也是统计量,而$\frac{\sum_{i=1}^{n}\xi_i}{\sigma}$不是统计量.

(二)样本均值的分布

定理:设总体ξ服从正态分布$N(\mu,\sigma^2)$,$\xi_1,\xi_2,\cdots,\xi_n$是取自总体ξ的容量为n的样本,则样本均值$\bar{\xi}=\frac{1}{n}\sum_{i=1}^{n}\xi_i$服从正态分布$N\left(\mu,\frac{\sigma^2}{n}\right)$.

证明:$\xi_1,\xi_2,\cdots,\xi_n$是取自正态总体ξ的样本,$\xi_i\sim N(\mu,\sigma^2),i=1,2,\cdots,n$,

所以$\bar{\xi}$也服从正态分布,由于$\xi_1,\xi_2,\cdots,\xi_n$相互独立,由数学期望和方差的性质可得

$$E\xi=E\left(\frac{1}{n}\sum_{i=1}^{n}\xi_i\right)=\frac{1}{n}E(\sum_{i=1}^{n}\xi_i)=\frac{1}{n}\cdot nE\xi_i=\mu,$$

$$D\xi=D\left(\frac{1}{n}\sum_{i=1}^{n}\xi_i\right)=\frac{1}{n^2}D(\sum_{i=1}^{n}\xi_i)=\frac{1}{n^2}\cdot nD\xi_i=\frac{\sigma^2}{n},$$

即$\bar{\xi}\sim N\left(\mu,\frac{\sigma^2}{n}\right)$.

利用标准正态分布表(见附表2),可以求出样本均值$\bar{\xi}$在某区间内取值的概率.

例1 从总体$N(3,25)$中抽取容量为16的样本,求样本均值$\bar{\xi}$在区间[3,5]内取值的概率.

解:由题意知:$\mu=3,\sigma^2=25,n=16$,所以$\bar{\xi}\sim N\left(3,\frac{25}{16}\right)$,于是

$$P(3\leqslant\bar{\xi}\leqslant5)=\Phi\left(\frac{5-3}{\frac{5}{4}}\right)-\Phi\left(\frac{3-3}{\frac{5}{4}}\right)=\Phi(1.6)-\Phi(0)=0.9452-0.5=0.4452,$$

即$\bar{\xi}$在区间[3,5]内取值的概率为0.4452.

同步练习 3-7

1. 设ξ_1,ξ_2,ξ_3是取自总体的一个样本,a是一个未知参数,则下面是统计量的是(　　).

A. $\xi_1+a\xi_2+\xi_3$　　B. $\xi_1\xi_3$

C. $a\xi_1\xi_2\xi_3$　　D. $\frac{1}{3}\sum_{i=1}^{3}(\xi_i-a)^2$

2. 设总体ξ服从正态分布$N(\mu,\sigma^2)$,其中μ未知,而σ^2已知,ξ_1,ξ_2,ξ_3是取自总体的一个样本,则不能作为统计量的是(　　).

A. $\frac{1}{3}(\xi_1+\xi_2+\xi_3)$　　B. $\xi_1+2\xi_2+3\mu$

C. $\max(\xi_1+\xi_2+\xi_3)$　　D. $\frac{1}{\sigma}(\xi_1+\xi_2+\xi_3)$

3. 样本ξ_1,ξ_2,ξ_3,ξ_4取自正态总体$N(\mu,\sigma^2)$,μ为已知,而σ^2未知,则不能作为统计量的是(　　).

A. $\frac{1}{4}\sum_{i=1}^{4}\xi_i$　　B. $\xi_1+\xi_4-2\mu$

C. $\frac{1}{\sigma^2}\sum_{i=1}^{4}(\xi_i-\bar{\xi})^2$　　D. $\frac{1}{3}\sum_{i=1}^{4}(\xi_i-\bar{\xi})^2$

4. 从某高校的男生中随机抽取10人,测得其体重(单位:kg)如下:

57.5,55,59,63.5,60.5,58,61.5,57,60,62,

则其样本均值为__________.

5. 设总体ξ服从正态分布$N(3,4)$,$\xi_1,\xi_2,\cdots,\xi_{10}$为总体的一个样本,则$\bar{\xi}\sim$__________.

6. 设$\xi\sim N(1,2^2)$,$\xi_1,\xi_2,\cdots,\xi_n$为ξ的样本,则(　　).

A. $\frac{\bar{\xi}-1}{2}\sim N(0,1)$　　B. $\frac{\bar{\xi}-1}{4}\sim N(0,1)$

C. $\dfrac{\bar{\xi}-1}{\frac{2}{\sqrt{n}}} \sim N(0,1)$　　　　D. $\dfrac{\bar{\xi}-1}{\sqrt{2}} \sim N(0,1)$

7. 在总体 $N(52,6.3^2)$ 中随机抽取容量为 36 的样本，求样本均值 $\bar{\xi}$ 落在 50.8 到 53.8 之间的概率.

3-8　参数估计

创设情境

案　例　为考察成年男性的胆固醇水平，现抽取了某大学 36 名成年男性进行检验，测得样本均值 $\bar{x}=186$，样本标准差 $S=12$，假定胆固醇水平 $\xi \sim N(\mu,\sigma^2)$.

(1) 求该大学成年男性的胆固醇水平均值 μ 的 95% 置信区间；

(2) 求该大学成年男性的胆固醇水平均方差 σ 的 95% 置信区间.

任务导入　任务一：参数估计及其分类；

任务二：点估计；

任务三：区间估计.

知识掌握

一、参数估计及其分类

利用样本资料的信息来估计总体分布中的一些未知参数，这类估计问题称为参数估计.

例如，要用次品率 P 这个指标来衡量一批产品的质量，由于产品数量大而无法逐一检测，所以只能通过抽样检测来估计出 P 值. 就从该批产品中随机抽取 100 件进行检测，若得知其中有 98 件合格品，2 件次品，此时就把这 100 件产品中的次品率 0.02 作为该批产品的次品率的估计值.

又如，已知某种电子元件的寿命服从正态分布，要估计当天生产的电子元件产品的寿命. 就从当天生产的电子元件中随机抽取样本，测得其寿命为 $x_1,x_2,\cdots,x_n$，用样本均值 $\bar{x}=\frac{1}{n}\sum_{i=1}^{n}x_i$ 作为当天产品的平均寿命的估计值（点估计），或利用样本值以一定的精度给出产品平均寿命所在的范围（区间估计）.

参数估计一般分为两种:一种是点估计,它是利用样本的观测值来估计总体参数;另一种是区间估计,它是利用样本函数(统计量)来给出总体参数的估计区间.

二、点估计

设$\xi_1,\xi_2,\cdots,\xi_n$是取自总体ξ的一个样本,构造一个统计量$\hat{\theta}=\hat{\theta}(\xi_1,\xi_2,\cdots,\xi_n)$来估计总体$\xi$的一个未知参数$\theta$,称$\hat{\theta}=\hat{\theta}(\xi_1,\xi_2,\cdots,\xi_n)$为未知参数$\theta$的一个点估计量. 若$x_1,x_2,\cdots,x_n$是一组样本观测值,则称$\hat{\theta}(x_1,x_2,\cdots,x_n)$为未知参数$\theta$的一个点估计值.

点估计中的矩估计法:利用样本的均值和方差来作为总体均值$E\xi$和方差$D\xi$的估计量.

即为:设$x_1,x_2,\cdots,x_n$是取自总体ξ的一个样本,则样本均值$\bar{x}$可作为总体均值μ的估计值,记作$\hat{\mu}=\bar{x}=\frac{1}{n}\sum_{i=1}^{n}x_i$;

样本方差可作为总体方差σ^2的估计值,记作$\hat{\sigma}^2=s^2=\frac{1}{n-1}\sum_{i=1}^{n}(x_i-\bar{x})^2$.

例1　某电子厂从一批电子元件中随机抽出7个产品,测得的使用寿命(单位:小时)为:

1500,1450,1453,1502,1650,1455,1567,

试估计该批次产品的平均使用寿命及其方差.

解:设这批产品的平均使用寿命为μ,方差为σ^2,由点估计得

$$\hat{\mu}=\bar{x}=\frac{1}{n}\sum_{i=1}^{n}x_i=\frac{1}{7}(1500+1450+1453+1502+1650+1455+1567)=1511(\text{小时});$$

$$\begin{aligned}\hat{\sigma}^2&=s^2=\frac{1}{n-1}\sum_{i=1}^{n}(x_i-\bar{x})^2\\&=\frac{1}{7-1}[(1500-1511)^2+(1450-1511)^2+\cdots+(1650-1511)^2\\&\quad+(1455-1511)^2+(1567-1511)^2]\\&=5480.\end{aligned}$$

例2　设总体$\xi\sim U[0,a]$,求参数a的估计.

解:设服从均匀分布的总体ξ的概率密度函数为

$$f(x)=\begin{cases}\frac{1}{a},0\leqslant x\leqslant a,\\0,\text{其他}.\end{cases}$$

设$\xi_1,\xi_2,\cdots,\xi_n$是取自总体ξ的一个样本,总体ξ的数学期望$E\xi$为

$$E\xi=\int_{-\infty}^{+\infty}x\cdot f(x)dx=\int_0^a\frac{x}{a}dx=\frac{a}{2}.$$

因为 $E\xi$ 矩估计为 $\bar{\xi}$,所以 $\frac{\hat{a}}{2}=\bar{\xi}$,所以参数 a 的估计量 $\hat{a}=2\bar{\xi}$.

三、区间估计

(一)置信区间

点估计中求得的估计值 $\hat{\theta}(x_1,x_2,\cdots,x_n)$ 是 θ 的一个近似,到底其近似程度有多大,并没有从估计量 $\hat{\theta}$ 本身反映出来,因此有必要进一步探讨用估计量来估计 θ 的误差范围,例如通过抽样调查,以 0.95 的概率估计某市六岁男孩的平均身高在 109.8 ~ 111.6cm 之间,这就指出了误差范围,它的可靠度是 0.95,区间估计可以反映误差范围以及这个范围包含真值的可信程度,相应的区间称作置信区间.

定义 1　设 θ 是总体分布的未知参数,$\xi_1,\xi_2,\cdots,\xi_n$ 是总体 ξ 的容量为 n 的样本,若对给定的实数 $\alpha(0<\alpha<1)$,存在由样本确定的两个统计量 $\hat{\theta}_1=\hat{\theta}_1(\xi_1,\xi_2,\cdots,\xi_n)$,$\hat{\theta}_2=\hat{\theta}_2(\xi_1,\xi_2,\cdots,\xi_n)$,$\hat{\theta}_1<\hat{\theta}_2$,使得

$$P(\hat{\theta}_1<\theta<\hat{\theta}_2)=1-\alpha,$$

则称 $(\hat{\theta}_1,\hat{\theta}_2)$ 为参数 θ 的置信度(或置信水平)为 $1-\alpha$ 的置信区间,$\hat{\theta}_1$ 和 $\hat{\theta}_2$ 分别称作置信度为 $1-\alpha$ 的置信下限和置信上限,α 称为显著性水平.

注意:1. 置信区间 $(\hat{\theta}_1,\hat{\theta}_2)$ 是一个随机区间;

2. 置信区间端点和区间长度都是样本的函数,都是统计量;

3. $(\hat{\theta}_1,\hat{\theta}_2)$ 是 θ 的置信度为 $1-\alpha$ 的置信区间的含义是:大量重复抽样下,将子样本观测值代入 $\hat{\theta}_1,\hat{\theta}_2$ 可求得许多确定的区间,其中大约 $(1-\alpha)\%$ 的区间包含 θ,而观察得到的一个具体区间 $(\hat{\theta}_1(x_1,x_2,\cdots,x_n),\hat{\theta}_2(x_1,x_2,\cdots,x_n))$,则可能包含 θ,也可能不包含 θ.

(二)正态总体均值的区间估计

(1)总体 $\xi\sim N(\mu,\sigma^2)$,当 σ^2 已知时 μ 的置信区间

设 $\xi_1,\xi_2,\cdots,\xi_n$ 为正态总体 $N(\mu,\sigma^2)$ 的一个样本,则样本均值 $\bar{\xi}\sim N\left(\mu,\frac{\sigma^2}{n}\right)$.

设 $U=\frac{\bar{\xi}-\mu}{\frac{\sigma}{\sqrt{n}}}$,当 μ,σ 已知时,随机变量 U 是一个统计量,称为 U 统计量.

显然,U 统计量服从标准正态分布,也称为 U 分布,即 $U\sim N(0,1)$,

即样本均值的分布 $U=\frac{\bar{\xi}-\mu}{\frac{\sigma}{\sqrt{n}}}\sim N(0,1)$.

对于给定的置信度 $1-\alpha$,查标准正态分布表(见附表 2)$\Phi(u_{\frac{\alpha}{2}})=1-\frac{\alpha}{2}$ 可以求得临界

值 $u_{\frac{\alpha}{2}}$（见图 3-8-1），使得 $P(|u| \leqslant u_{\frac{\alpha}{2}}) = 1-\alpha$，即

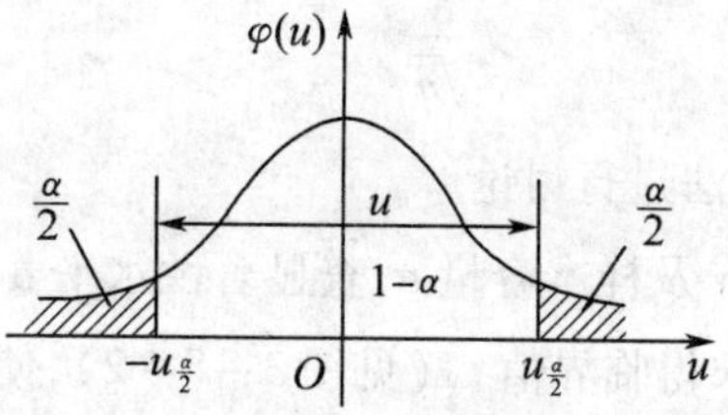

图 3-8-1

$$P\left(-u_{\frac{\alpha}{2}} \leqslant \frac{\bar{\xi}-\mu}{\sqrt{\frac{\sigma^2}{n}}} \leqslant u_{\frac{\alpha}{2}}\right) = 1-\alpha,$$

上式等价于

$$P\left(\bar{\xi} - u_{\frac{\alpha}{2}}\frac{\sigma}{\sqrt{n}} \leqslant \mu \leqslant \bar{\xi} + u_{\frac{\alpha}{2}}\frac{\sigma}{\sqrt{n}}\right) = 1-\alpha,$$

则得到 μ 的置信度为 $1-\alpha$ 置信区间为 $\left(\bar{\xi} - u_{\frac{\alpha}{2}}\frac{\sigma}{\sqrt{n}}, \bar{\xi} + u_{\frac{\alpha}{2}}\frac{\sigma}{\sqrt{n}}\right)$.

说明：U 分布是标准正态分布，常用于给定概率 α 下，正态总体 $\xi \sim N(\mu, \sigma^2)$，参数 σ 已知时，总体均值 μ 的区间估计.

例 1　设轴承内环的锻压零件的高度 $\xi \sim N(\mu, 0.4^2)$，现从中抽取 25 只内环，其平均高度 $\bar{x} = 32.3\text{mm}$，求 μ 的置信度为 95% 的置信区间.

解：由已知 $1-\alpha = 0.95$，即 $\alpha = 0.05$，$\Phi(u_{\frac{\alpha}{2}}) = 1 - \frac{\alpha}{2} = 0.975$，

查标准正态分布表得临界值 $u_{\frac{\alpha}{2}} = 1.96$.

将观察数据 $\bar{x} = 32.3\text{mm}$ 及 $\sigma = 0.4$，$n = 25$ 代入置信区间公式计算得

$$\bar{x} - u_{\frac{\alpha}{2}}\frac{\sigma}{\sqrt{n}} = 32.3 - 1.96\,\frac{0.4}{\sqrt{25}} = 32.14,$$

$$\bar{x} + u_{\frac{\alpha}{2}}\frac{\sigma}{\sqrt{n}} = 32.3 + 1.96\,\frac{0.4}{\sqrt{25}} = 32.46,$$

得到 μ 的 95% 的置信区间为 (32.14, 32.46).

(2) 总体 $\xi \sim N(\mu, \sigma^2)$，当 σ^2 未知时 μ 的置信区间

在许多实际问题中，当总体方差 σ^2 未知时，可用样本方差

$$S^2 = \frac{1}{n-1}\sum_{i=1}^{n}(\xi_i - \bar{\xi})^2$$

来代替 σ^2，可证明，$T = \frac{\bar{\xi}-\mu}{\frac{S}{\sqrt{n}}}$ 是自由度为 $n-1$ 的 T 统计量，即

$$T=\frac{\bar{\xi}-\mu}{\frac{S}{\sqrt{n}}}\sim t(n-1).$$

然后用类似于上面的方法进行讨论.

对于给定的置信度 $1-\alpha$ 及样本容量 n,查显著性水平 α 自由度为 $n-1$ 的 t 分布双侧临界值表(见附表3),可以求得临界值 $t_{\frac{\alpha}{2}}$(见图 3-8-2),使得 $P(|t|\leqslant t_{\frac{\alpha}{2}})=1-\alpha$,即

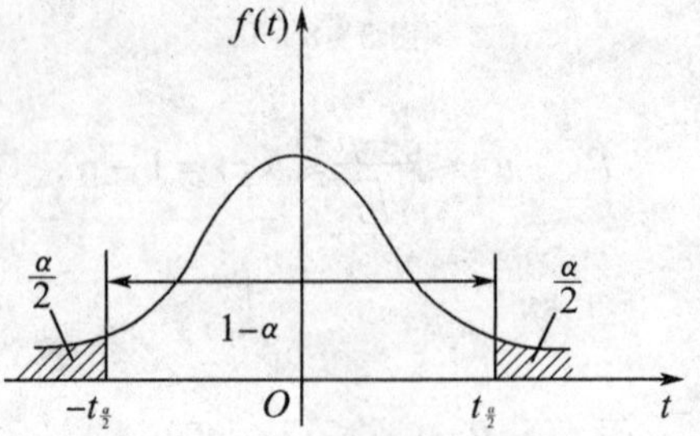

图 3-8-2

$$P\left(-t_{\frac{\alpha}{2}}(n-1)\leqslant\frac{\bar{\xi}-\mu}{\sqrt{\frac{S^2}{n}}}\leqslant t_{\frac{\alpha}{2}}(n-1)\right)=1-\alpha,$$

上式等价于 $P\left(\bar{\xi}-t_{\frac{\alpha}{2}}(n-1)\frac{S}{\sqrt{n}}\leqslant\mu\leqslant\bar{\xi}+t_{\frac{\alpha}{2}}(n-1)\frac{S}{\sqrt{n}}\right)=1-\alpha$,

得到 μ 的置信度为 $1-\alpha$ 的置信区间 $\left(\bar{\xi}-t_{\frac{\alpha}{2}}(n-1)\frac{S}{\sqrt{n}},\bar{\xi}+t_{\frac{\alpha}{2}}(n-1)\frac{S}{\sqrt{n}}\right)$.

(三)正态总体方差的区间估计

设总体 $\xi\sim N(\mu,\sigma^2)$,求 σ^2 的置信区间.

设 $\xi_1,\xi_2,\cdots,\xi_n$ 为正态总体 $N(\mu,\sigma^2)$ 的一个样本,考虑构造一个关于 σ^2 的统计量,由抽样分布理论,得

$$\frac{(n-1)S^2}{\sigma^2}\sim\chi^2(n-1),$$

则对于给定的置信度 $1-\alpha$,自由度为 $n-1$,可通过查 χ^2 分布表(见附表4)查出临界值 $x^2_{(1-\frac{\alpha}{2})}(n-1)$ 和 $x^2_{\frac{\alpha}{2}}(n-1)$(见图 3-8-3),使得

$$P[\chi^2_{(1-\frac{\alpha}{2})}(n-1)\leqslant\chi^2\leqslant\chi^2_{\frac{\alpha}{2}}(n-1)]=1-\alpha,$$

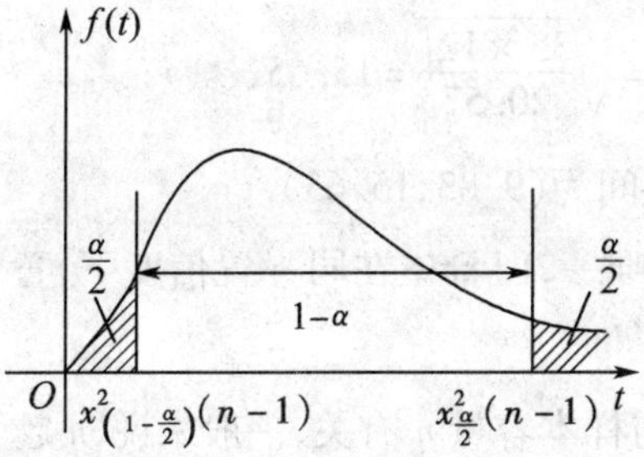

图 3－8－3

即 $P\left(\chi^2_{(1-\frac{\alpha}{2})}(n-1)\leqslant\frac{(n-1)S^2}{\sigma^2}\leqslant\chi^2_{\frac{\alpha}{2}}(n-1)\right)=1-\alpha$,

得到总体方差 σ^2 的置信度为 $1-\alpha$ 的置信区间 $\left(\frac{(n-1)S^2}{\chi^2_{\frac{\alpha}{2}}(n-1)},\frac{(n-1)S^2}{\chi^2_{(1-\frac{\alpha}{2})}(n-1)}\right)$,

相应的总体标准差 σ 的置信区间为 $\left(\sqrt{\frac{(n-1)S^2}{\chi^2_{\frac{\alpha}{2}}(n-1)}},\sqrt{\frac{(n-1)S^2}{\chi^2_{(1-\frac{\alpha}{2})}(n-1)}}\right)$.

案例的讨论解决

分析：在该问题(1)中，总体方差 σ^2 是未知的，可以用样本方差 S^2 来替代总体方差 σ^2，因此选择自由度为 $n-1$ 的 T 统计量；在该问题(2)中，求 σ^2 置信区间，因此选择自由度为 $n-1$ 的 χ^2 分布.

解：(1)由已知 $1-\alpha=0.95$，即 $\alpha=0.05$，自由度 $n-1=35$，查 t 分布双侧临界值表得临界值 $t_{\frac{\alpha}{2}}(n-1)=2.03$.

将观察数据 $\bar{x}=186$，$S=12$ 及 $n=25$ 代入置信区间公式计算得：

$\bar{x}-t_{\frac{\alpha}{2}}(n-1)\frac{S}{\sqrt{n}}=186-2.03\frac{12}{\sqrt{36}}=181.94$,

$\bar{x}+t_{\frac{\alpha}{2}}(n-1)\frac{S}{\sqrt{n}}=186+2.03\frac{12}{\sqrt{36}}=190.06$,

于是 μ 的 95% 的置信区间为(181.94，190.06).

(2)由已知 $1-\alpha=0.95$，即 $\alpha=0.05$，自由度 $n-1=35$，查 χ^2 分布表得临界值

$$\chi^2_{(1-\frac{\alpha}{2})}(n-1)=20.57,\chi^2_{\frac{\alpha}{2}}(n-1)=53.203.$$

将观察数据 $S=12$ 及 $n=36$ 代入置信区间公式

$$\left(\sqrt{\frac{(n-1)S^2}{\chi^2_{\frac{\alpha}{2}}(n-1)}},\sqrt{\frac{(n-1)S^2}{\chi^2_{(1-\frac{\alpha}{2})}(n-1)}}\right)$$

计算得 $\sqrt{\frac{(n-1)S^2}{\chi^2_{\frac{\alpha}{2}}(n-1)}}=\sqrt{\frac{35\times12^2}{52.203}}=9.83$,

$$\sqrt{\frac{(n-1)S^2}{\chi^2_{(1-\frac{\alpha}{2})}(n-1)}}=\sqrt{\frac{35\times 12^2}{20.57}}=15.65,$$

于是 σ 的 95% 的置信区间为(9.83,15.65).

注意:(1)置信区间并不唯一,但希望在同一置信度下,置信区间的长度越短越好,越短估计的精确度越高;

(2)置信区间的长度也与样本容量 n 有关,一般来说,n 越大,区间长度越短.

同步练习 3-8

1. 设 $\xi_1,\xi_2,\cdots,\xi_n$ 是取自总体 ξ 的一个样本,则总体均值 $E\xi$ 的估计量是________;总体方差 $D\xi$ 的估计量是________.
2. 设某种灯泡的寿命 $\xi\sim N(\mu,\sigma^2)$,其中 μ 和 σ^2 未知,今随机抽取 5 只灯泡,测得寿命(单位:h)分别为 1623,1527,1287,1432,1591,求 μ 和 σ^2 的估计值.
3. 设 $\xi_1,\xi_2,\cdots,\xi_n$ 为总体 $N(\mu,\sigma^2)$ 的一个样本,σ^2 已知,则 μ 的置信度为 $1-\alpha$ 的置信区间为________.
4. 设 $\xi_1,\xi_2,\cdots,\xi_n$ 为总体 $N(\mu,\sigma^2)$ 的一个样本,σ^2 未知,则 μ 的置信度为 $1-\alpha$ 的置信区间为________.
5. 设 $\xi_1,\xi_2,\cdots,\xi_n$ 为总体 $N(\mu,\sigma^2)$ 的一个样本,则 σ^2 的置信度为 $1-\alpha$ 的置信区间为________.
6. 某厂生产的螺杆直径服从正态分布 $N(\mu,\sigma^2)$,从当日的产品中随机抽取 5 支,测得直径(单位:mm)为:21.4,22.0,22.3,21.5,21.8,假定已知 $\sigma=0.2$,试求直径期望的置信度为 99% 的置信区间($u_{0.005}=1.96$).

3-9 设备工作状态分析

创设情境

所谓统计假设检验,就是对总体的分布类型或分布中某些未知参数作某种假设,然后由抽取的样本所提供的信息对假设的正确性进行判断的过程.

案 例 设在正常情况下,某包装机包装出来的奶粉净重 $\xi\sim N(500,12^2)$. 现从包装好的奶粉中随机抽出 9 袋,称得其净重(单位:g)为:

504,496,512,490,520,505,508,499,511,

若包装机是否正常的标志是每袋奶粉净重的平均值是否为500g,

问(1)该包装机工作是否正常?(显著性水平 $\alpha=0.05$)

(2)若从一批包装好的奶粉中随机抽出16袋,称得其平均净重 $\bar{x}=506$g,问能否认为该批奶粉净重的平均值超出了500g.(显著性水平 $\alpha=0.05$)

任务导入 任务一:假设检验;

任务二:正态总体参数的假设检验.

知识掌握

一、假设检验

(一)假设检验的基本思想

例如,设某厂生产的一种灯管的寿命 $\xi \sim N(\mu,40000)$,从过去较长一段时间的生产情况来看,灯管的平均寿命 $\mu_0=1500$ 小时,现在采用新工艺后,在所生产的灯管中抽取25只,测得平均寿命 $\bar{x}=1675$ 小时,问采用新工艺后,灯管寿命是否有显著提高.

该问题只需检验是否有 $\mu>\mu_0$,先作原假设:

$$H_0:\mu=\mu_0(1500);$$

$H_1:\mu>\mu_0$ 为备择假设.

通过检验 H_0 的不真实性来证明 H_1 的真实.当推断出 H_0 不真时,就认为 H_1 是真实的,从而拒绝 H_0,接受 H_1;而认为 H_0 为真时就接受 H_0,认为 H_1 不真.

只对总体分布中未知参数或数字特征作假设检验称为参数的假设检验.

(二)小概率原理

小概率事件是指概率很小的事件,例如,"飞机失事"、"优秀生高考落榜"、"从废品率极低的一批产品中抽到一件废品"都被视为小概率事件.倘若某事件 A 发生的概率 $\alpha=0.001$,则可认为大体上在1000次试验中 A 才出现一次.

小概率事件在一次试验中几乎是不可能发生的,这个原理称为小概率原理.

小概率原理是检验假设的理论依据,因为在原假设 H_0 成立的条件下,某小概率事件 A 在一次试验中居然发生了,这就违背了小概率原理,则不得不怀疑 H_0 的正确性,即有理由认为 H_0 不正确,从而拒绝 H_0;反之,若事件 A 不发生,则无理由否定(怀疑)H_0,而应接受 H_0,这就是假设检验基于小概率原理之上的推理思想.

"小概率事件"的概率值用 α 表示,α 是在检验之前事先指定的一个小正数,$0<\alpha<1$.关于小概率事件的概率应该多小,有些情况把概率不超过0.05的事件当作小概率事件;另一些情况也把概率不超过0.1的事件视为小概率事件.其标准完全取决于实际问题本

身的要求,例如日常用的螺帽、螺钉,废品率为0.001,就可以认为这个概率是够小的,如果从1000个中任取1个,可以肯定几乎不会出现废品,因为这种产品不很重要,这个废品可以忽略不计.但如果假设螺帽、螺钉是航天器上使用的,那么即使废品率降到0.0001也是绝对不能忽略的,因为这意味着一万架飞机上天,就可能有一架发生事故,其损失也是非常惨重的.

二、正态总体参数的假设检验

由于在大多数情况下,随机变量都服从或近似服从正态分布,正态总体中两个重要的数字特征均值与方差是假设检验的目标.

(一)显著性假设检验的一般处理步骤为:

(1)根据实际问题提出原假设H_0及备择假设H_1;

(2)构造一个合适的检验统计量,其构造以能反映相对差异,且在H_0为真时,较易确定其分布为准;

(3)给定显著性水平α,并在H_0为真的假定下,由检验统计量的分布确定出临界值进而求出拒绝域;

(4)由样本观察值计算出检验统计量的值,视其是否落入拒绝域做出拒绝或接受H_0的判断.

(二)正态总体均值μ的检验

通常对于参数μ可提出下面三种假设检验问题:

$H_0:\mu=\mu_0, H_1:\mu\neq\mu_0$; $\qquad (a)$

$H_0:\mu\leqslant\mu_0, H_1:\mu>\mu_0$; $\qquad (b)$

$H_0:\mu\geqslant\mu_0, H_1:\mu<\mu_0$, $\qquad (c)$

其中μ_0为特定的常数.

在(a)的备择假设H_1中,参数μ可取在μ_0的两侧,即$\mu>\mu_0$或$\mu<\mu_0$,这样的假设检验问题称为双侧假设检验问题;

而(b)和(c)的备择假设H_1中,参数μ只可取在μ_0的一侧,这样的假设检验问题称为单侧假设检验问题.

1.总体方差σ^2已知,正态总体均值μ的检验——U检验法

设总体$\xi\sim N(\mu,\sigma^2)$,其中$\sigma^2=\sigma_0^2$为已知,$\xi_1,\xi_2,\cdots,\xi_n$是总体ξ的一个样本,构造一个统计量$U=\dfrac{\bar{\xi}-\mu}{\frac{\sigma_0}{\sqrt{n}}}$,当$H_0$成立时,有$U=\dfrac{\bar{\xi}-\mu_0}{\frac{\sigma_0}{\sqrt{n}}}\sim N(0,1)$,其值为$u=\dfrac{\bar{x}-\mu_0}{\frac{\sigma_0}{\sqrt{n}}}$.

(1)对于(a)的检验$H_0:\mu=\mu_0, H_1:\mu\neq\mu_0$,当$H_0$成立时,统计量$U$不应偏大或偏小,拒

绝域(见图3-9-1)可取为 $C=\{|u|>u_{\frac{\alpha}{2}}\}$,其中临界值 $u_{\frac{\alpha}{2}}$ 满足 $\Phi(u_{\frac{\alpha}{2}})=1-\frac{\alpha}{2}$,此时 $P(|u|>u_{\frac{\alpha}{2}})=\alpha$.

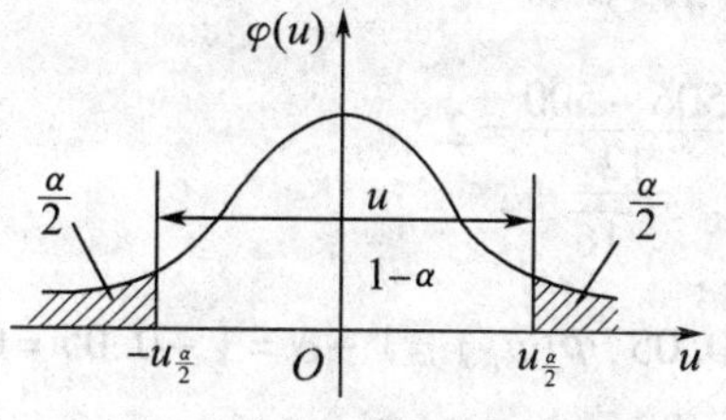

图3-9-1

(2)对于(b)的检验 $H_0:\mu\leqslant\mu_0,H_1:\mu>\mu_0$,当 H_0 成立时,统计量 U 有偏小的倾向,而当 H_1 成立时,U 有偏大的趋势,故当 U 偏大时拒绝 H_0,拒绝域(见图3-9-2)可取为 $C=\{u>u_\alpha\}$,其中临界值 u_α 满足 $\Phi(u_\alpha)=1-\alpha$,此时 $P(u>u_\alpha)=\alpha$.

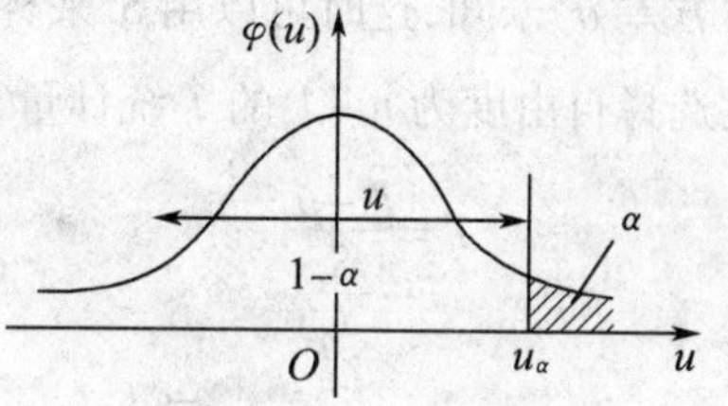

图3-9-2

(3)对于(c)的检验 $H_0:\mu\geqslant\mu_0,H_1:\mu<\mu_0$,类似于(b)的方法,可得拒绝域为 $C=\{u<-u_\alpha\}$然后将样本观察值代入计算出 u 值,视其是否落入拒绝域而做出拒绝或接受 H_0 的判断.

案例的讨论解决

分析:在该问题中,是总体方差 σ^2 已知,正态总体均值 μ 的检验,采用 U 检验法.

解:(1)设一袋奶粉的净重 $\xi\sim N(\mu,12^2)$,

提出假设:$H_0:\mu=500,H_1:\mu\neq500$.

计算 u 的值:$\bar{x}=\frac{1}{9}(504+496+\cdots+511)=505$,

$$u=\frac{\bar{x}-\mu_0}{\frac{\sigma_0}{\sqrt{n}}}=\frac{505-500}{\frac{12}{\sqrt{9}}}=1.25.$$

查表确定临界值:由 $\alpha=0.05,\Phi(u_{\frac{\alpha}{2}})=1-\frac{\alpha}{2}=1-\frac{0.05}{2}=0.975$,

得临界值 $u_{\frac{\alpha}{2}}=1.96$,拒绝域为 $|u|>1.96$.

作出判断：因为 $|u| = 1.25 < 1.96$，没有落入拒绝域，故接受 H_0，即该包装机工作正常.

(2)设一袋奶粉的净重 $\xi \sim N(\mu, 12^2)$，

提出假设：$H_0: \mu \leqslant 500, H_1: \mu > 500$.

计算 u 的值：$u = \dfrac{\bar{x} - \mu_0}{\dfrac{\sigma_0}{\sqrt{n}}} = \dfrac{506 - 500}{\dfrac{12}{\sqrt{16}}} = 2$.

查表确定临界值：由 $\alpha = 0.05, \Phi(u_\alpha) = 1 - \alpha = 1 - 0.05 = 0.95$.

得临界值 $u_\alpha = 1.65$，拒绝域为 $u > 1.65 = u_\alpha$.

作出判断：因为 $u = 2 > 1.65$，落入了拒绝域，所以拒绝 H_0 接受 H_1，
即认为该批奶粉净重的平均值超出了 500g.

2. 总体方差 σ^2 未知，正态总体均值 μ 的检验——T 检验法

在许多实际问题中，总体方差 σ^2 未知，这时可以用 S^2 来替代总体方差 σ^2，然后用类似于上面的方法进行讨论. 因此选择自由度为 $n-1$ 的 T 统计量，即

$$T = \frac{\bar{\xi} - \mu}{\dfrac{S}{\sqrt{n}}}.$$

当 H_0 成立时，有 $T = \dfrac{\bar{\xi} - \mu_0}{\dfrac{S}{\sqrt{n}}} \sim t(n-1)$，其值为 $t = \dfrac{\bar{x} - \mu_0}{\dfrac{S}{\sqrt{n}}}$.

类似于 U 检验法，容易得到相应于$(a)(b)(c)$的拒绝域分别为

(1) $H_0: \mu = \mu_0, H_1: \mu \neq \mu_0$，拒绝域 $C = \{|t| > t_{\frac{\alpha}{2}}\}$，

其中临界值 $t_{\frac{\alpha}{2}}(n-1)$ 可查 t 分布的双侧临界值表求得，并且满足 $P(|t| > t_{\frac{\alpha}{2}}) = \alpha$.

(2) $H_0: \mu \leqslant \mu_0, H_1: \mu > \mu_0$，拒绝域 $C = \{t > t_\alpha\}$，

其中临界值 $t_\alpha(n-1)$ 可查 t 分布的双侧临界值表求得，并且满足

$$P(t > t_\alpha) = \alpha.$$

(3) $H_0: \mu \geqslant \mu_0, H_1: \mu < \mu_0$，拒绝域 $C = \{t < -t_\alpha\}$，

然后将样本观察值代入计算出 t 值，视其是否落入拒绝域而做出拒绝或接受 H_0 的判断.

例 1　健康成年男子脉搏平均为 72 次/分，高考体检时，某校参加体检的 26 名男生的脉搏平均为 74.2 次/分，未修正标准差为 6.2 次/分，问此 26 名男生每分钟脉搏次数与一般成年男子有无显著差异. $(\alpha = 0.05)$

解：题意是问 26 名男生是否来自 $\mu_0 = 72$ 的总体，由于总体方差未知，只能用 T 检验.

提出假设：$H_0: \mu = \mu_0, H_1: \mu \neq \mu_0$.

计算 t 的值：$t=\dfrac{\bar{x}-\mu_0}{\dfrac{S}{\sqrt{n}}}=\dfrac{\bar{x}-\mu_0}{\dfrac{S_0}{\sqrt{n-1}}}=\dfrac{74.2-72}{\dfrac{6.2}{\sqrt{26-1}}}=1.774$

确定临界值：由 $P(|t|>t_{\frac{\alpha}{2}})=0.05$ 查自由度为 25 的 t 分布的双侧临界值表得 $t_{\frac{\alpha}{2}}=2.06$，拒绝域为 $|t|>2.06$

作出判断：由 $|t|=1.774<2.06=t_{\frac{\alpha}{2}}$，没有落入拒绝域，故接受 H_0，即认为 26 名男生每分钟脉搏次数与一般成年男子无显著差别.

3. 总体均值 μ 未知，正态总体方差 σ^2 的检验——χ^2 检验法

设总体 $\xi\sim N(\mu,\sigma^2)$，其中 μ 未知，欲检验

$$H_0:\sigma^2=\sigma_0^2;H_1:\sigma^2\neq\sigma_0^2(\sigma_0^2\text{ 为常数}).$$

设 $\xi_1,\xi_2,\cdots,\xi_n$ 是来自总体 ξ 的一个样本，所选择的统计量为

$$\chi^2=\frac{(n-1)S^2}{\sigma^2},$$

当 H_0 成立时，有

$$\chi^2=\frac{(n-1)S^2}{\sigma_0^2}\sim\chi^2(n-1).$$

对于给定显著性水平 α，并在 H_0 为真的假定下，统计量 χ^2 不应偏大或偏小，拒绝域（见图 3－9－3）可取为 $C=(\chi^2<\lambda_1)\cup(\chi^2>\lambda_2)$，其中临界值 λ_1,λ_2 可查自由度为 $n-1$ 的 χ^2 分布的临界值表求得，λ_1,λ_2 分别满足 $P(\chi^2\leqslant\lambda_1)=P(\chi^2\geqslant\lambda_2)=\dfrac{\alpha}{2}$.

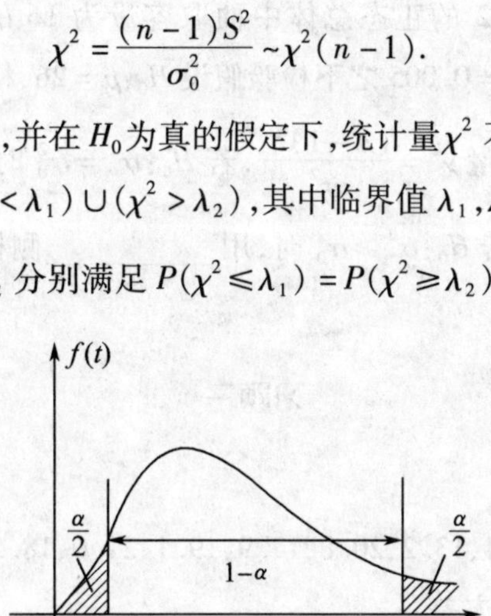

图 3－9－3

然后将样本观察值代入计算出 χ^2 的观察值，视其是否落入拒绝域而做出拒绝或接受 H_0 的判断.

例 2　某种导线的电阻 $\xi\sim N(\mu,0.005^2)$. 现从新生产的一批导线中随机抽出 10 根，测其电阻得标准差 $S=0.008\Omega$，在显著性水平 $\alpha=0.05$ 情况下，能否认为这批导线电阻的标准差仍为 0.005Ω？

解：由题意，提出假设：$H_0:\sigma^2=0.005^2;H_1:\sigma^2\neq0.005^2$.

计算χ^2的值:$\chi^2=\frac{(n-1)S^2}{\sigma_0^2}=\frac{(10-1)\times 0.008^2}{0.005^2}=23.04.$

确定临界值:由$\alpha=0.005$,自由度$n-1=9$,且

$P(\chi^2\geqslant\lambda_1)=1-\frac{\alpha}{2}=1-\frac{0.05}{2}=0.975$,

$P(\chi^2\geqslant\lambda_2)=\frac{\alpha}{2}=\frac{0.05}{2}=0.025$,

查χ^2分布临界值表得$\lambda_1=2.7,\lambda_2=19$,拒绝域为$(\chi^2<2.7)\cup(\chi^2>19)$.

作出判断:由于$\chi^2=23.04>19=\lambda_2$,落在拒绝域中,故拒绝$H_0$,即不能认为这批导线电阻的标准差仍为$0.005\Omega$.

同步练习 3-9

1. 假设检验中,显著性水平α表示原假设H_0为真时,__________的概率.
2. 从已知标准差$\sigma=5.2$的正态总体中抽取容量为16的样本,算得样本均值$\bar{x}=27.56$,在显著水平$\alpha=0.005$之下检验假设$H_0:\mu=26$,检验结果是________.
3. 在χ^2检验时,用统计量$\chi^2=\frac{(n-1)S^2}{\sigma^2}$,若$H_0:\sigma^2=\sigma_0^2$时,用________侧检验,它的拒绝域为________;若$H_0:\sigma^2\geqslant\sigma_0^2$时,用________侧检验,它的拒绝域可表示为________.

习题三

1. 已知样本观测值为

   15.8,24.2,14.5,17.4,13.2,20.8,17.9,19.1,21.0,18.5,16.4,22.6,

   试求样本均值和样本方差.
2. 设总体ξ服从正态分布$N\left(0,\frac{1}{100}\right)$,$\xi_1,\xi_2,\cdots,\xi_{50}$为总体的一个样本,求:

   (1)$P(|\bar{\xi}|\leqslant 0.02)$;(2)$P(|\bar{\xi}|>0.02)$.
3. 对某一距离进行独立测量,设测量值$\xi\sim N(\mu,\sigma^2)$,现测量了五次的数据为(单位:m):

   2781,2836,2807,2763,2858

   试求μ,σ的点估计值.
4. 从同一批次的某种饮料中抽取16瓶,测得其VC含量数据(单位:mg)如下:

   17,22,21,20,23,21,19,15,

13,17,23,20,18,22,16,25,

已知 VC 含量服从正态分布,均方差 $\sigma=3.98$,试以 98% 的可靠性估计该批次饮料 VC 含量均值的范围.

5. 某电子管的寿命 $\xi\sim N(\mu,\sigma^2)$,从一批产品中随机抽出 13 个进行检测,得到样本平均使用寿命为 1950 小时,样本标准差为 200 小时,求该批电子管平均使用寿命在显著性水平 $\alpha=0.01$ 下的置信区间.

6. 某区进行数学统考,初二年级平均成绩为 75.6 分,标准差为 7.4 分,从该区某中学中抽取 50 位初二学生,测得平均数学统考成绩为 78 分,试问在显著性水平 0.05 下该中学初二的数学成绩与全区数学成绩有无显著差异.

7. 已知某电器的平均电阻保持在 2.64Ω,更换新生产线后,测得 30 个零件的平均电阻为 2.62Ω,方差为 $0.0036\Omega^2$. 假设电阻值服从正态分布,问在显著性水平 0.01 下新生产线对此零件的电阻有无显著影响.

8. 某厂生产的某种型号的电池,其寿命长期以来服从方差为 5000(小时^2)的正态分布,现有一批这种电池,从它生产情况来看,寿命的波动性有所变化. 现随机抽取 26 只电池,测出其寿命的样本方差为 9200(小时^2). 问根据这一数据当 $\alpha=0.02$ 时能否推断这批电池的寿命的波动性较以往的有显著的变化.

自测题 A(基础层次)

一、单项选择题:(每小题 5 分,共 25 分)

1. 设容量 $n=10$ 的样本的观测值为 8,7,6,5,9,8,7,5,9,6,则样本均值和样本方差的观测值为(   ).

A. 7,20　　B. 7,2　　C. $7,\frac{7}{9}$　　D. $7,\frac{20}{9}$

2. 设总体 ξ 服从正态分布 $N(\mu,\sigma^2)$,$\xi_1,\xi_2,\cdots,\xi_n$ 为总体的一个样本,其中 μ 未知,而 σ^2 已知,则不能作为统计量的是(   ).

A. $\frac{1}{n}\sum_{i=1}^{n}\xi_i^2$　　B. $\frac{1}{\sigma^2}\sum_{i=1}^{n}\xi_i^2$

C. $\sum_{i=1}^{n}(\xi_i-\mu)^2$　　D. $\max\{\xi_1,\xi_2,\cdots,\xi_n\}$

3. 设总体 ξ 的分布函数为 $F(x)$,则总体均值 μ 和方差 σ^2 的矩估计分别为(   ).

A. $\hat{\mu}=\bar{\xi},\hat{\sigma}^2=\frac{1}{n}\sum_{i=1}^{n}\xi_i^2$　　B. $\hat{\mu}=\bar{\xi},\hat{\sigma}^2=\frac{1}{n}\sum_{i=1}^{n}(\xi_i-\bar{\xi})^2$

C. $\hat{\mu}=\bar{\xi},\hat{\sigma}^2=\frac{1}{n-1}\sum_{i=1}^{n}(\xi_i-\bar{\xi})^2$　　D. $\hat{\mu}=\xi,\hat{\sigma}^2=\sum_{i=1}^{n}(\xi_i-\bar{\xi})^2$

4. 设 $\xi \sim N(1,9)$，$\xi_1,\xi_2,\cdots,\xi_n$ 为 ξ 的样本，则(　　).

A. $\frac{\bar{\xi}-1}{3} \sim N(0,1)$　　　　B. $\frac{\bar{\xi}-1}{9} \sim N(0,1)$

C. $\frac{\bar{\xi}-1}{\frac{3}{\sqrt{n}}} \sim N(0,1)$　　　　D. $\frac{\bar{\xi}-1}{\sqrt{3}} \sim N(0,1)$

5. 对正态总体的数学期望 μ 进行假设检验，如果在显著水平 0.05 下接受 $H_0:\mu=\mu_0$，那么在显著水平 0.01 下，下列结论正确的是(　　).

A. 必接受 H_0　　　　B. 可能接受 H_0，也可能拒绝 H_0

C. 必拒绝 H_0　　　　D. 不接受 H_0，也不拒绝 H_0

二、填空题：(每小题 5 分，共 25 分)

1. 若一个样本的观察值为 0,0,1,1,0,1，则总体均值的矩估计值为________；

2. 设 $\xi_1,\xi_2,\cdots,\xi_{100}$ 是来自总体 $N(60,20^2)$ 的样本，$\bar{\xi}$ 为样本均值，则 $\bar{\xi}$ 的分布是________；

3. 设总体 ξ 服从二项分布 $B(m,p)$，m 已知，p 未知，$\xi_1,\xi_2,\cdots,\xi_n$ 为其样本，则 p 的矩估计量为________；

4. 设 $\xi_1,\xi_2,\cdots,\xi_9$ 是来自总体 $N(\mu,0.9^2)$ 的样本，样本均值为 $\bar{\xi}=5$，则未知参数 μ 的置信度为 95% 的置信区间是________；

5. 设 $\xi_1,\xi_2,\cdots,\xi_n$ 是来自总体 $N(\mu,\sigma^2)$ 的样本，σ^2 已知，要检验假设 $H_0:\mu=\mu_0$(μ_0 为已知常数)，检验的统计量为________.

三、计算解答题：(每小题 10 分，共 50 分)

1. 某厂生产的灯泡的使用寿命 $\xi \sim N(2250,\sigma^2)$(单位：小时)，抽取一个容量为 16 的样本，得到 $\bar{\xi}=2300$，$S=120$，求 $P(\bar{\xi}<2300)$.

2. 设总体 $\xi \sim N(2,0.5^2)$，样本容量 $n=9$，样本均值为 $\bar{\xi}$，求：
(1) $P(1.5<\xi<3.5)$；(2) $P(1.5<\bar{\xi}<3.5)$.

3. 设总体 $\xi \sim N(\mu,\sigma^2)$，其中 μ 未知，$\sigma=4.50$，现取得样本容量为 36 的一个样本，测得样本均值为 $\bar{\xi}=54.40$，试求 μ 的置信度为 95% 的置信区间.

4. 用某仪器测量温度，重复 5 次，得到一个样本，经计算得：样本均值为 $\bar{\xi}=1259$，样本方差为 $S^2=142.5$，若测得的数据服从正态分布，试求温度真值的置信度为 95% 的置信区间.

5. 已知某炼铁厂的铁水含碳量在正常情况下服从 $N(4.55,0.11^2)$，现测量了 9 炉铁水，计算出含碳量的平均值为 $\bar{\xi}=4.41$，如果标准差没有改变，问总体均值是否有显著变化.($\alpha=0.05$)

自测题 B(提高层次)

一、选择题:(每小题 5 分,共 25 分)

1. 设总体 ξ 服从正态分布 $N(\mu,\sigma^2)$,$\xi_1,\xi_2,\cdots,\xi_n$ 为总体的一个样本,其中 μ 已知,而 σ^2 未知,则(　　)不是统计量.

A. $\lim\limits_{1\leqslant i\leqslant n}\xi_i$　　B. $\bar{\xi}-\mu$

C. $\sum\limits_{i=1}^{n}\dfrac{\xi_i}{\sigma}$　　D. $\xi_n-\xi_1$

2. 设总体 ξ 服从正态分布,已知 $E\xi=-1$,$E\xi^2=4$,则容量为 n 的样本均值 $\bar{\xi}\sim$(　　).

A. $N\left(-1,\dfrac{3}{n}\right)$　　B. $N\left(-1,\dfrac{4}{n}\right)$

C. $N\left(-\dfrac{1}{n},4\right)$　　D. $N\left(-\dfrac{1}{n},\dfrac{3}{n}\right)$

3. 设 0,2,2,3,3 为来自均匀分布总体 $U(0,\theta)$ 的样本观察值,则 θ 的矩估计值为(　　).

A. 1　　B. 2　　C. 3　　D. 4

4. 无论 σ^2 是否已知,正态总体均值 μ 的置信区间的中心都是(　　).

A. μ　　B. σ^2　　C. $\bar{\xi}$　　D. S^2

5. 设总体 ξ 的分布中未知参数 θ 的置信度为 $1-\alpha$ 的置信区间为 $(\hat{\theta}_1,\hat{\theta}_2)$,即 $P(\hat{\theta}_1\leqslant\theta\leqslant\hat{\theta}_2)=1-\alpha$,则下列说法正确的是(　　).

A. 对 $\hat{\theta}_1,\hat{\theta}_2$,的观测值 a,b,恒有 $\theta\in(a,b)$

B. θ 以 $1-\alpha$ 的概率落入 $(\hat{\theta}_1,\hat{\theta}_2)$

C. 区间 $(\hat{\theta}_1,\hat{\theta}_2)$ 以 $1-\alpha$ 的概率包含 θ

D. θ 的数学期望 $E\theta$ 必属于 $(\hat{\theta}_1,\hat{\theta}_2)$

二、填空题:(每小题 5 分,共 25 分)

1. 当 σ^2 已知时,正态总体均值 μ 的 90% 的置信区间的长度为________;

2. 设 0,2,2,3,3 为来自均匀分布总体 $U(0,\theta)$ 的样本观察值,则 θ^2 的矩估计值为________;

3. U 检验和 T 检验都是关于________的假设检验;当________已知时,用 U 检验;当________未知时,用 T 检验;

4. 在 U 检验时,用统计量 $U=\dfrac{\bar{\xi}-\mu_0}{\sigma_0/\sqrt{n}}$,若检验假设 $H_0:\mu=\mu_0$,则拒绝域为________;

5. 设 $\xi_1,\xi_2,\cdots,\xi_n$ 是来自总体 $N(\mu,\sigma^2)$ 的样本,μ 未知,要检验假设 $H_0:\sigma^2=\sigma_0^2$(σ_0 为

已知常数)，检验的统计量为__________.

三、计算解答题：（每小题10分，共50分）

1. 已知某批螺栓的直径ξ（单位：cm）服从$N(20,0.05^2)$，从中任取36个，问这36个的平均直径$\bar{\xi}$落在区间(19.98,20.02)内的概率是多少.

2. 设总体$\xi \sim N(\mu,4)$，假如要以95%的概率保证样本均值$\bar{\xi}$与总体期望μ的偏差小于0.1，问样本容量应取多大.

3. 从正态总体$N(\mu,4^2)$中抽取容量为4的样本，样本均值为$\bar{\xi}=13.2$，求μ的置信度为95%的置信区间.

4. 为考察某大学成年男性的胆固醇水平，现抽取了样本容量为25的一个样本，并测得样本均值为$\bar{\xi}=186$，样本标准差为$S=12$，假定胆固醇水平$\xi \sim N(\mu,\sigma^2)$，μ与σ^2均未知，求μ的置信度为90%的置信区间.

5. 已知某一试验，其温度服从正态分布$N(\mu,\sigma^2)$，现在测量了温度的5个值为

$$1250,1265,1245,1260,1275,$$

问是否可以认为$\mu=1277$.（$\alpha=0.05$）

项目四

经济问题数学实验

知识目标

掌握数学软件中求极限、导数、积分、矩阵、概率统计等实验方法,并进行简单的建模实验.

能力目标

能根据数学软件 MATLAB 进行简单的经济问题的数学实验.

本项目的任务:数学实验

数学实验 任务一

创设情境

MATLAB 是 Matrix 和 Laboratory 两个词的组合,意为矩阵实验室. 是由美国 Math Works 公司发布的面对科学计算、可视化以及交互式程序设计的高科技计算环境. 它将数值分析、矩阵计算、科学数据可视化以及非线性动态系统的建模和仿真等诸多强大功能集成在一个易于使用的视窗环境中,为科学研究、工程设计以及必须进行有效数值计算的众多科学领域提供了一种全面的解决方案. MATLAB 是三大数学软件之一,可以进行矩阵运算、绘制函数和数据图形、实现算法、创建用户界面、连接其他编程语言的程序等,主要应用于工程计算、控制设计、信号处理与通讯、图像处理、信号检测、金融建模设计与分析等领域.

案 例 从一批滚珠中随机抽取50个,测得它们的直径(单位:mm)为

15.0,15.8,15.2,15.1,15.9,14.7,14.8,15.5,15.6,15.3,

15.1,15.3,15.0,15.6,15.7,14.8,14.5,14.2,14.9,14.9,

15.2,15.0,15.3,15.6,15.1,14.9,14.2,14.5,15.8,15.2,

15.9,15.2,15.0,14.9,14.8,14.5,15.1,15.5,15.5,15.1,

15.1,15.0,15.3,14.7,14.5,15.5,15.0,14.7,14.6,14.2,

是否可以认为这批滚珠的直径服从正态分布? 其中显著性水平 $\alpha=0.05$,求出总体的均值.

知识掌握

一、MATLAB 软件中常用的命令及功能(表一)

表一　　MATLAB 软件中命令窗口常用的命令及功能

MATLAB 常用命令	功能
cls	擦去一页命令窗口,光标回屏幕左上角
clear	清除工作空间中所有的变量
clear all	从工作空间清除所有变量和函数
clear 变量名	清除指定的变量
clf	清除图形窗口内容
delete <文件名>	从磁盘中删除指定的文件
help <命令名>	查询所列命令的帮助信息
which <文件名>	查询指定文件的路径
who	显示当前工作空间中所有变量的一个简单列表
whos	列出变量的大小、数据格式等详细信息
what	列出当前目录下的.m 文件和.mat 文件
load name	下载'name'文件中的所有变量到工作空间
load name x y	下载'name'文件中的变量 x、y 到工作空间
save name	保存工作空间变量到文件 name.mat 中
save name x y	保存工作空间变量 x,y 到文件 name.mat 中
pack	整理工作空间内存
size(变量名)	显示当前工作空间中变量的尺寸
length(变量名)	显示当前工作空间中变量的长度
↑或 <Ctrl + P>	调用上一行的命令

续表

MATLAB 常用命令	功能
↓或 < Ctrl + N >	调用下一行的命令
→或 < Ctrl + B >	退后一格
←或 < Ctrl + F >	前移一格
< Ctr← >	向左移一个单词
< Ctrl→ >	向右移一个单词
< Home > 或 < Ctrl + A >	光标移到行首
< End > 或 < Ctrl + E >	光标移到行尾
< Esc > 或 < Ctrl + U >	清除一行
< Del > 或 < Ctrl + D >	清除光标后字符
< Backspace > 或 < Ctrl + H >	清除光标前字符
< Ctrl + K >	清除光标至行尾处
< Ctrl + C >	中断程序运行

二、MATLAB 软件基本运算符(表二)

表二　　MATLAB 软件基本运算符

	数学表达式	MATLAB 运算符	MATLAB 表达式
加	$a+b$	+	a + b
减	$a-b$	−	a − b
乘	$a\times b$	*	a * b
除	$a\div b$	/或\	a/b 或 b\a
幂	a^b	^	a^b

三、MATLAB 软件中常用函数表(表三)

表三　　MATLAB 软件中部分常用函数表

MATLAB 常用函数	含义
sqrt(x)	平方根
abs(x)	绝对值
sign(x)	符号函数
exp(x)	以 e 为底的指数函数
pow2(x)	以 2 为底的指数函数

续表

MATLAB 常用函数	含义
log(x)	以 e 为底的对数函数
log10(x)	以 10 为底的对数函数
log2(x)	以 2 为底的对数函数
sin(x)	正弦函数
cos(x)	余弦函数
tan(x)	正切函数
cot(x)	余切函数
sec(x)	正割函数
csc(x)	余割函数
asin(x)	反正弦函数
acos(x)	反余弦函数
atan(x)	反正切函数
acot(x)	反余切函数
asec(x)	反正割函数
acsc(x)	反余割函数

四、常量与变量

1. 常量:MATLAB 中有一些预定义的量,这些特殊的量称为常量.

pi:圆周率　　*i* 或 *j*:虚数单位

Inf:无穷大　　*NaN*:表示不定值

2. 变量:用于暂时保存数据的量,每个变量都有一个名字和一个值.

变量命名遵循如下规则:

(1)变量名区分大小写;

(2)变量名最多包含 31 个字符,之后的字符将被忽略;

(3)变量名以字母开头,变量名中可以包含字母、数字、下划线,但不能使用标点;

注意:若在表达式后面跟分号“;”,MATLAB 系统只完成该命令要求的计算任务,将不显示结果.

【数学实验】

4-1 MATLAB 软件与微积分

实验一 MATLAB 软件与初等数学问题

【实验目的】利用 MATLAB 软件解决初等数学有关问题

【实验命令】MATLAB 常用的函数命令

命令	功能
expend(s)	符号表达式 s 的展开
factor(s)	把符号表达式 s 转换为多个因式相乘的形式,各多项式的系数均为有理数.
collect(s,v)	合并多项式 s 的同类项. 其中 s 是符号表达式,v 是合并同类项的变量.
simple(s)	寻找符号表达式的最简型
simplify(s)	符号表达式的化简

例 1 合并多项式 $(x+y)(x^2+y^2+1)$ 的同类项.

解:
```
≫syms x y;
≫R1 = collect((x + y) * (x^2 + y^2 + 1),y)
R1 =
    y^3 + x * y^2 + (x^2 + 1) * y + x * (x^2 + 1)
≫R2 = collect((x + y) * (x^2 + y^2 + 1))
R2 =
    x^3 + y * x^2 + (y^2 + 1) * x + y * (y^2 + 1)
```

例 2 分解因式 x^3-a^3.

解:
```
≫syms x a;
f = factor(x^3 - a^3)
f =
    -(a - x) * (a^2 + a * x + x^2)
```

例 3 化简 $\sin^2 x+\cos^2 x$

解:
```
≫f = sin(x)^2 + cos(x)^2;
≫simplify(f)
ans =
    1
≫[r,how] = simple(f)
r =
```

```
1
how =
      simplify
```

说明:如果 $r=\text{simple}(f)$ 则给出若干种方法的化简结果,r 为最简结果.

例 4　求 $(x-2)^3$ 的二项展开式.

解:≫syms x

```
≫expand((x-2)^3)
ans =
      x^3 - 6*x^2 + 12*x - 8
```

例 5　设 $f(x)=x^2+2x$,求 $f(1),f(2),\cdots,f(5)$.

解:≫x = 1:5;

```
f = x.^2 + 2*x
f =
   3   8   15   24   35
```

例 6　计算 $\dfrac{\sin(|x|+|y|)}{x^2+y^2}$,其中 $x=-1.3,y=5.6$.

解:≫x = -1.3;y = 5.6;

```
sin(abs(x) + abs(y))/(x^2 + y^2)
f =
   0.0175
```

实验二　MATLAB 软件与函数极限

【实验目的】利用 MATLAB 软件进行函数极限运算

【实验命令】求函数表达式极限的命令用"limit",使用该命令要用 syms 命令做相关符号命令说明,具体使用格式:

表达式	命令	功能
$\lim\limits_{x\to a}f(x)$	limit(f,x,a)	求函数 f 当 x 趋于 a 的极限
$\lim\limits_{x\to a}f(x)$	limit(f,a)	求 f 中的自变量(系统默认自变量为 x)趋于 a 的极限
$\lim\limits_{x\to 0}f(x)$	limit(f)	求 f 中的自变量趋于 0 的极限
$\lim\limits_{x\to a^-}f(x)$	limit(f,x,a,'left')	x 趋于 a 的左极限
$\lim\limits_{x\to a^+}f(x)$	limit(f,x,a,'right')	x 趋于 a 的右极限
$\lim\limits_{x\to +\infty}f(x)$	limit(f,x,inf)	x 趋于无穷大的极限
$\lim\limits_{x\to -\infty}f(x)$	limit(f,x,-inf)	x 趋于负无穷大的极限

例 1　求重要极限 $\lim\limits_{x \to 0} \frac{\sin x}{x}$.

解:≫syms x

≫limit(sin(x)/x ,x ,0)

ans =

1

说明:(1)syms x 做符号变量说明;

(2)limit(sin(x)/x ,x ,0)也可用 limit(sin(x)/x),此时使用了默认值 $a=0$.

例 2　求重要极限 $\lim\limits_{x \to \infty} \left(1 - \frac{1}{x}\right)^x$.

解:≫syms x

≫limit((1 - 1/x)^x ,x ,*inf*)

ans =

1/exp(1)

例 3　求极限 $\lim\limits_{x \to 0} \frac{\cos x - e^{\frac{-x^2}{2}}}{x^4}$.

解:≫syms x

≫limit((cos(x) - exp(- x^2/2))/x^4 ,x ,0)

ans =

-1/12

例 4　求极限 $\lim\limits_{x \to 0^+} \frac{1}{x}$.

解:≫syms x

≫limit(1/x ,x ,0 ,'right')

ans =

Inf

例 5　求极限 $\lim\limits_{x \to 0} \frac{2x - \ln 2^x - 1}{1 - \cos x}$.

解:≫syms x

≫limit((2^x - log(2^x) - 1)/(1 - cos(x)) ,x ,0)

ans =

log(2)^2

例 6　求极限 $\lim\limits_{x \to 0} \frac{1}{\sin x}$.

解：≫syms x

≫limit(1/sin(x))

ans =

NaN

实验三　MATLAB 软件与导数、微分

【实验目的】利用 MATLAB 软件计算函数的导数与微分

【实验命令】求导数的命令用“diff”，基本用法如下：

表达式	命令	功能
$f'(x)$	diff(f,x)	$f(x)$对 x 求导数
$f^{n}(x)$	diff(f,x,n)	$f(x)$对 x 求 n 阶导数

例 1　设 $y = x^2\ln x$，求 y', y'', y'''.

解：≫syms x

y = (x^2) * log(x);

≫diff(y,x)

ans =

2 * x * log(x) + x

≫diff(y,x,2)

ans =

2 * log(x) + 3

≫diff(y,x,3)

ans =

2/x

例 2　设 $y = e^{\frac{x}{2}}\sin 2x$，求 y', y''.

解：≫syms x

≫diff(exp(x/2) * sin(2 * x))

ans =

1/2 * exp(1/2 * x) * sin(2 * x) +2 * exp(1/2 * x) * cos(2 * x)

≫diff(1/2 * exp(x/2) * sin(2 * x) +2 * exp(x/2) * cos(2 * x))

ans =

-15/4 * exp(1/2 * x) * sin(2 * x) +2 * exp(1/2 * x) * cos(2 * x)

例 3　设 $y = x^2 \text{acrtan} x$，求 $y'|x = 5$.

解：≫syms x

y = (x^3) * atan(x);

≫dy = diff(y,x);

≫subs(dy,x,5)

ans =

107.8127

说明：计算函数在给定点处的导数可利用 subs 命令.

例 4　设参数方程 $\begin{cases} x = t\sin t, \\ y = t(1-\cos(t)), \end{cases}$ 求 $\frac{dy}{dx}$.

解：≫syms t

≫dx_dt = diff(t * sin(t));

≫dy_dt = diff(t * (1 - cos(t)));

≫dy_dx = dy_dt/dx_dt

dy_dx =

(1 - cos(t) + t * sin(t))/(sin(t) + t * cos(t))

例 5　已知 $e^y + y\sin x - e^x = 0$ 所确定的隐函数 $y(x)$，求 $\frac{dy}{dx}$.

解：≫syms x y

≫f = exp(y) + y * sin(x) - exp(x);

≫df_dx = diff(f,x)

df_dx =

y * cos(x) - exp(x)

≫df_dy = diff(f,y)

df_dy =

exp(y) + sin(x)

≫dy_dx = - df_dx/df_dy

dy_dx =

(exp(x) - y * cos(x))/(exp(y) + sin(x))

* 例 6　设 $u = \sqrt{x^2 + y^2 + z^2}$，求 u 的一阶偏导数.

解：方法 1：

≫syms x y z

≫du_dx = diff((x^2 + y^2 + z^2)^(1/2),x)（给出 x 的偏导数，此时 y，z 当成常数）

du_dx =

$1/(x^2+y^2+z^2)^(1/2)*x$

≫du_dy = diff($(x^2+y^2+z^2)^(1/2),y$)（给出 y 的偏导数，此时 x,z 当成常数）

du_dy =

$1/(x^2+y^2+z^2)^(1/2)*y$

≫du_dz = diff($(x^2+y^2+z^2)^(1/2),z$)（给出 z 的偏导数，此时 x,y 当成常数）

du_dz =

$1/(x^2+y^2+z^2)^(1/2)*z$

方法 2：也可使用 jacobian 函数求偏导数

≫syms x y z;

≫jacobian($(x^2+y^2+z^2)^(1/2),[x\ y\ z]$)

ans =

$[x/(x^2+y^2+z^2)^(1/2),y/(x^2+y^2+z^2)^(1/2),z/(x^2+y^2+z^2)^$
$(1/2)]$

＊例 7　求多项式 $x^5-5x^4+3x^3-6x^2+4x-1$ 的微分.

解：≫a = [1　-5　3　-6　4　-1];

≫d = polyder(a)

d =

5　-20　9　-12　4

实验四　MATLAB 软件与导数的应用问题

【实验目的】利用 MATLAB 软件解决导数的应用

【实验命令】求函数的极小值可以用“fminbnd”与“fminsearch”命令：

命令	功能
$[x,fv]$ = fminbnd(f,a,b)	求一元函数 f 在区间(a,b)内的极小值，f 为字符串，输出的 x 为极小值点，fv 为极小值
$[x,fv]$ = fminsearch($f,x0$)	求多元函数 f 在初值 $x0$ 附近的的极小值，f 为字符串，输出 x 为极小值点，fv 为极小值

例 1　求函数 $f(x)=x^2-6x$ 在区间$(0,4)$内的极小值.

解：≫f = ' x^2-6*x ';（这里单引号必须加上）

≫$[x,fv]$ = fminbnd(f,0,4)

x =

3.0000

$fv=$

-9

例 2　用一块边长为 48cm 的正方形铁皮,其四角各截去一块面积相等的小正方形,做成无盖的铁盒,问截去的小正方形边长为多少时,做出的铁盒容积最大,最大为多少?

解:设截去的小正方形边长为 $x$cm,铁盒的容积为 $V\text{cm}^3$,则有

$$V=x(48-2x)^2(0<x<24).$$

问题归结为:求 x 为何值时,函数 V 在区间(0,24)内取得最大值,即求 $-V$ 在区间(0,24)内的最小值.

```
≫f = '-x*(48-2*x)^2';
≫[x,fv] = fminbnd(f,0,24)
  x =
       8.0000
  fv =
       -8.1920e+003
```

答:截去的小正方形边长为 8cm 时,做出的铁盒容积最大,容积最大为 8192cm^3.

实验五　MATLAB 软件与积分

【实验目的】利用 MATLAB 软件解决不定积分与定积分的计算

【实验命令】求表达式积分的命令用"int",基本用法如下:

表达式	输入格式命令	含义
$\int f(x)dx$	int(f)	求 $f(x)$ 关于 x 的不定积分
$\int f(x)dx$	int(f,x)	求 $f(x)$ 关于 x 的不定积分
$\int_a^b f(x)dx$	int(f,a,b)	$f(x)$ 关于 x 在区间[a,b]上的定积分
$\int_a^b f(x)dx$	int(f,x,a,b)	$f(x)$ 关于 x 在区间[a,b]上的定积分
$\int_a^{+\infty} f(x)dx$	int(f,a,inf)	$f(x)$ 关于 x 在区间[$a,+\infty$]上的定积分
$\int_a^{+\infty} f(x)dx$	int(f,x,a,inf)	$f(x)$ 关于 x 在区间[$a,+\infty$]上的定积分

例 1　求不定积分 $\int x^3 e^{-x^2}dx$.

解:≫syms x

```
≫int(x^3 * exp( -x^2))
ans =
    -1/2 * x^2/exp(x^2) -1/2/exp(x^2)
```

例 2　求不定积分 $\int \frac{x}{\sqrt{1+x^2}}dx$.

解：
```
≫syms x
≫int(x/sqrt(x^2 +1))
ans =
    (x^2 +1)^(1/2)
```

说明：(1) sqrt 是求平方根.

(2) MATLAB 不自行添加常数 C.

例 3　求定积分 $\int_{\frac{\pi}{4}}^{\frac{\pi}{3}} \frac{x}{\sin^2 x}dx$.

解：
```
≫syms x
≫jf = int(x/sin(x)^2,pi/4,pi/3)
jf =
    -1/9 * pi * 3^(1/2) -1/2 * log(2) +1/2 * log(3) +1/4 * pi
```

例 4　求定积分 $\int_0^{\frac{\pi}{2}} \sin^4 x\cos^2 x dx$.

解：
```
≫syms x
≫jf = int(sin(x)^4 * cos(x)^2,0,pi/2)
jf =
    1/32 * pi
```

例 5　求积分 $\int_{-\infty}^{+\infty} \frac{1}{1+x^2}dx$.

解：
```
≫syms x
≫int(1/((x^2) +1),x, -inf,inf)
ans =
    pi
```

*例 6　求二重积分 $\int_0^1 \int_y^{\sqrt{y}} x\sin x dx$.

解：
```
≫syms x y
≫f = 'sin(x) * x';
≫int(int(f,x,y,sqrt(y)),y,0,1)
```

ans =

$5*\sin(1)-4*\cos(1)-2$

*例 7　求三重积分 $\int_0^1\int_0^x\int_0^{xy} xyzdzdydx$.

解：≫syms x y z

≫f = 'x*y*z';

≫int(int(int(f,z,0,x*y),y,0,x),x,0,1)

ans =

1/64

【习题 4－1 课后实验】

一、求函数 $f(x)=\sqrt{x}+\sin x$ 在 $x=1, x=\frac{\pi}{2}$ 时的函数值.

二、已知分段函数 $f(x)=\begin{cases} e^x\cos x, x\leqslant 0, \\ \ln x, 0<x\leqslant e, \\ \sqrt{x}, x>e, \end{cases}$ 求 $f(-8)$，$f(1.5)$，$f(3)$ 及 $f(8)$.

三、求下列极限：

1. $\lim\limits_{x\to 1}(x^2-2x+5)$；　　2. $\lim\limits_{x\to 2}\frac{x^2-x-2}{x-2}$；

3. $\lim\limits_{x\to 0}\frac{\sqrt{1+x^2}-1}{x^2}$；　　4. $\lim\limits_{x\to\infty}\frac{x^3-2x^2+3}{3x^3+x^2-4x+1}$；

5. $\lim\limits_{x\to 0^+}2^{\frac{1}{x}}$；　　6. $\lim\limits_{x\to 0^-}\frac{\sin 3x}{x}$.

四、求下列函数的一阶导数：

1. $y=3x^6$；　　2. $y=\cos x^2$；　　3. $y=\sin^2(1-3x)$.

五、求函数 $y=e^{-x}\sin x$ 的二阶导数.

六、求下列函数的积分：

1. $\int x^2dx$；　　2. $\int\frac{x}{1+x^2}dx$；

3. $\int\sqrt{4-x^2}dx$；　　4. $\int\frac{x^3}{1+x^2}dx$；

5. $\int_0^{\frac{\pi}{2}}\sin^2 x\cos xdx$；　　6. $\int_0^1 xe^x dx$.

4-2 MATLAB 软件与线性代数

实验六 MATLAB 软件与矩阵运算

【实验目的】利用 MATLAB 软件解决矩阵的加、减、乘法、转置的运算,并会求逆矩阵和矩阵的秩

【实验命令】

表达式	命令	功能
	$A \pm B$	矩阵 A 与 B 的和与差
	$A * B$	矩阵 A 与 B 的乘法
	A^k	矩阵 A 的 k 次方
	$k * A$	数 k 与矩阵 A 的数乘
A^T	A'	矩阵 A 的转置
$\|A\|$	det(A)	求方阵 A 的行列式
A^{-1}	inv(A)或A^(-1)	求矩阵 A 的逆矩阵
$R(A)$	rank[A]	矩阵 A 的秩
	rref(A)	求矩阵 A 的行简化阶梯矩阵
	rref([A,eye(3)])	用初等行变换求逆矩阵,A 为 n 阶方阵,结果中第 $n+1$ 列到第 $2n$ 列的方阵为 A 的逆矩阵
$\begin{bmatrix}1&0&0\\0&1&0\\0&0&1\end{bmatrix}$	eye(3)	生成三阶的单位矩阵
求 $AX=B$ 的解	A\B(左除\,即 B 左乘 A 逆)	A 是方阵,高斯消元法求解;当 A 为奇异矩阵时有警告
求 $XA=B$ 的解	B/A(右除/,B 右乘 A 逆)	

例 1 $A=\begin{bmatrix}1&2&3\\2&3&4\\3&4&5\end{bmatrix}, B=\begin{bmatrix}3&2&4\\2&5&3\\2&3&1\end{bmatrix}$,求 $A+B, A-B, A-2$.

解:≫A=[1,2,3;2,3,4;3,4,5];

≫B=[3,2,4;2,5,3;2,3,1];

≫C1=A+B

C1 =

4 4 7

4 8 7

5 7 6

≫C2 = A − B

C2 =

−2 0 −1

0 −2 1

1 1 4

≫A − 2

ans =

−1 0 1

0 1 2

1 2 3

例 2 $A=\begin{bmatrix}1&2&3\\2&3&4\\3&4&5\end{bmatrix}, B=\begin{bmatrix}3&2&4\\2&5&3\\2&3&1\end{bmatrix}$，求 $A*5, A*B$.

解：≫A = [1,2,3;2,3,4;3,4,5];

≫B = [3,2,4;2,5,3;2,3,1];

≫C1 = A * 5

C1 =

5 10 15

10 15 20

15 20 25

≫C2 = A * B

C2 =

13 21 13

20 31 21

27 41 29

例 3 $A=\begin{bmatrix}1&2&3\\0&1&0\\3&2&1\end{bmatrix}, B=\begin{bmatrix}1\\2\\1\end{bmatrix}, C=\begin{bmatrix}1&2&3\\4&5&6\\7&8&9\end{bmatrix}$，求 $A\backslash B, B/A, A./C, A.\backslash C$

解：≫A = [1,2,3;0,1,0;3,2,1];

≫B = [1;2;1];

```
≫C=[1,2,3;4,5,6;7,8,9];
≫C1=A\B
  C1=
        -0.7500
        2.0000
        -0.7500
≫B=B'
  B=
     1   2   1
≫C2=B/A
  C2=
        0.2500      1.0000      0.2500
≫C4=A./C
  C4=
        1.0000   1.0000   1.0000
          0      0.2000     0
        0.4286   0.2500   0.1111
≫C3=A.\C
  C3=
        1.0000   1.0000   1.0000
          Inf    5.0000    Inf
        2.3333   4.0000   9.0000
```

说明:A/B 相当于 A 右乘 B 的逆;A./B 是 A 的每个元素与 B 的每个元素对应相除;A.\B是 B 的每个元素与 A 的每个元素对应相除.

例 4　$B=\begin{bmatrix}1 & 2\\ 3 & 4\end{bmatrix}$,求 B^T.

解:≫B=[1,2;3,4];

```
≫B'
  ans=
      1   3
      2   4
```

例 5　矩阵的逆

解:≫A=magic(3)

```
A =
    8  1  6
    3  5  7
    4  9  2
≫B = inv(A)
B =
    0.1472   -0.1444    0.0639
   -0.0611    0.0222    0.1056
   -0.0194    0.1889   -0.1028
```

说明:magic(n)函数返回一个由整数1到整数n^2组成的$n\times n$矩阵,该矩阵的各行与各列元素的和相等,$n\geqslant 3$.

例6　设矩阵$A=\begin{bmatrix}1&2&1\\2&1&2\\-3&2&-5\end{bmatrix}$,求(1)矩阵$A$的秩;(2)矩阵$A$的行最简阶梯形矩阵;(3)矩阵$A$的逆矩阵.

解:

```
≫A = [1,2,1;2,1,2;-3,2,-5];
≫rank(A)
  ans =
     3
≫rref(A)
  ans =
     1  0  0
     0  1  0
     0  0  1
≫inv(A)
  -1.5000   2.0000    0.5000
   0.6667  -0.3333    0
   1.1667  -1.3333   -0.5000
≫rref([A,eye(3)])
  1.0000   0        0        -1.5000   2.0000    0.5000
  0        1.0000   0         0.6667  -0.3333    0
  0        0        1.0000    1.1667  -1.3333   -0.5000
```

例 7　求解矩阵方程 $\begin{bmatrix}2 & 1\\1 & 2\end{bmatrix}X=\begin{bmatrix}1 & 2\\5 & 6\end{bmatrix}$.

解:
```
>>A=[2,1;1,2];
>>B=[1,2;5,6];
>>X=A\B
X =
    -1.0000   -0.6667
     3.0000    3.3333
```

例 8　求三阶单位矩阵的秩.

解:
```
>>r1=rank(eye(3))
r1 =
    3
```

例 9　矩阵的下标.

解:
```
>>A=[1,2,3,4,5;6,7,8,9,10;11,12,13,14,15;16,17,18,19,20];
>>A(2:3,4:5)(取矩阵的2,3行;4,5列交点上的元素构成新矩阵)
ans =
    9   10
    14  15
>>A([1,2],[2,4])(取矩阵的1,2行;2,4列交点上的元素构成新矩阵)
ans =
    2   4
    7   9
>>A(end,:)
ans =
    16  17  18  19  20
```

说明:A(end,:)含义取矩阵 A 最后一行.

实验七　MATLAB 软件与解方程组

【实验目的】利用 MATLAB 软件解决齐次与非齐次线性方程组求解问题

【实验命令】

<table>
<tr><th>命令</th><th colspan="2">功能</th></tr>
<tr><td>rank(A)≠rank([A,B])</td><td colspan="2">无解</td></tr>
<tr><td rowspan="3">rank(A)=rank([A,B])</td><td>rank(A)<n</td><td>有无穷多解,利用 rref 命令求通解</td></tr>
<tr><td rowspan="2">rank(A)=n</td><td>有唯一解,若 m=n(A 为非奇异阵),利用 rref 命令、A\B、inv(A)*B 求解</td></tr>
<tr><td>有唯一解,若 m>n,利用 rref 命令、A\B 求解</td></tr>
</table>

例 1　解线性方程组 $\begin{cases} x_1+x_2-x_3=3, \\ x_1+2x_2-3x_2=1, \\ x_1+3x_2-6x_3=4. \end{cases}$

解:法一:≫A=[1 1 -1;1 2 -3;1 3 -6];(多项式用向量表示)

≫B=[3 1 4]';(B 是列向量,也可写成 B=[3;1;4]的形式)

≫rref([A,B])

ans =

```
1  0  0   10
0  1  0  -12
0  0  1   -5
```

得原方程组唯一解 $\begin{cases} x_1=10, \\ x_2=-12, \\ x_3=-5. \end{cases}$

法二:≫A=[1 1 -1;1 2 -3;1 3 -6];(多项式用向量表示)

≫B=[3 1 4]';

≫X=A\B

X =

```
 10
-12
 -5
```

例 2　解线性方程组 $\begin{cases} x_1-2x_2+x_3=0, \\ 2x_1-3x_2+x_3=-4, \\ 4x_1-3x_2-x_3=-20. \end{cases}$

解:≫A=[1,-2,1;2,-3,1;4,-3,-1];(多项式用向量表示)

≫B=[0;-4;-20];

```
>>rref([A,B])
  ans =
      1  0  -1  -8
      0  1  -1  -4
      0  0   0   0
```

得原方程组的一般解 $\begin{cases} x_1 = -8 + x_3, \\ x_2 = -4 + x_3, \end{cases}$ 其中 x_3 为自由未知量.

例 3　解线性方程组 $\begin{cases} x_1 + 2x_2 - 3x_3 = -11, \\ -x_1 - x_2 + x_3 = 7, \\ 2x_1 - 3x_2 + x_3 = 6, \\ -3x_1 + x_2 + 2x_3 = 4. \end{cases}$

解：

```
>>A=[1,2,-3;-1,-1,1;2,-3,1;-3,1,2];(多项式用向量表示)
>>B=[-11;7;6;4];
>>rref([A,B])
  ans =
      1  0  0  0
      0  1  0  0
      0  0  0  1
```

因为 $r(A) \neq r([A,B])$，原方程组无解.

*例 4　解方程组 $\begin{cases} x_1 + x_2 + x_3 + x_4 - 3x_5 - x_6 + x_7 = 0, \\ x_1 + x_5 + x_6 = 0, \\ -2x_1 - x_4 - x_6 - 2x_7 = 0. \end{cases}$

解：

```
>>A=[1 1 1 1 -3 -1 1;1 0 0 0 1 1 0;-2 0 0 -1 0 -1 -2];(多项式用向量表示)
>>r=rank(A);(求矩阵 A 的秩)
>>x=null(A,r)
  x =
      -0.2555    0.0565   -0.3961   -0.3138
      -0.0215    0.7040    0.5428    0.0967
       0.2218   -0.1603   -0.2941    0.7991
       0.8915    0.0717   -0.0151   -0.2386
       0.1752    0.4429   -0.2353    0.2039
       0.0803   -0.4994    0.6314    0.1099
      -0.2304    0.1573    0.0879    0.3781
```

说明:x 的列向量为 $Ax=0$ 的一个基本解(基础解系中解向量).

实验八　MATLAB 软件与线性规划问题

【实验目的】利用 MATLAB 软件解决线性规划求解问题

【实验命令】用 MATLAB 解线性规划问题不要求化为标准形式,而是要求化为如下形式:

$$\min S = cx,$$
$$s.t.\begin{cases} Ax \leqslant b, \\ A_1 x = b_1, \\ LB \leqslant x \leqslant UB. \end{cases}$$

命令	功能
[x,fval] = linprog(c,A,b,A1,b1,LB,UB,x0)	$\min S = cx$ 解线性规划:$s.t.\begin{cases} Ax\leqslant b \\ A_1x=b_1 \\ LB\leqslant x\leqslant UB \end{cases}$

例 1　解线性规划问题

$$\max S = 3x_1 + 8x_2 - 4x_3,$$
$$s.t.\begin{cases} x_1 + 3x_2 + 2x_3 = 8, \\ x_1 + x_2 - x_3 \geqslant 3, \\ x_1, x_2, x_3 \geqslant 0. \end{cases}$$

解:问题化为 $\min S' = -3x_1 - 8x_2 + 4x_3$,

$$s.t.\begin{cases} -x_1 - x_2 + x_3 \leqslant -3, \\ x_1 + 3x_2 + 2x_3 = 8, \\ x_1, x_2, x_3, \geqslant 0. \end{cases}$$

```
≫c = [-3, -8,4];
≫A = [-1, -1,1];
≫b = -3;
≫A1 = [1,3,2];
≫b1 = 8;
≫LB = [0,0,0];
≫[x,y] = linprog(c,A,b,A1,b1,LB)
  x =
```

8.0000

0.0000

0.0000

$y =$

−24.0000

得原问题的最优解 $\begin{cases} x_1 = 8, \\ x_2 = 0, \\ x_3 = 0, \end{cases}$ 目标函数的最大值为 24.

【习题 4－2 课后实验】

一、求矩阵 $\begin{bmatrix} 1 & 2 & 3 \\ 2 & 2 & 1 \\ 3 & 4 & 3 \end{bmatrix}$ 的逆矩阵.

二、求矩阵 $\begin{bmatrix} 1 & 2 & 3 & 4 \\ 1 & -2 & 4 & 5 \\ 1 & 10 & 1 & 2 \end{bmatrix}$ 的秩.

三、解线性方程组 $\begin{cases} x_1 + 2x_2 - 3x_3 = -11, \\ -x_1 - x_2 + x_3 = 7, \\ 2x_1 - 3x_2 + x_3 = 6, \\ -3x_1 + x_2 + 2x_3 = 5. \end{cases}$

四、解齐次线性方程组 $\begin{cases} x_1 - 3x_2 + 2x_3 + x_4 = 0, \\ 2x_1 + 4x_2 - x_3 - 3x_4 = 0, \\ -x_1 - 7x_2 + 3x_3 + 4x_4 = 0, \\ 3x_1 + x_2 + x_3 - 2x_4 = 0. \end{cases}$

五、解线性规划问题

$$\max S = 2x_1 + 4x_2,$$

$$s.t. \begin{cases} x_1 + 2x_2 \leqslant 8, \\ x_1 \leqslant 4, \\ x_2 \leqslant 3, \\ x_1 \geqslant 0, x_2 \geqslant 0. \end{cases}$$

六、解线性规划问题

$$\min S = 2x_1 + 2x_2,$$

$$s.t. \begin{cases} x_1 - x_2 \geqslant 1, \\ -x_1 + 2x_2 \leqslant 4, \\ x_1 \geqslant 0, x_2 \geqslant 0. \end{cases}$$

4-3 MATLAB 软件与概率论、数理统计分析

实验九 MATLAB 软件与概率及随机变量

【实验目的】利用 MATLAB 软件解决概率及数字特征计算

【实验命令】

命令	功能
binopdf(k,n,p)	二项分布中,随机变量 X 等于 k 的概率,即二项分布的概率分布
binocdf(k,n,p)	二项分布中,随机变量 X 不大于 k 的概率,即二项分布的累积分布函数
poisspdf(X,lambda)	泊松分布中,随机变量 X 等于 k 的概率,即泊松分布的概率分布
poisscdf(X,lambda)	泊松分布中,随机变量 X 不大于 k 的概率,即泊松分布的累积分布函数
unifcdf(c,a,b)	均匀分布 U[a,b] 中,随机变量 X 小于 c 的概率,即均匀分布的累积分布函数
normcdf(c,mu,sigma)	正态分布 $N(\mu,\sigma^2)$ 中,随机变量 X 小于 c 的概率,即正态分布的累积分布函数
expcdf(c,lambda)	指数分布 $e(\lambda)$ 中,随机变量 X 小于 c 的概率,即指数分布的累积分布函数
sum(X. *P)	求离散型随机变量 X 的数学期望,一般用 E(X) 表示
sum(X2. *P) - (sum(X. *P))^2 其中,X2 = [X^2]	求离散型随机变量 X 的方差,,一般用 D(X) 表示
[E,D] = binostat(n,p)	二项分布 B(n,p) 的期望与方差,其中 E 为期望,D 为方差
[E,D] = poisstat(lambda)	泊松分布 $P(\lambda)$ 期望与方差,其中 E 为期望,D 为方差
int(x*f,x,-inf,+inf)	求连续型随机变量 X 的数学期望,一般用 E(X) 表示
int((x^2)*f,x,-inf,+inf) - (int(x*f,x,-inf,+inf))^2	求连续型随机变量 X 的方差,一般用 D(X) 表示
[E,D] = uinfstat(a,b)	均匀分布 U[a,b] 的期望与方差,其中 E 为期望,D 为方差
[E,D] = expstat(P,lambda)	指数分布 $e(\lambda)$ 的期望与方差,其中 E 为期望,D 为方差
[E,D] = normstat(mu,sigma)	正态分布 $N(\mu,\sigma^2)$ 的期望与方差,其中 E 为期望,D 为方差

例 1　求下列概率：

(1)随机变量 X 服从二项分布 $B(30,0.05)$，求 $P(X=4)$ 与 $P(X\leqslant 4)$；

(2)随机变量 X 服从泊松分布 $P(8)$，求 $P(X\geqslant 5)$ 与 $P(3<X\leqslant 9)$.

解：(1)≫P1 = binopdf(4,30,0.05)

P1 =

0.0451

≫P2 = binocdf(4,30,0.05)

P2 =

0.9844

(2)≫P1 = 1 - poisscdf(4,8)

P1 =

0.9004

≫P2 = poisscdf(9,8) - poisscdf(3,8)

P2 =

0.6742

说明：$P(X\geqslant 5)=1-P(X<5)$

例 2　设某电子厂生产的电子元件使用寿命 X 服从 $\lambda=1000$ 的指数分布，该厂规定寿命低于 200h 的原件可以退货，求不退货的产品占总产品的比例.

解：显然，$X\sim E(1000)$，要求 $P(X>200)$.

≫1 - expcdf(200,1000)

ans =

0.8187

即不退货的产品占总产品的比例为 81.87%.

例 3　设随机变量 X 的分布列为

X	−2	−1	0	1	2
P	0.1	0.2	0.3	0.2	0.2

求 X 的数学期望与方差.

解：≫X = [-2, -1,0,1,2];

≫P = [0.1,0.2,0.3,0.2,0.2];

≫EX = sum(X. * P)

EX =

0.2000

```
≫X2 = [(-2)^2,(-1)^2,0^2,1^2,2^2];
≫DX = sum(X2.*P) - (EX)^2
  DX =
      1.5600
```

即 X 的期望与方差分别为 0.2000 与 1.5600.

例 4　求服从下列分布的数学期望与方差:

(1) $X \sim B(100,0.3)$;(2) $X \sim P(0.8)$.

解:
```
≫[E,D] = binostat(100,0.3)
  E =
      30
  D =
      21
≫[E,D] = poisstat(0.8)
  E =
      0.8000
  D =
      0.8000
```

例 5　设随机变量 X 的密度函数为 $f(x)=\frac{1}{2}e^{-|x|}$,求 X 的期望与方差.

解:
```
≫syms x
  f = (1/2)*exp(-abs(x));
≫EX = int(x*f,x,-inf,+inf)
  EX =
      0
≫EX2 = int((x^2)*f,x,-inf,+inf);
≫DX = EX2 - (EX)^2
  DX =
      2
```

例 6　求服从下列分布的数学期望与方差:

(1) X 服从 $U[5,10]$;(2) X 服从 $N(2,10^2)$.

解:(1)
```
≫[E,D] = unifstat(5,10)
  E =
      7.5000
```

$D =$

2.0833

(2)≫[E,D] = normstat(2,10)

$E =$

2

$D =$

100

实验十　MATLAB 软件与数理统计

【实验目的】利用 MATLAB 软件进行简单的统计实验

【实验命令】

命令	功能
R = betarnd(A,B)	创建 Beta 分布;返回一个从指定的下限和上限端点 A 和 B 的 Beta 分布产生的随机数的数组 R
R = betarnd(A,B,m,n,…	创建 Beta 分布;返回一个从指定的下限和上限端点 A 和 B 的 Beta 分布产生的随机数的数组 R,其维数为 $m\times n$
R = betarnd(A,B,[m,n,…])	创建 Beta 分布;返回一个从指定的下限和上限端点 A 和 B 的 Beta 分布产生的随机数的数组 R,其维数为 $m\times n$
R = binornd(N,P)	创建参数为 n 与 p 的二项分布
R = binornd(N,P),m,n,…)	创建参数为 n 与 p 的二项分布,其维数为 $m\times n$
R = binornd(N,P),[m,n,…])	创建参数为 n 与 p 的二项分布,其维数为 $m\times n$
[mu, sigma, muci, sigmaci] = normfit(X, alpha)	正态分布的估计,mu,sigma,muci,sigmaci 分别是正态分布中参数均值 μ 与标准差、σ 的点估计与区间估计值
mean(x)	求数据的均值
[phat, pci] = mle(x,'distribution','norm','alpha',α);	极大似然估计的函数 mle;参数'alpha',及其取值 α 设置区间估计的置信度,二者成对出现,若省略,默认为 0.05;phat 指分布的参数的极大似然估计值;pci 指参数区间估计的置信上限和下限
[h, p, Jbstat, CV] = jbtest(X,α)	Jbtest 函数用来检验样本是否服从正态分布. 该命令返回检验的临界值 CV;观测值 Jbstat 大于或等于临界值 CV 时,jbtest 函数会做出拒绝原假设的推断,其中原假设表示样本服从正态分布. $h=0$,则在 $\alpha=0.05$ 下接受假设;$h=1$;则在 $\alpha=0.05$ 下拒绝假设;当 $p\leqslant\alpha$ 时拒绝原假设
[h,p,ci,zval] = ztest(x,m,sigma,α,tail)	ztest 函数实现 U 检验法;x 为样本数据,m 为待检验均值,sigma 为正态分布的标准差;α 为显著性水平,默认值为 0.05;tail 可取值为 0,1,或 −1;tail 为检验的备择假设的标示值(当 tail = 0 表示双侧检验;当 tail = 1 表示右侧检验;当 tail = −1 表示左侧检验). $h=0$,接受假设;$h=1$ 拒绝假设. p 值为拒绝原假设的最小显著性概率值;ci 是真实均值 μ 的 $1-\alpha$ 的置信区间

续表

命令	功能
[h, p, ci, stats] = ttest(x, m, α, tail)	ttest 函数实现单总体的 t 检验法；总体的均值为 m，α 为显著性水平，默认值为 0.05；tail 可取值为 0，1，或 -1；当 tail = 0 时，备选假设 $\bar{x} \neq m$；当 tail = 1 时，备选假设 $\bar{x} > m$；当 tail = -1 时，备选假设 $\bar{x} < m$；$h = 0$，接受假设；$h = 1$，拒绝假设. p 值是在样本均值为 m 的原假设下，在统计意义上较大的概率值，p 值很小则拒绝原假设；ci 是置信度为 $1-\alpha$ 的置信区间. stats 包括：tstat 为检验统计量观察值；df 为 t 检验的测试自由度；sd 为样本的标准差

注意：MATLAB 实验中，输入样本数据 X 必须是一个向量；因此大数据的输入要自然断行.

例 1　创建 Beta 分布.

解：

```
>>clear all
  a = [1 1;2 2];
  b = [1 2;1 2];
>>r = betarnd(a,b)
  r =
     0.1730   0.0778
     0.8700   0.2792
>>r = betarnd(10,10,[1 5])
  r =
     0.5036   0.3283   0.6056   0.5905   0.4171
>>r = betarnd(4,2,2,3)
  r =
     0.5312   0.5359   0.6466
     0.6734   0.8916   0.3550
```

例 2　创建二项分布.

解：

```
>>clear all
  n = 10:10:60;
>>r1 = binornd(n,1./n)
  r1 =
      0   0   0   2   1   0
>>r2 = binornd(n,1./n,[1 6])
  r2 =
```

```
1 2 2 1 0 0
≫r3 = binornd(n,1./n,1,6)
r3 =
  0 0 0 1 2 0
```

例 3 （学生身高的变化）中国近 20 多年的经济发展使得人民的生活得到了很大的提高,不少家长都觉得这一代孩子的身高比上一代有了很大的变化.下面是近期北京市某中学的 50 名 17 岁城市男性学生身高的数据(单位:cm)：

170.1,170.0,171.5,173.1,174.1,177.2,170.3,176.2,163.7,175.4,
163.3,179.0,176.5,178.4,165.1,179.4,176.3,179.0,173.9,173.7,
173.3,172,.3,169.3,172.8,176.4,163.7,177.0,165.9,166.6,167.4,
174.0,174.3,184.5 171.9,181.4,164.6,176.4,172.4,180.3,160.5,
166.2,173.5,171.7,167.9,168.7,175.6,179.6,171.6,168.1,172.2

把身高看作服从正态分布 $N(\mu,\sigma^2)$,请对整体均值 μ 与标准差 σ 作出点估计和区间估计($\alpha=0.05$).

解:
```
≫X = [170.1,170.0,171.5,173.1,174.1,177.2,170.3,176.2,163.7,175.4,
  163.3,179.0,176.5,178.4,165.1,179.4,176.3,179.0,173.9,173.7,
  173.3,172.3,169.3,172.8,176.4,163.7,177.0,165.9,166.6,167.4,
  174.0,174.3,184.5,171.9,181.4,164.6,176.4,172.4,180.3,160.5,
  166.2,173.5,171.7,167.9,168.7,175.6,179.6,171.6,168.1,172.2];
≫[mu,sigma,muci,sigmaci] = normfit(X,0.05)
mu =
    172.5260
sigma =
      5.3061
muci =
    171.0180
    174.0340
sigmaci =
      4.4323
      6.6121
```

所以得到学生的身高均值和标准差的点估计和区间估计:

均值的点估计:172.5260cm;标准差的点估计:5.3061cm.

均值的区间估计:(171.0180,174.0340);标准差的区间估计:(4.4323,6.6121).

例4　随机产生100个服从正态分布$N(2,0.5^2)$的样本数据X,并用这些数据估计总体$N(\mu,\sigma^2)$中的参数μ,σ,求出参数的最大似然估计值和置信度为99%的置信区间.

分析:随机产生的100个数据可视为总体中抽出容量为100的样本,样本的观测值就是这具体的100个数据,可用命令normfit(X,alpha)求出参数μ,σ的估计.

解:其实现的MATLAB程序代码如下:

```
≫clear all
  X = normrnd(2,0.5,100,1);(产生100个样本数据)
≫[mu,sigma,muci,sigmaci] = normfit(X,0.01)
  mu =
      2.0240
  sigma =
        0.4343
  muci =
        1.9099
        2.1380
  sigmaci =
          0.3665
          0.5298
```

说明:参数μ,σ的估计最大似然值分别为2.0240、0.4343,参数μ,σ的置信度为99%的置信区间分别为[1.9099,2.1380]、[0.3665,0.5298].这一估计结果和总体$N(\mu,\sigma^2)$中的参数真实数值$\mu=2,\sigma=0.5$是非常接近的.

例5　从一批灯泡中随机抽取5只做使用寿命实验,测得使用寿命(单位:h)分别如下:1050、1100、1120、1250、1280.设灯泡使用寿命服从正态分布,试在置信度为0.95的情况下估计灯泡的平均使用寿命.

解:其MATLAB程序代码如下:

```
≫clear all
  x = [1050,1100,1120,1250,1280];
  N = length(x);
  muEST = mean(x)
  muLOWER = muEST - tinv(0.95,N-1) * sqrt(var(x)/N)
```

运行程序,输出如下.

```
muEST = 1160
muLOWER = 1.0649e+003
```

计算结果表明,这批灯泡的平均使用寿命约为 1160h,以 0. 95 的概率保证这批灯泡的平均使用寿命不低于 1065h.

例 6　通常引用常数的测定值服从均值为 μ、标准差为 σ 的正态分布. 某人在实验中使用金球测定引力常数,6 次测定观察值分别为 6. 683、6. 681、6. 676、6. 678、6. 679、6. 672. 试用极大似然估计法对未知参数 μ 和 σ 作出估计.

解:其实现的 MATLAB 程序代码如下

```
>>clear all;
  x = [6.683,6.681,6.676,6.678,6.679,6.672];
  phat = mle(x,'distribution','norm','alpha',0.05)
```

运行程序,输出如下:

```
phat =
      6.6782   0.0035
```

即金球测定的 μ 估计值为 6. 6782,σ 的估计值为 0. 0035.

例 7　引用常数的测定值 $X \sim N(\mu,\sigma^2)$,现分别使用金球和铂球进行实验测定.

1)用金球测定,观察值分别为 6. 683、6. 681、6. 676、6. 678、6. 679、6. 672;

2)用铂球测定,观察值分别为 6. 661、6. 661、6. 667、6. 667、6. 664.

试针对 1)、2)两种情况分别对引力常数测定值的均值和标准差进行估计(置信度为 0. 9).

解:MATLAB 数据处理(调用 mle 函数)如下:

```
>>clear all
  x = [6.683  6.681  6.676  6.678  6.679  6.672];
  y = [6.661  6.661  6.667  6.667  6.664];
  [phat,pci] = mle(x,'alpha',0.1)(金球测定的估计)
  [PHAT,PCI] = mle(y,'alpha',0.1)(铂球测定的估计)
```

运行程序,输出如下:

```
phat =
      6.6782   0.0035
pci =
     6.6750   0.0026   6.6813   0.0081
PHAT =
       6.6640   0.0027
PCI =
     6.6611   0.0019   6.6669   0.0071
```

计算结果表明,金球测定的 μ 的估计值为 6. 6782,置信区间为[6. 6750,6. 6813];σ 的计值为0.0035,置信区间为[0.0026,0.0081].铂球测定的μ估计值为6.6640,置信区间为[6.6611,6.6669];σ的估计值为0.0027,置信区间为[0.0019,0.0071].

案例的讨论解决

解:其MATLAB程序代码如下:

```
≫clear all
X=[15.0,15.8,15.2,15.1,15.9,14.7,14.8,15.5,15.6,15.3,
   15.1,15.3,15.0,15.6,15.7,14.8,14.5,14.2,14.9,14.9,
   15.2,15.0,15.3,15.6,15.1,14.9,14.2,14.6,15.8,15.2,
   15.9,15.2,15.0,14.9,14.8,14.5,15.1,15.5,15.5,15.1,
   15.1,15.0,15.3,14.7,14.5,15.5,15.0,14.7,14.6,14.2];
[h,P,Jbstat,CV]=jbtest(X,0.05)
mu=mean(X)
```

运行程序,输出如下:

```
h =
  0
p =
  0.5000
Jbstat =
    0.4573
CV =
   4.9697
mu =
   15.0780
```

其中,$h=0$表示在显著性水平$\alpha=0.05$下接受原假设,且$p=0.5000$表明接受假设的概率也很大,测试值Jbstat=0.4573小于临界值$CV=4.9697$,所以接受原假设,此时均值为mu=15.0780.

例8 某种子公司在销售胡萝卜种子的说明书中声称:用此种子种出的胡萝卜的平均长度为11.5cm.某人买了40粒这种胡萝卜种子,种植后得到的胡萝卜长度数据为:

11.50,10.08,12.14,12.33,10.68,13.37,13.37,11.96,12.38,12.20,
11.79,12.88,11.32,14.51,11.84,12.31,13.23,12.07,11.89,11.04,
12.34,10.46,12.84,13.87,11.20,12.99,13.44,10.17,10.34,12.66,
11.54,12.79,12.94,12.82,13.48,12.77,13.37,10.62,11.98,11.82.

问在显著性水平 0.05 下是否可以接受这个种子公司关于胡萝卜的平均长度的说明.

解:用 X 表示胡萝卜的长度,可以认为 $X \sim N(\mu, 1.15^2)$;现在需要解答假设检验问题

$H_0: \mu = 1.15.$

```
≫clear all
X = [11.50,10.08,12.14,12.33,10.68,13.37,13.37,11.96,12.38,12.20,
     11.79,12.88,11.32,14.51,11.84,12.31,13.23,12.07,11.89,11.04,
     12.34,10.46,12.84,13.87,11.20,12.99,13.44,10.17,10.34,12.66,
     11.54,12.79,12.94,12.82,13.48,12.77,13.37,10.62,11.98,11.82];
≫[h,sig] = ztest(X,11.5,1.15,0.05,0)
  h =
      1
  sig =
      1.7154e-004
```

则在显著性水平 0.05 下,拒绝原假设.

即在显著性水平 0.05 下不接受这个种子公司关于胡萝卜的平均长度的说明.

例 9　某车间用一台包装机包装葡萄糖,包得的袋装糖重量是一个随机变量,它服从正态分布. 当机器正常时,其均值为 0.5 千克,标准差为 0.15 千克. 某日开工后为了检验包装机是否正常,随机地抽取所包装的葡萄糖 9 袋,称得净重(单位:kg)为 0.497,0.506,0.518,0.524,0.498,0.511,0.52,0.515,0.512,问机器是否正常.

解:

```
≫clear all
X = [0.497,0.506,0.518,0.524,0.498,0.511,0.52,0.515,0.512];
≫[h,p,ci,u] = ztest(X,0.5,0.015,0.05,1)
h =
    1
p =
    0.0124
ci =
    0.5030 Inf
u =
    2.2444
```

结果表明,在显著性水平 0.05 下,可拒绝原假设,即认为包装机工作不正常,每袋葡萄糖平均质量大于 0.5 千克,由 ci 的值可知,每袋葡萄糖的平均质量不低于 0.503 千克的可信程度为 0.95.

若忽视每袋葡萄糖质量的标准差已知的条件,则可调用 ttest 函数完成检验工作.

≫[h,p,ci,T] = ttest(X,0.5,0.05,1)

运行程序,输出如下:

```
h =
    1
  p =
      0.0036
  ci =
      0.5054 Inf
T =
    tstat:3.5849
df:8
sd:0.0094
```

结果表明,在置信度 0.05 下,t 检验亦拒绝原假设,即认为包装机工作不正常,每袋葡萄糖的平均质量大于 0.5 千克;且由 p 值可知,这个结论在置信度 0.01 下也是成立的. 由 ci 的值可知,每袋葡萄糖的平均质量不低于 0.5054 千克的可信程度为 0.99,结论错误的风险概率为 0.01. 输出参数 T 报告检验统计量的观测值 tstat = 3.5849,t 分布的自由度 df = 8,对每袋葡萄糖质量标准的估计 sd = 0.0094.

实验十一　MATLAB 软件与图形的可视化

【实验目的】利用 MATLAB 软件实现图形的可视化

【实验命令】

命令	功能
plot(x,y,'s')	绘制二维曲线;s 是可选参数,指定绘制曲线线型、颜色、数据点形状,不选则为默认值
plot($x1$,$y1$,'$s1$',$x2$,$y2$,'$s2$',…)	每三项为一组,绘制多条曲线
ezplot(f,[a,b])	绘制函数 f 在区间[a,b]上的图形,当区间[a,b]缺省时,默认区间[-2π,2π]
plot3(X,Y,Z,'s')	分别以 X,Y,Z 为横、纵、竖坐标绘制三维曲线
surf(X,Y,Z)	分别以 X,Y,Z 为横、纵、竖坐标绘制曲面图
mesh(X,Y,Z)	分别以 X,Y,Z 为横、纵、竖坐标绘制网线图
normspec(specs,mu,sigma)	specs 的两个元素确定正态分布密度曲线的上下限;mu,sigma 为正态分布的均值与标准差

例 1　绘制$[0,2\pi]$上的正弦函数图像.

解：
```
>>x=[0:pi/50:2*pi]';
>>y=sin(x);
>>plot(x,y);
>>xlabel('x 轴')
>>ylabel('y 轴')
>>title('正弦函数图像')
```

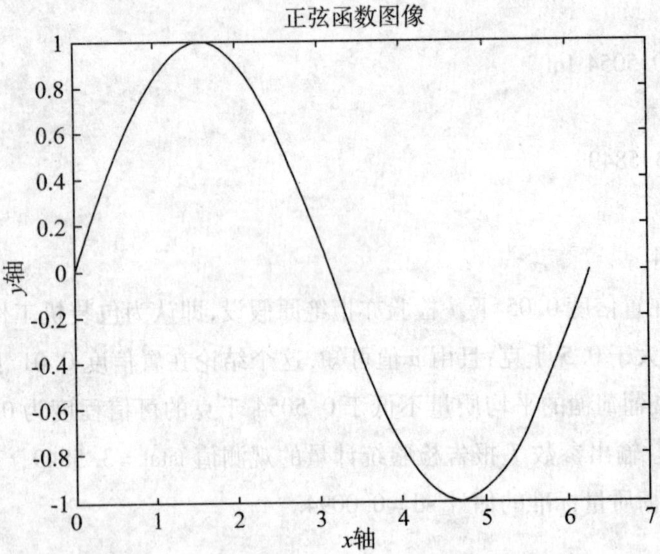

例 2　在两个图形窗口中，分别绘制函数 $y=\sin(x)$ 和 $y=\cos(x)$ 在定义域 $x\in[0.2\pi]$ 内的图像.

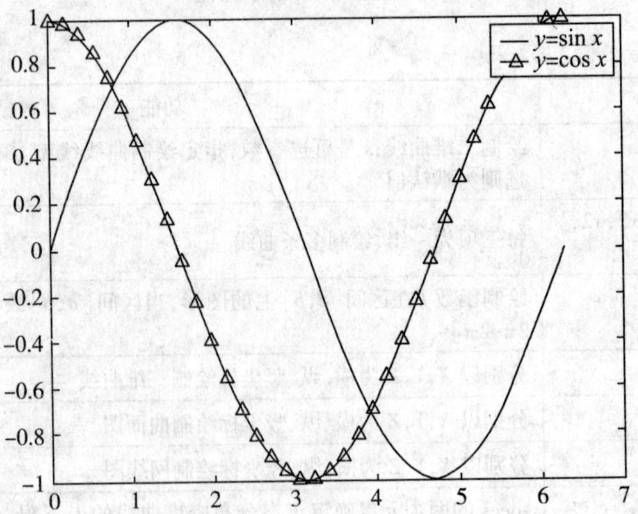

解：
```
>>x=linspace(0,2*pi,36);
>>y1=sin(x);
```

≫$y2=\cos(x)$；

≫plot(x,$y1$，'r'，x,$y2$,'b -^')（r,b 为颜色可选参数,r 表示红色,b 表示蓝色）

例 3　绘制 $y=x^2$ 的图形.

解:≫ezplot('x^2',[-2,2])

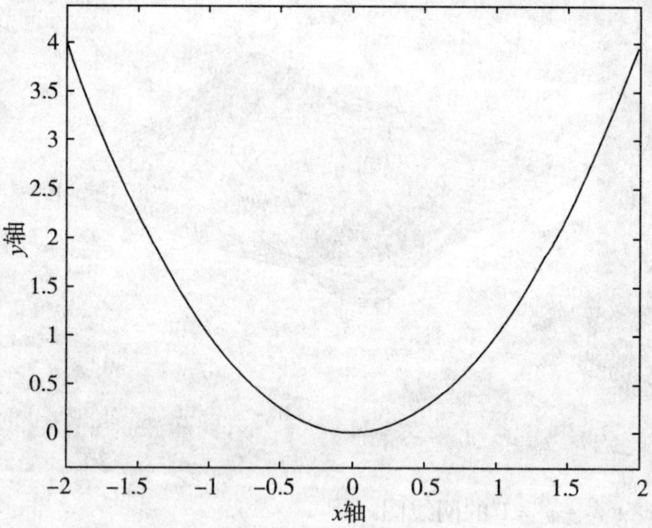

例 4　绘制三维曲线 $\begin{cases} x=\sin(t), \\ y=\cos(t), \\ z=t. \end{cases}$

解:≫$t=0:0.1:20*pi$;

≫plot3(sin(t),cos(t),t)

≫xlabel('t'),ylabel('sin(t)'),zlabel('cos(t)'),title('plot3')

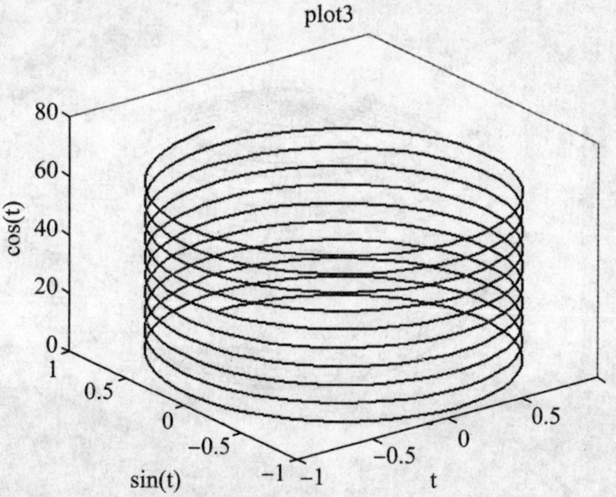

例 5　绘制三维网面 $z=xe^{-x^2-y^2}$ 的图形.

解:≫[X,Y] = meshgrid(-2:.2:2, -2:.2:2);

≫Z = X. * exp(- X. ^2 - Y. ^2);

≫surf(X, Y, Z)

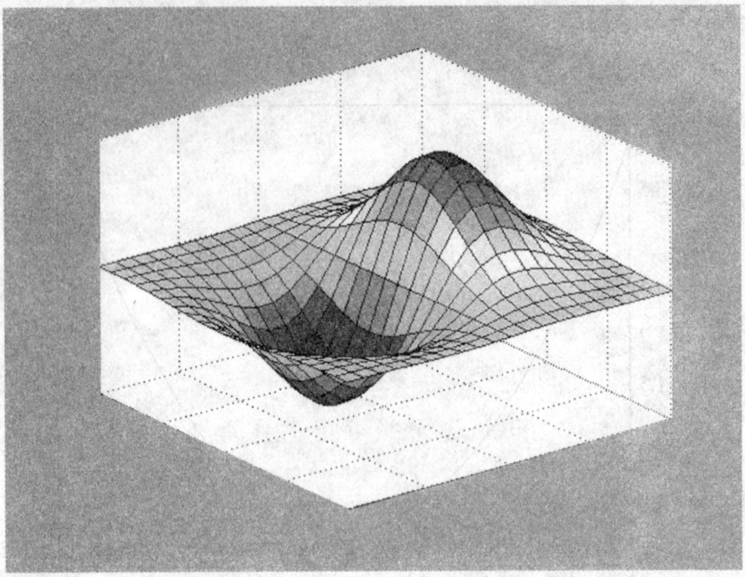

例 6　绘制 $x^2+y^2+z^2=1$ 的网线图.

解:≫[x, y, z] = sphere(30);

≫mesh(x, y, z)

≫xlabel('x')

≫ylabel('y')

≫zlabel('z')

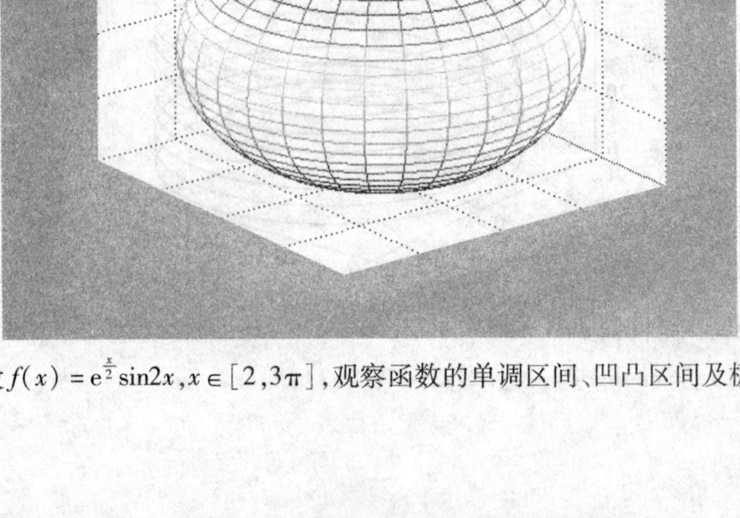

例 7　设 $f(x)=e^{\frac{x}{2}}\sin 2x, x\in[2,3\pi]$，观察函数的单调区间、凹凸区间及极值点、拐点；

进一步掌握导数在研究函数形态方面的应用.

解:≫$x = 2:0.1:3*pi$;

≫$y1 = exp(x/2).*sin(2*x)$;

≫$y2 = 1/2*exp(1/2*x).*sin(2*x) + 2*exp(1/2*x).*cos(2*x)$;

≫$y3 = -15/4*exp(1/2*x).*sin(2*x) + 2*exp(1/2*x).*cos(2*x)$;

≫$y4 = zeros(1, length(x))$;

≫plot(x, $y1$, 'b', x, $y2$, 'g', x, $y3$, 'r', x, $y4$)

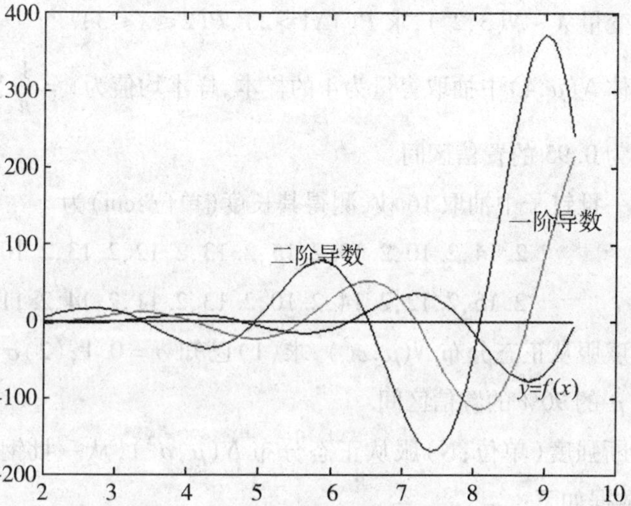

例 8　谷物加工者生产成箱的谷片,每箱质量规定为 10kg,但实际装箱过程中造成质量偏差,从而使平均每箱谷片的质量为 11.35kg,标准差为 1.15kg,则有多少箱的质量大于 10kg?

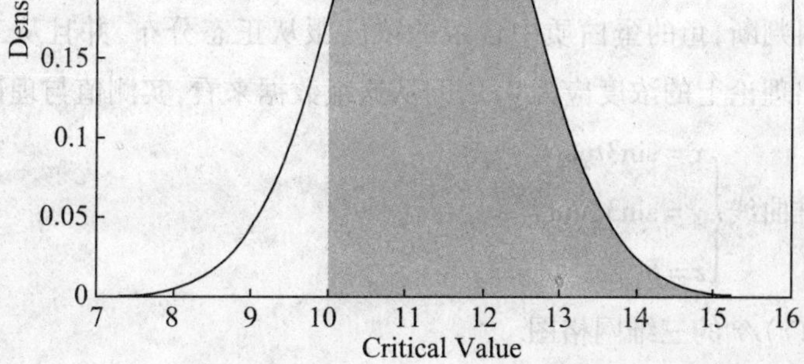

解:≫clear all;

normspec([10,inf],11.35,1.15)

ans =

0.8798

【习题4-3课后实验】

一、计算：

1. 设随机变量 $X\sim N(0,1)$，求 $P(X<1.65)$，$P(1.65\leqslant X\leqslant 2.09)$.

2. 设随机变量 $X\sim N(3,2^2)$，求 $P(|X|>2)$，$P(2\leqslant X\leqslant 3)$.

二、从正态总体 $N(\mu,4)$ 中抽取容量为4的样本，样本均值为 $\bar{x}=\frac{1}{n}\sum_{i=1}^{n}x_i=13.2$，求 μ 的置信水平为0.95的置信区间.

三、随机地从一批钉子中抽取16枚，测得其长度(单位：cm)为

2.14，2.10，2.13，2.15，2.13，2.12，2.13，2.10

2.15，2.12，2.14，2.10，2.13，2.11，2.14，2.11.

设钉子长度服从正态分布 $N(\mu,\sigma^2)$，求(1)已知 $\sigma=0.1$；(2) σ 未知，两种情况下总体均值 μ 的90%的置信区间.

四、钢丝的折断强度(单位：N)服从正态分布 $N(\mu,\sigma^2)$，从一批钢丝中抽取10个样品，测得数据如下：

568，570，570，570，572

572，578，572，584，596.

求方差 $N(\mu,\sigma^2)$ 的置信水平为0.95的置信区间.

五、已知某炼铁厂的铁水含碳量在正常情况下服从 $N(4.55,0.110^2)$，现测了九炉铁水，其含碳量分别为4.27，4.32，4.52，4.44，4.51，4.55，4.35，4.28，4.45.

如果标准差没有改变，总体均值是否有显著变化？

六、由于工业排水引起附近水质的污染，测得鱼的蛋白质中含汞的浓度(单位：ppm)为：0.37，0.266，0.135，0.095，0.101，0.213，0.228，0.167，0.766，0.054. 从过去大量的资料判断，鱼的蛋白质中含汞的浓度服从正态分布，并且从工艺过程分析可以推算出理论上的浓度应为0.1，问从这组数据来看，实测值与理论值是否符合.

七、绘制三维曲线 $\begin{cases}x=\sin 3t\cos t,\\ y=\sin 3t\sin t,\\ z=t.\end{cases}$

八、绘制 $\sin(r)/r$ 的三维网格图.

习题参考答案

项目一

任务一

同步练习 1-1

1. (1)$200+10q, q\in[0,120]$; $10+\frac{200}{q}$

(2)$15q$ (3)$5q-200$; $q=40$

2. (1)9 (2)9

(3)$p=2$ 时,$L(q)<0$,亏本

3. (1)$20p-3p^2$ (2)3,33

同步练习 1-2-1

1. D 2. D 3. ±1 4. A 5. D

6. 存在,0 7. $a=1$

同步练习 1-2-2

1. D 2. B 3. A 4. A

5. (1)× (2)√ (3)√

同步练习 1-2-3

1. A 2. C 3. C 4. A 5. B 6. A

7. (1)不存在 (2)2 (3)4

同步练习 1-2-4

1. B 2. D 3. B 4. D

5. (1)1 (2)2 6. D 7. D

8. (1)$\frac{2}{3}$ (2)e^4

同步练习 1-3

1. 约为 522.06 元

2. 11972.17 元

3. (1)√ (2)√ (3)√ 4. $b=1$

习题一

1. (1)0 (2)不存在 (3)1 (4)0

2. (1)1 (2)6 (3)-1 (4)5

3. (1)15 (2)∞ (3)4 (4)0

4. (1)无穷小 (2)无穷大 (3)无穷小

(4)无穷小

5. (1)3 (2)2 (3)e^4 (4)e^2

自测题 A(基础层次)

一、1. D; 2. A 3. C 4. D 5. C

二、1. ∞ 2. 1 3. 0 4. 2

5. $\lim\limits_{x\to x_0^-}f(x)=\lim\limits_{x\to x_0^+}f(x)$ 6. 1

三、1. e^4 2. -3 3. 0 4. $\frac{1}{4}$ 5. 2

自测题 B(提高层次)

一、1. D 2. D 3. C 4. A 5. B 6. B

二、1. $-\frac{1}{2}$ 2. 0 3. $\frac{1}{2}$ 4. e^2 5. $x=0$

6. $f(\xi)=0$

三、1. 0 2. $\frac{\pi}{3}$ 3. $\frac{1}{4}$ 4. $\frac{2}{5}$

5. $a=9, k=\frac{1}{6}$

6. 1　7. $\frac{x^2+4}{x^2-1}$　8. $\alpha>0$

任务二

同步练习 1-4-1

1. (1) √ (2) × (3) × (4) √

2. $-\sin x$　3. $\frac{1}{2\sqrt{x}},0$

4. $5x^4,\frac{3}{2}x^{\frac{1}{2}},\frac{1}{3}x^{-\frac{2}{3}}$

5. $2^x\ln2,e^x,a^x\ln a$

6. $\sec^2x,\frac{1}{1+x^2}$　7. 略

同步练习 1-4-2

1. B　2. $10x^4+\frac{1}{x}-e^x+4\cos x$

3. $\frac{1}{x\ln2}-\frac{1}{x^2}-2^x\ln2+\frac{4}{1+x^2}$

4. $2\cos(2x+3)$

5. $-\tan x$　6. $20(2+5x)^3$

7. $\frac{1}{x+1}$

8. 错，应为：$(\ln\sin x)'=\frac{1}{\sin x}\cdot\cos x=\cot x$

同步练习 1-4-3

1. (1) $\frac{y}{y-1}$　(2) $\frac{y-x^2}{y^2-x}$

2. A　3. C　4. D

同步练习 1-5

1. (1) ×　(2) √　(3) √
   (4) √　(5) ×

2. (1) $3e^{3x}dx$　(2) $2\cos2xdx$

   (3) $\left(-\frac{1}{x^2}+\frac{1}{\sqrt{x}}\right)dx$　(4) $\left(2^x\ln2+\frac{1}{\sqrt{x}}\right)dx$

3. $8(1+2x)^3dx$　4. $20(2+5x)^3dx$

5. $\left(10x+\frac{1}{x}-2^x\ln2-4\sin x\right)dx$

6. $(8x+20)dx$

同步练习 1-6

1. A　2. ×

3. 单增区间为$(-\infty,-1)\cup(1,+\infty)$；单减区间为$(-1,1)$；极大值点为$x=-1$，极大值为$f(-1)=4$；极小值点为$x=1$，极小值为$f(1)=0$

4. A　5. C　6. 100 件

同步练习 1-7、1-8

1. (1) $C(q)=10+q^2-10q$

   (2) $R(q)=20q$

   (3) $L(q)=30q-q^2-10$

   (4) $L'(8)=14$，当产量为 8 吨时，每增加一吨的产量，约增加 14 万元的利润；

   $L'(15)=0$，当产量为 15 吨时，每增加一吨的产量，不会增加利润；

   $L'(20)=-10$，当产量为 20 吨时，每增加一吨的产量，约减少 10 万元的利润

   (5) 15 吨　(6) 解决企业的利润最大化问题，为企业生产经营进行决策

2. (1) $-\frac{2p^2}{75-p^2}$　(2) $75p-p^3$

   (3) $\frac{75-3p^2}{75-p^2}$

   (4) $p=4$ 时，$\frac{EQ}{Ep}=-\frac{32}{59}$，表示若价格上涨 1%，需求量将减少百分之$\frac{32}{59}$；$p=4$ 时，$\frac{ER}{Ep}=\frac{27}{59}$，表示若价格上涨 1%，总收益将增加百分之$\frac{27}{59}$

   (5) 弹性分析法可以确定企业产品的营

销策略

3. 由 $C'(10)=4<\overline{C}(10)=14$ 知：在产量为10万件的基础上，再多生产1件产品，总成本增加4元，比14元/件的成本要低，因此，单纯从降低成本的角度看，应该继续提高产量

4. $R'(10)=6$；在销量为10件的基础上，再多销售1件产品，总收入会增加6个单位

5. 5　50　250；当 $p=4$ 时，若价格上涨1%，总收益将增加0.46%

习题二

2. $x+2y-3=0$；$2x-y-1=0$

3. (1) $x-\frac{4}{x^3}$　(2) $2^x\ln2+8x^7$

(3) $18x^2-30x+12$　(4) $e^x\left(\ln x+\frac{1}{x}\right)$

(5) $\sin x\cdot\ln x+x\cos x\cdot\ln x+\sin x$

4. (1) $15(3x+1)^4$　(2) $2^x\ln2\cdot\cos2^x$

(3) $\frac{2x}{1+x^2}$　(4) $\frac{2}{x}+\frac{2\ln x}{x}$

(5) $\frac{1}{2\sqrt{x}(1+x)}$

5. (1) $60x^3-24x$　(2) $2x(3+2x^2)e^{x^2}$

(3) $\frac{2(1-x^2)}{(1+x^2)^2}$　(4) $-4\cos4x$

6. 单增区间为 $(-\infty,-1)\cup(1,+\infty)$ 单减区间为 $(-1,1)$　极大值点为 $x=-1$，极大值为 $f(-1)=8$　极小值点为 $x=1$，极小值为 $f(1)=-4$

7. 证明：由于对任意实数 x 都有 $y'=1-\frac{2x}{1+x^2}=\frac{(x-1)^2}{1+x^2}\geqslant0$，所以原函数在定义域内单调增加.

8. 3

9. $L'(20)=50$，表示当每天生产20t时，再多生产1t产品，增加的利润为50；$L'(25)=0$，表示当每天生产25t时，再多生产1t产品，增加的利润为0；$L'(30)=-50$，表示当每天生产30t时，再多生产1t产品，利润会减少50

10. $-2p\ln2$

11. $\left.\frac{EQ}{Ep}\right|_{p=10}=-2$，表示当价格为10元时，若价格上涨1%，需求量将减少2%

12. (1) $\left(\frac{1}{2\sqrt{x}}-\frac{2}{x^3}\right)dx$

(2) $(2x\sin x+x^2\cos x)dx$

(3) $\frac{x}{\sqrt{1+x^2}}dx$

(4) $3\sin^2x\cos x dx$

自测题 A(基础层次)

一、1. D　2. B　3. C　4. B　5. C　6. C

二、1. 5　2. $\frac{1}{x}$

3. $-\tan x dx$　4. $x=\pm1$

5. $-\frac{1}{x^2}$　6. 1

三、1. $15x^2-2^x\ln2+3e^x$　2. 3e

3. $\frac{(x^2+1)\cos x-2x\sin x}{(x^2+1)^2}dx$

4. $\tan x(2\sec^2x-1)dx$

5. $-2\sin x-x\cos x$

6. $5x-4y-14=0$ 和 $x+4y-14=0$

四、0.0083m

自测题 B(提高层次)

一、1. A　2. B　3. C　4. C　5. D　6. C

二、1. $\frac{2}{3}$　2. 1

3. $-\frac{1}{2}\tan x dx$

4. $x=2k\pi \quad (k\in \mathbf{Z})$

5. $4^x\ln 2$　6. 209

三、1. $\frac{\tan x}{2\sqrt{x}}+\sqrt{x}\sec^2 x-\frac{2}{\sqrt{1-x^2}}$　2. 1

3. $-\frac{12\ln\cot(3x-7)}{\sin 2(3x-7)}dx$

4. $2\text{arccot}x-\frac{2x}{1+x^2}$　5. $x+2y-1=0$

6. $a=1, b=0$

四、证明：由已知 $af(x)=f(x+1)$，……(1)

当 $x=0$ 时有 $af(0)=f(1)$，……(2)

又由已知 $f'(0)=b$ 得 $\lim\limits_{x\to 0}\frac{f(x)-f(0)}{x}=b$，

则有 $\lim\limits_{x\to 0}\frac{af(x)-af(0)}{x}=ab$，

将(1)、(2)代入上式 $\lim\limits_{x\to 0}\frac{f(x+1)-f(1)}{x}=ab$

由导数定义知：$f'(1)=ab$.

任务三

同步练习 1-9-1

1. B　2. D　3. B　4. $-\cos x+C$

5. x^3+C　6. $x^3-2x-\cos x+C$

同步练习 1-9-2

1. $-\frac{1}{3}\cos 3x+C$　2. $e^{x^2+1}+C$

3. $\frac{1}{2}(\ln x)^2+C$　4. $\frac{1}{2}e^{x^2}+C$

同步练习 1-9-3

1. C

2. (1) $\sin x-x\cos x+C$

(2) $\frac{x^2}{2}\ln x-\frac{x^2}{4}+C$

(3) $\frac{x^2+1}{2}\arctan x-\frac{x}{2}+C$

同步练习 1-10-1

1. (1)常量

(2)积分区间$[a,b]$和被积函数$f(x)$

(3) ×　√　×

2. (1) ≥　(2) ≥

3. (1) $\frac{1}{2}$　(2) $-\frac{1}{2}$　(3) 0

同步练习 1-10-2

1. D　2. C　3. D　4. C　5. B　6. D

7. $e-1$　8. 1　9. 1　10. $\frac{5}{6}$

同步练习 1-10-3

1. (1) $2-2\ln 2$　(2) $2\ln 2-1$

2. (1) 0　(2) 0　(3) $\frac{8}{3}$　3. 1

同步练习 1-10-4

1. $\frac{e^2+1}{4}$　2. 1　3. 1　4. 1

同步练习 1-11

1. $C(q)=5q^2+28q+50$

2. (1) 950　(2) 750

3. (1) $q=10$

(2) -250，总利润减少 250 万元

习题三

2. (1) $\frac{x^3}{3}-2\cos x+C$　(2) $\frac{4}{7}x^{\frac{7}{4}}+C$

(3) $\frac{x^2}{2}-3x+C$　(4) $\tan x-\cot x+C$

3. (1) $\frac{1}{5}e^{5x}+C$

(2) $\frac{1}{3}(\ln x)^3+C$

(3) $\frac{1}{2}\sin(x^2+2)+C$

(4) $\frac{1}{2}(\arctan x)^2+C$

4. (1) $x^2e^x-2xe^x+2e^x+C$

(2) $\frac{x^5}{5}\ln x-\frac{1}{25}x^5+C$

(3) $\left(\frac{x^2}{2}+x\right)\ln x-\left(\frac{x^2}{4}+x\right)+C$

(4) $x\arctan x-\frac{1}{2}\ln(1+x^2)+C$

5. (1)9　(2)π　(3)20　(4)0

6. (1) $\frac{3}{2}-6\ln 2$　(2) $1-\frac{\pi}{4}$

(3) $\frac{23}{7}-3e$　(4)8

自测题 A(基础层次)

一、1. C　2. D　3. D　4. D　5. A

二、1. $x\cos x-\sin x+C$　2. π　3. 略

4. $-\frac{9}{2}$　5. $3-\frac{1}{e}$

三、1. $-\frac{1}{5^x\ln 5}-\frac{1}{3^x\ln 3}+C$

2. $\frac{\pi}{4}-\frac{2}{3}$　3. $\frac{2}{3}$

4. $\frac{19}{3}$　5. $e-2$

四、当 $q=2$ 时利润最大,最大利润为 8

自测题 B(提高层次)

一、1. B　2. C　3. B　4. C　5. B

二、1. $xf'(x)-f(x)+C$

2. $\frac{x^4}{4}\ln x-\frac{x^4}{16}+C$

3. 原函数　4. 0　5. -1

三、1. $\frac{1}{2}\ln^2(\ln x)+C$

2. $\sqrt{x^2+4}+C$

3. $\frac{1}{5}e^{2x}(\sin x+2\cos x)+C$

4. $\pi-2$

5. $2\ln(2+\sqrt{5})-\sqrt{5}+1$

四、证明:

$$\begin{aligned}左边&=\int_a^b tf''(t)\,dt=\int_a^b t\,df'(t)\\&=tf'(t)\Big|_a^b-\int_a^b f'(t)\,dt\\&=tf'(t)\Big|_a^b-f(t)\Big|_a^b\\&=bf'(b)-af'(a)-f(b)+f(a)\\&=右边\end{aligned}$$

5. (1) $R=50q-q^2$; $C=6q+100$; $L=-q^2+44q-100$

(2)当 $q=22$ 时利润最大,最大利润为 384

(3) $\Delta L=-400$,即总利润减少 400

项目二

任务一

同步练习 2-1

1. $\begin{bmatrix}4&-1&4\\-4&3&3\\-1&-12&8\end{bmatrix}$　2. $\begin{bmatrix}-1&5\\7&6\\1&0\end{bmatrix}$

3. $\begin{bmatrix}4&2\\9&7\end{bmatrix}$　4. C　5. $n\times p$

6. $\begin{bmatrix}10&-1\\4&-1\end{bmatrix}$, $\begin{bmatrix}1&2&3\\-2&1&2\\5&5&7\end{bmatrix}$

同步练习 2-2

1. 3　2. E　3. $\begin{bmatrix}-2&0&1\\7&-2&-1\\5&-1&-1\end{bmatrix}$

同步练习 2-3

1. $A_{ij}=(-1)^{i+j}M_{ij}$

2. 这两种行列式的值都等于其主对角线上的元素之积

3. (1)6 (2)20

4. (1)1 (2)0 (3)0 (4)0

5. $x_1=2, x_2=1$

习题一

1. (1)$\begin{bmatrix} 3 & 9 \\ -3 & 3 \end{bmatrix}$ (2)$\begin{bmatrix} 2 & 4 \\ 0 & -1 \end{bmatrix}$

2. (1)$\begin{bmatrix} 7 & 3 & 3 \\ 6 & 3 & 4 \\ 3 & 4 & 7 \end{bmatrix}$

(2)$\begin{bmatrix} -4 & 0 & 0 \\ 0 & 0 & -4 \\ 0 & 4 & -4 \end{bmatrix}$

3. (1)0 (2)$\begin{bmatrix} 2 & 3 & -1 \\ -2 & -3 & 1 \\ -2 & -3 & 1 \end{bmatrix}$

(3)$\begin{bmatrix} 2 & 18 \\ 1 & 4 \end{bmatrix}$ (4)$\begin{bmatrix} -1 & 10 \\ 0 & 7 \end{bmatrix}$

4. 左边 $=\begin{bmatrix} 3 & 2 \\ 1 & 2 \end{bmatrix}$,右边 $=\begin{bmatrix} 3 & 2 \\ 1 & 2 \end{bmatrix}$,所以左边 = 右边

5. (1)2 (2)2 (3)4

6. (1)$\begin{bmatrix} \frac{11}{2} & -\frac{1}{2} & -2 \\ 2 & 0 & -1 \\ -\frac{5}{2} & \frac{1}{2} & 1 \end{bmatrix}$

(2)$\begin{bmatrix} -3 & 2 & 1 \\ 6 & -3 & -2 \\ -2 & 1 & 1 \end{bmatrix}$

7. (1)$\begin{bmatrix} 2 & -23 \\ 0 & 8 \end{bmatrix}$

(2)$\begin{bmatrix} \frac{3}{2} & -1 & \frac{3}{2} \\ -4 & 5 & -2 \\ \frac{5}{2} & -2 & \frac{5}{2} \end{bmatrix}$

8. (1)对角行列式,值为 2

(2)下三角形行列式,值为 180

(3)上三角形行列式,值为 24

9. (1)42 (2)1 (3)8

10. $\begin{cases} x_1=3 \\ x_2=2 \\ x_3=1 \end{cases}$

自测题 A(基础层次)

一、1. × 2. × 3. √ 4. ×

二、1. $\begin{bmatrix} -3 & 2 & 5 \\ -3 & -4 & 14 \end{bmatrix}$

2. $\begin{bmatrix} 5 & 4 & 3 \\ 4 & 5 & 6 \\ 3 & 6 & 9 \end{bmatrix}$

3. $\begin{bmatrix} 1 & -2 & 1 \\ 0 & 1 & -2 \\ 0 & 0 & 1 \end{bmatrix}$

4. 3 5. $\begin{bmatrix} 3 & 9 \\ 9 & 18 \end{bmatrix}$

三、1. C 2. B 3. C

四、1. $\begin{bmatrix} -4 & 2 & 0 \\ -2 & 1 & 0 \\ 2 & -1 & 0 \\ -6 & 3 & 0 \end{bmatrix}$

2. $\begin{bmatrix} 7 & -7 \\ 4 & -8 \end{bmatrix}$

3. 4 4. $\begin{bmatrix} -2 & 0 & 1 \\ 7 & -2 & -1 \\ 5 & -1 & -1 \end{bmatrix}$

自测题 B(提高层次)

一、1. B 2. C 3. D 4. B

二、1. $\begin{bmatrix} -2 & 3 & -1 \\ 4 & -6 & 2 \end{bmatrix}$

2. $\begin{bmatrix} \frac{6}{7} & -\frac{29}{7} \\ \frac{2}{7} & \frac{9}{7} \end{bmatrix}$

3. $AB = BA$ 4. 2

三、1. $\begin{bmatrix} 8 & -1 & -1 \\ -4 & 4 & -3 \end{bmatrix}$

2. $\begin{bmatrix} 24 & -11 \\ -21 & 36 \end{bmatrix}$

3. 3 4. $\begin{bmatrix} 0 & 4 \\ -\frac{1}{2} & -2 \\ \frac{1}{2} & -1 \end{bmatrix}$

5. $\begin{bmatrix} 10 & 2 \\ -15 & -3 \\ 12 & 4 \end{bmatrix}$ 6. $\begin{bmatrix} 2 & 0 & 1 \\ 0 & 3 & 0 \\ -1 & 0 & 2 \end{bmatrix}$

任务二

同步练习 2-4

1. (1) $\begin{cases} x_1 = 3 \\ x_2 = 2 \\ x_3 = 1 \end{cases}$ (2) 无解

(3) $\begin{cases} x_1 = -3 + k \\ x_2 = -4 + k \\ x_3 = k \end{cases}$

2. D 3. $\begin{cases} x_1 = -k \\ x_2 = -k \\ x_3 = k \\ x_4 = k \end{cases}$

4. (1) 当 $a = 1, b \neq 3$ 时无解

(2) 当 $a \neq 1$ 时有唯一解

(3) 当 $a = 1, b = 3$ 时有无穷多解

习题二

1. (1) $\begin{cases} x_1 = 8 \\ x_2 = 0 \\ x_3 = 0 \end{cases}$

(2) $\begin{cases} x_1 = -2 + k \\ x_2 = 3 - 2k \\ x_3 = k \end{cases}$ (3) 无解

2. (1) 唯一解 $\begin{cases} x_1 = 0 \\ x_2 = 0 \\ x_3 = 1 \end{cases}$

(2) 无穷多解 $\begin{cases} x_1 = -k \\ x_2 = k \\ x_3 = 1 \end{cases}$ (3) 无解

3. (1) $\begin{cases} x_1 = 2k_2 - 2k_1 \\ x_2 = k_1 \\ x_3 = k_2 \end{cases}$ (其中 k_1、k_2 为任意常数)

(2) $\begin{cases} x_1 = k \\ x_2 = -k \\ x_3 = -k \\ x_4 = k \end{cases}$ (其中 k 为任意常数)

自测题 A(基础层次)

一、1. C 2. D 3. B 4. A

二、1. $r < n$ 2. $|A| = 0$

3. -1, 无穷多

4. $\begin{cases} x_1 = 1 - 2k \\ x_2 = 2 - 3k \\ x_3 = k \end{cases}$ (其中 k 为任意常数)

三、1. (1) $\begin{cases}x_1=0\\x_2=-9k\\x=\dfrac{5}{2}k\\x_4=k\end{cases}$ (其中 k 为任意常数)

(2) $\begin{cases}x_1=-\dfrac{3}{2}k_1-k_2\\x_2=\dfrac{7}{2}k_1-2k_2\\x_3=k_1\\x_4=k_2\end{cases}$ (其中 k_1,k_2 为任意常数)

2. (1) 无解

(2) $\begin{cases}x_1=-2+k_1+k_2+5k_3\\x_2=3-2k_1-2k_2-6k_3\\x_3=k_1\\x_4=k_2\\x_5=k_3\end{cases}$ (其中 k_1,k_2,k_3 为任意常数)

自测题 B(提高层次)

一、1. A 2. B 3. D 4. D

二、1. 非齐次线性方程组

2. $k\neq-1$ 且 $k\neq4$ 3. $m=1$ 或 $m=2$ 或 $m=3$

4. $k\neq\dfrac{3}{5}$

三、1. 无解

2. 当 $a=1,b=-1$ 时有解, 解为 $\begin{cases}x_1=-2+k_1+k_2\\x_2=3-2k_1-2k_2\\x_3=k_1\\x_4=k_2\end{cases}$ (其中 k_1,k_2 为任意常数)

3. 无解

4. (1) 当 $k\neq-1$ 且 $k\neq4$ 时, 方程组有唯一解 (2) 当 $k=-1$ 时无解

(3) 当 $k=4$ 时有无穷多解, 此时一般解为 $\begin{cases}x_1=-3k\\x_2=4-k\\x_3=k\end{cases}$ (其中 k 为任意常数)

任务三

同步练习 2-5

一、$\min S=50x_{11}+60x_{12}+70x_{13}+60x_{21}+110x_{22}+160x_{23}$

$s.t.$ $x_{11}+x_{12}+x_{13}=23$

$x_{21}+x_{22}+x_{23}=27$

$x_{11}+x_{21}=17$

$x_{12}+x_{22}=18$

$x_{13}+x_{23}=15$

$x_{ij}\geqslant0\,(i=1,2;j=1,2,3)$ 已是标准型

二、

1. 解: 先画出可行域, 可行域仍为凸多边形 $OABCD$. 作目标函数 $S=3x_1+3x_2$ 的一条等值线 $3=3x_1+3x_2$, 当等值线平行向右上方移动时, 目标函数值逐渐增大, 而且是与直线 AB 平行的直线族. 其中过直线段 AB 的直线, 既与可行域有公共点, 又能使 S 值最大, 所以线段 AB 上的每一点的坐标都是该线性规划问题的最优解, 与其对应的目标函数值都是 18.

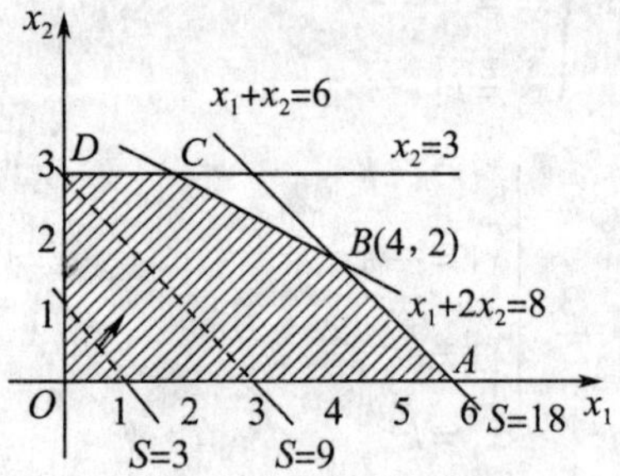

所以这个线性规划问题有无穷多个最优解.

2. 解:画出可行域,如图中的阴影部分所示,它是一个无界凸形域. 由目标函数 $S=x_1-2x_2$ 对应的平行直线族可见,沿 x_2 轴正方向,越是上方的直线,对应的 S 值越小,而且都与可行域有公共点.

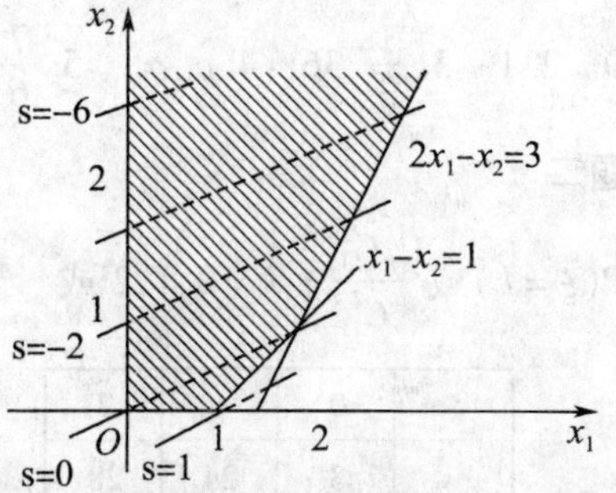

所以目标函数最优值不存在,因此该线性规划问题无最优解.

3. 解:由图可以看出同时满足约束条件中四个不等式的点不存在,所以没有可行域,即没有可行解. 因而这个线性规划问题没有最优解.

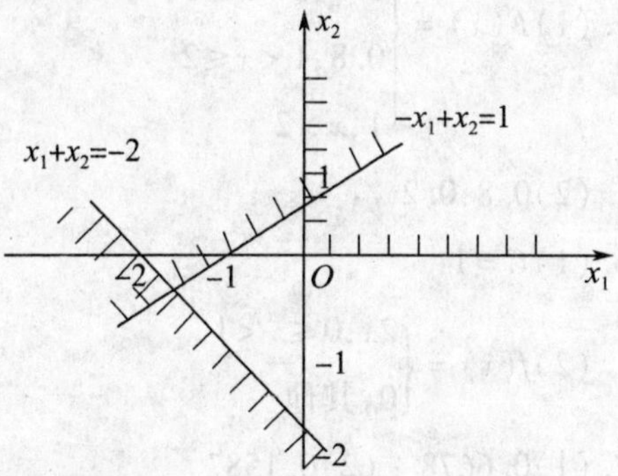

三、1. 最优解(10,15)　最优值 1100

2. 最优解(0,0,4,4)　最优值 28

项目三

任务一

同步练习 3－1

1. (1) $\overline{A}\overline{B}\overline{C}$

(2) $\overline{A}\overline{B}\overline{C}+A\overline{B}\overline{C}+\overline{A}B\overline{C}+\overline{A}\overline{B}C$

(3) $\overline{A}\overline{B}\overline{C}+A\overline{B}\overline{C}+\overline{A}B\overline{C}+\overline{A}\overline{B}C+AB\overline{C}+A\overline{B}C+\overline{A}BC$ (或 $\overline{ABC}$)

(4) $AB\overline{C}+A\overline{B}C+\overline{A}BC$

(5) $AB\overline{C}+A\overline{B}C+\overline{A}BC+ABC$

2. Ⅰ: $A_1A_4+A_2A_3$

Ⅱ: $(A_1+A_2)(A_3+A_4)$

3. A　4. C

5. (1) $\frac{1}{2}$　(2) $\frac{3}{10}$　(3) $\frac{3}{10}$

6. (1) $\frac{49}{100};\frac{21}{50};\frac{3}{10}$

(2) $\frac{7}{15};\frac{7}{15};\frac{3}{10}$

同步练习 3－2

1. C　2. D　3. 0.93

4. $\frac{87}{92}$　5. D　6. 0.8

7. (1) 0.0081　(2) 0.99999

同步练习 3－3

1. $\frac{3}{10}$　$\frac{3}{10}$

2. 0.0315　3. 0.238

习题一

1. C　2. 0.8　3. 0.72　4. 0.5

5. (1) 0.8　(2) 0.5

6. (1) $(3p-p^2)/2$

(2) $2p/(1+p)$

7. 1/3　8. 0.36　0.91　9. 1/3

10. $\sum_{k=5}^{9}P_9(k)\approx 0.901$　11. 6 门

自测题 A(基础层次)

一、1. 0.3, 0.5　2. $\frac{11}{12}$

3. $\frac{3}{5}$　4. 0.7　5. 相互独立

二、1. C　2. A　3. D　4. D　5. A

三、1. (1)0.0001　(2)0.0161

2. $\frac{n!}{n^n}$　3. $\frac{4}{7!}$

4. 0.5　5. 0.3456

6. 0.917　7. 0.945　0.899

8. $\sum_{k=2}^{48} P_{48}(k) = 1 - \sum_{k=0}^{1} P_{48}(k) = 1 - \sum_{k=0}^{1} C_{48}^{k} \left(\frac{1}{365}\right)^{k} \left(\frac{364}{365}\right)^{48-k}$

自测题 B(提高层次)

一、1. A　2. B　3. A　4. C　5. B

二、1. 0.4　2. $\frac{4}{9}$

3. $\frac{7}{10}$　4. 0　5. $1-p^3$

三、1. (1)$\frac{51}{190}$　(2)$\frac{68}{95}$

2. $\frac{8}{15}$　3. 0.96

4. (1)$\frac{5}{12}$　(2)白色

任务二

同步练习 3－4－1

1. B　2. C　3. 0.1

4.

ξ	1	2	3	4	5	6
p	$\frac{1}{6}$	$\frac{1}{6}$	$\frac{1}{6}$	$\frac{1}{6}$	$\frac{1}{6}$	$\frac{1}{6}$

同步练习 3－4－2

1. 1　2. $\frac{1}{4}$　3. B

4. (1)2　(2)0.4　(3)0.75

5. (1)$\frac{1}{\pi}$　(2)$\frac{1}{3}$

同步练习 3－5

1. A　2. B　3. B　4. $\frac{\xi-1}{2}$

5. (1)0.6915　(2)0.2119

(3)0.2743　(4)0.8904

6. (1)0.4332　(2)0.1587

同步练习 3－6

1. D　2. 1　3. $\frac{1}{3}$,36　4. μ,σ^2　5. $\frac{7}{6}$;$\frac{29}{36}$

习题二

1. $P(\xi=k)$或$\frac{C_8^k C_3^{2-k}}{C_{11}^2}$, $k=0,1,2$ 或

ξ	0	1	2
p	$\frac{3}{55}$	$\frac{24}{55}$	$\frac{28}{55}$

2. (1)0.6　(2)0.6

3. (1)0.3　(2)0.6

4. (1)$A=3$　(2)0.125

5. (1)$F(x)=\begin{cases}0, x\leqslant 0,\\ 0.3, 0<x\leqslant 1,\\ 0.8, 1<x\leqslant 2,\\ 1, x>2\end{cases}$

(2)0.8, 0.2

6. (1)$C=1$

(2)$f(x)=\begin{cases}2x, 0\leqslant x<1,\\ 0, \text{其他}\end{cases}$

7. (1)0.6678　(2)0.1587

8. 0.9236　　9. 0.9544

10. (1) −0.2, 2.8, 13.4

(2)2.76

11. 18　12. $\frac{1}{3}$

自测题 A(基础层次)

一、1. C　2. A　3. A　4. A

二、1.

$\xi+2$	0	1.5	2	4	6
p	$\frac{1}{8}$	$\frac{1}{4}$	$\frac{1}{8}$	$\frac{1}{6}$	$\frac{1}{3}$

ξ^2	0	0.25	4	16
p	$\frac{1}{8}$	$\frac{1}{4}$	$\frac{7}{24}$	$\frac{1}{3}$

2. 50, 0.2　3. 0.0495　4. $c^2(b-a^2)$

三、1. (1)0.5　(2)0.8

2. 1, $\frac{1}{6}$

3. (1)$P(\xi=k)=C_{10}^{k}0.5^{10}$

(2)56×0.5^{10}

4. (1)$A=\frac{1}{2}, B=\frac{1}{\pi}$　(2)0.5

自测题 B(提高层次)

一、1. D　2. A　3. D　4. D　5. C

二、1. $\frac{1}{12}$　2. 0.1587

3. $\frac{1}{4}$　4. 0.2　5. 0.0456

三、1. $P(\xi=k)=\frac{1}{2^k}, k=1,2,\cdots$

2. 0.7619

3. $e^{-1}-e^{-2}\approx0.2325$

4. (1)$\sqrt{2}$　(2)1

5. $\frac{1}{6}$

任务三

同步练习 3－7

1. B　2. B　3. C　4. 59.4

5. $N(3,0.4)$　6. C　7. 0.8293

同步练习 3－8

1. $\hat{\mu}=\bar{x}=\frac{1}{n}\sum_{i=1}^{n}x_i$; $\hat{\sigma}^2=s^2=\frac{1}{n-1}\sum_{i=1}^{n}(x_i-\bar{x})$

2. 1492; 18453

3. $\left(\bar{\xi}-u_{\frac{\alpha}{2}}\frac{\sigma}{\sqrt{n}}, \bar{\xi}+u_{\frac{\alpha}{2}}\frac{\sigma}{\sqrt{n}}\right)$

4. $\left(\bar{\xi}-t_{\frac{\alpha}{2}}(n-1)\frac{S}{\sqrt{n}}, \bar{\xi}+t_{\frac{\alpha}{2}}(n-1)\frac{S}{\sqrt{n}}\right)$

5. $\left(\frac{(n-1)S^2}{\chi^2_{\frac{\alpha}{2}}(n-1)}, \frac{(n-1)S^2}{\chi^2_{1-\frac{\alpha}{2}}(n-1)}\right)$

6. (21.625, 21.975)

同步练习 3－9

1. 拒绝 H_0

2. 接受 H_0

3. 双; $C=(x^2<\lambda_1)\cup(x^2>\lambda_2)$，其中 $P(x^2\leqslant\lambda_1)=P(x^2\geqslant\lambda_2)=\frac{a}{2}$；单; $C=(x^2<\lambda)$，其中 $P(x^2\leqslant\lambda)=a$

习题三

1. 18.45; 10.78

2. (1)0.1586　(2)0.8414

3. $\hat{\mu}=2809$; $\hat{\sigma}=38.84$

4. (17.18, 21.82)　5. (1780.56, 2119.44)

6. $|u|=2.29>1.96$，拒绝 H_0，有显著差异

7. $|t|=2<2.756$，接受 H_0，无显著影响

8. $\chi^2=46\in(\chi^2<11.524)\cup(\chi^2>44.314)$，拒绝 H_0，有显著变化

自测题 A(基础层次)

一、1. D　2. C　3. C　4. C　5. A

二、1. $\frac{1}{2}$　2. $N(60,4)$　3. $\frac{\bar{\xi}}{m}$

4. (4.412, 5.588)　5. $\frac{\bar{\xi}-\mu_0}{\frac{\sigma}{\sqrt{n}}}$

三、1. 0.95

2. (1)0.84 (2)0.9987

3. (52.93,55.87)

4. (1244.2,1273.8)

5. 有显著变化

自测题 B(提高层次)

一、1. C 2. A 3. D 4. C 5. C

二、1. $2u_{0.05}\cdot\frac{\sigma}{\sqrt{n}}$ 2. 16

3. 正态总体均值;总体方差;总体方差

4. $|U|>u_{\frac{\alpha}{2}}$

5. $\chi^2=\frac{(n-1)S^2}{\sigma^2}$

三、1. 0.9836 2. 1537 3. (9.28,17.12)

4. (181.89,190.11)

5. 不可以认为 $\mu=1277$

附 表

附表 1 泊松分布——概率分布表

$$P(\xi=k)=\frac{\lambda^k}{k!}e^{-\lambda}$$

k	λ					
	0. 1	0. 2	0. 3	0. 4	0. 5	0. 6
0	0. 904837	0. 818731	0. 740818	0. 670320	0. 606531	0. 548812
1	0. 090484	0. 163746	0. 222245	0. 268128	0. 303265	0. 329287
2	0. 004524	0. 016375	0. 033337	0. 053626	0. 075816	0. 098786
3	0. 000151	0. 001092	0. 003334	0. 007150	0. 012636	0. 019757
4	0. 000004	0. 000055	0. 000250	0. 000715	0. 001580	0. 002964
5		0. 000002	0. 000015	0. 000057	0. 000158	0. 000356
6			0. 000001	0. 000004	0. 000013	0. 000036
7					0. 000001	0. 000003

k	λ					
	0. 7	0. 8	0. 9	1. 0	1. 5	2. 0
0	0. 496585	0. 449329	0. 406570	0. 367879	0. 223130	0. 135335
1	0. 347610	0. 359463	0. 365913	0. 367879	0. 334695	0. 270671
2	0. 121663	0. 143785	0. 164661	0. 183940	0. 251021	0. 270671
3	0. 028388	0. 038343	0. 049398	0. 061313	0. 125511	0. 180447
4	0. 004968	0. 007669	0. 011115	0. 015328	0. 047067	0. 090224
5	0. 000696	0. 001227	0. 002001	0. 003066	0. 014120	0. 036089
6	0. 000081	0. 000164	0. 000300	0. 000511	0. 003530	0. 012030
7	0. 000008	0. 000019	0. 000039	0. 000073	0. 000756	0. 003437
8	0. 000001	0. 000002	0. 000004	0. 000009	0. 000142	0. 000859
9				0. 000001	0. 000024	0. 000191
10					0. 000004	0. 000038

续表

$$P(\xi = k) = \frac{\lambda}{k!}e^{-\lambda}$$

k	λ					
	0.7	0.8	0.9	1.0	1.5	2.0
11						0.000007
12						0.000001

k	λ					
	2.5	3.0	3.5	4.0	4.5	5.0
0	0.082085	0.049787	0.030197	0.018316	0.011109	0.006738
1	0.205212	0.149361	0.105691	0.073263	0.049990	0.033690
2	0.256516	0.224042	0.184959	0.146525	0.112479	0.084224
3	0.213763	0.224042	0.215785	0.195367	0.168718	0.140374
4	0.133602	0.168031	0.188812	0.195367	0.189808	0.175467
5	0.066801	0.100819	0.132169	0.156293	0.170827	0.175467
6	0.027834	0.050409	0.077098	0.104196	0.128120	0.146223
7	0.009941	0.021604	0.038549	0.059540	0.082363	0.104445
8	0.003106	0.008102	0.016865	0.029770	0.046329	0.065278
9	0.000863	0.002701	0.006559	0.013231	0.023165	0.036266
10	0.000216	0.000810	0.002296	0.005292	0.010424	0.018133
11	0.000049	0.000221	0.000730	0.001925	0.004264	0.008242
12	0.000010	0.000055	0.000213	0.000642	0.001599	0.003434
13	0.000002	0.000013	0.000057	0.000197	0.000554	0.001321
14		0.000003	0.000014	0.000056	0.000178	0.000472
15		0.000001	0.000003	0.000015	0.000053	0.000157
16			0.000001	0.000004	0.000015	0.000049
17				0.000001	0.000004	0.000014
18					0.000001	0.000004
19						0.000001

k	λ				
	6.0	7.0	8.0	9.0	10.0
0	0.002479	0.000912	0.000335	0.000123	0.000045
1	0.014873	0.006383	0.002684	0.001111	0.000454
2	0.044618	0.022341	0.010735	0.004998	0.002270
3	0.089235	0.052129	0.028626	0.014994	0.007567

续表

$$P(\xi = k) = \frac{\lambda}{k!}e^{-\lambda}$$

k	λ				
	6. 0	7. 0	8. 0	9. 0	10. 0
4	0. 133853	0. 091226	0. 057252	0. 033737	0. 018917
5	0. 160623	0. 127717	0. 091604	0. 060727	0. 037833
6	0. 160623	0. 149003	0. 122138	0. 091090	0. 063055
7	0. 137677	0. 149003	0. 139587	0. 117116	0. 090079
8	0. 103258	0. 130377	0. 139587	0. 131756	0. 112599
9	0. 068838	0. 101405	0. 124077	0. 131756	0. 125110
10	0. 041303	0. 070983	0. 099262	0. 118580	0. 125110
11	0. 022529	0. 045171	0. 072190	0. 097020	0. 113736
12	0. 011264	0. 026350	0. 048127	0. 072765	0. 094780
13	0. 005199	0. 014188	0. 029616	0. 050376	0. 072908
14	0. 002228	0. 007094	0. 016924	0. 032384	0. 052077
15	0. 000891	0. 003311	0. 009026	0. 019431	0. 034718
16	0. 000334	0. 001448	0. 004513	0. 010930	0. 021699
17	0. 000118	0. 000596	0. 002124	0. 005786	0. 012764
18	0. 000039	0. 000232	0. 000944	0. 002893	0. 007091
19	0. 000012	0. 000085	0. 000397	0. 001370	0. 003732
20	0. 000004	0. 000030	0. 000159	0. 000617	0. 001866
21	0. 000001	0. 000010	0. 000061	0. 000264	0. 000889
22		0. 000003	0. 000022	0. 000108	0. 000404
23		0. 000001	0. 000008	0. 000042	0. 000176
24			0. 000003	0. 000016	0. 000073
25			0. 000001	0. 000006	0. 000029
26				0. 000002	0. 000011
27				0. 000001	0. 000004
28					0. 000001
29					0. 000001

附表 2　　**标准正态分布表**

$$\Phi(x)=\int_{-\infty}^{x}\frac{1}{\sqrt{2\pi}}e^{-\frac{t^2}{2}}dt=P(X\leqslant x)$$

x	0	0.01	0.02	0.03	0.04	0.05	0.06	0.07	0.08	0.09
0	0.5000	0.5040	0.5080	0.5120	0.5160	0.5199	0.5239	0.5279	0.5319	0.5359
0.1	0.5398	0.5438	0.5478	0.5517	0.5557	0.5596	0.5636	0.5675	0.5714	0.5753
0.2	0.5793	0.5832	0.5871	0.5910	0.5948	0.5987	0.6026	0.6064	0.6103	0.6141
0.3	0.6179	0.6217	0.6255	0.6293	0.6331	0.6368	0.6404	0.6443	0.6480	0.6517
0.4	0.6554	0.6591	0.6628	0.6664	0.6700	0.6736	0.6772	0.6808	0.6844	0.6879
0.5	0.6915	0.6950	0.6985	0.7019	0.7054	0.7088	0.7123	0.7157	0.7190	0.7224
0.6	0.7257	0.7291	0.7324	0.7357	0.7389	0.7422	0.7454	0.7486	0.7517	0.7549
0.7	0.7580	0.7611	0.7642	0.7673	0.7703	0.7734	0.7764	0.7794	0.7823	0.7852
0.8	0.7881	0.7910	0.7939	0.7967	0.7995	0.8023	0.8051	0.8078	0.8106	0.8133
0.9	0.8159	0.8186	0.8212	0.8238	0.8264	0.8289	0.8355	0.8340	0.8365	0.8389
1.0	0.8413	0.8438	0.8461	0.8485	0.8508	0.8531	0.8554	0.8577	0.8599	0.8621
1.1	0.8643	0.8665	0.8686	0.8708	0.8729	0.8749	0.8770	0.8790	0.8810	0.8830
1.2	0.8849	0.8869	0.8888	0.8907	0.8925	0.8944	0.8962	0.8980	0.8997	0.9015
1.3	0.9032	0.9049	0.9066	0.9082	0.9099	0.9115	0.9131	0.9147	0.9162	0.9177
1.4	0.9192	0.9207	0.9222	0.9236	0.9251	0.9265	0.9279	0.9292	0.9306	0.9319
1.5	0.9332	0.9345	0.9357	0.9370	0.9382	0.9394	0.9406	0.9418	0.9430	0.9441
1.6	0.9452	0.9463	0.9474	0.9484	0.9495	0.9505	0.9515	0.9525	0.9535	0.9535
1.7	0.9554	0.9564	0.9573	0.9582	0.9591	0.9599	0.9608	0.9616	0.9625	0.9633
1.8	0.9641	0.9648	0.9656	0.9664	0.9672	0.9678	0.9686	0.9693	0.9700	0.9706
1.9	0.9713	0.9719	0.9726	0.9732	0.9738	0.9744	0.9750	0.9756	0.9762	0.9767
2.0	0.9772	0.9778	0.9783	0.9788	0.9793	0.9798	0.9803	0.9808	0.9812	0.9817
2.1	0.9821	0.9826	0.9830	0.9834	0.9838	0.9842	0.9846	0.9850	0.9854	0.9857
2.2	0.9861	0.9864	0.9868	0.9871	0.9874	0.9878	0.9881	0.9884	0.9887	0.9890
2.3	0.9893	0.9896	0.9898	0.9901	0.9904	0.9906	0.9909	0.9911	0.9913	0.9916
2.4	0.9918	0.9920	0.9922	0.9925	0.9927	0.9929	0.9931	0.9932	0.9934	0.9936
2.5	0.9938	0.9940	0.9941	0.9943	0.9945	0.9946	0.9948	0.9949	0.9951	0.9952
2.6	0.9953	0.9955	0.9956	0.9957	0.9959	0.9960	0.9961	0.9962	0.9963	0.9964
2.7	0.9965	0.9966	0.9967	0.9968	0.9969	0.9970	0.9971	0.9972	0.9973	0.9974
2.8	0.9974	0.9975	0.9976	0.9977	0.9977	0.9978	0.9979	0.9979	0.9980	0.9981
2.9	0.9981	0.9982	0.9982	0.9983	0.9984	0.9984	0.9985	0.9985	0.9986	0.9986
3.0	0.9987	0.9990	0.9993	0.9995	0.9997	0.9998	0.9998	0.9999	0.9999	1.0000

附表 3

t 分布表

$P(|t| > t_{\frac{a}{2}} = a)$

α / n	0. 1 / 0. 2	0. 05 / 0. 1	0. 025 / 0. 05	0. 01 / 0. 02	0. 005 / 0. 01	0. 0005 / 0. 001
1	3. 07768	6. 31375	12. 70620	31. 82052	63. 65674	636. 61925
2	1. 88562	2. 91999	4. 30265	6. 96456	9. 92484	31. 59905
3	1. 63774	2. 35336	3. 18245	4. 54070	5. 84091	12. 92398
4	1. 53321	2. 13185	2. 77645	3. 74695	4. 60409	8. 61030
5	1. 47588	2. 01505	2. 57058	3. 36493	4. 03214	6. 86883
6	1. 43976	1. 94318	2. 44691	3. 14267	3. 70743	5. 95882
7	1. 41492	1. 89458	2. 36462	2. 99795	3. 49948	5. 40788
8	1. 39682	1. 85955	2. 30600	2. 89646	3. 35539	5. 04131
9	1. 38303	1. 83311	2. 26216	2. 82144	3. 24984	4. 78091
10	1. 37218	1. 81246	2. 22814	2. 76377	3. 16927	4. 58689
11	1. 36343	1. 79588	2. 20099	2. 71808	3. 10581	4. 43698
12	1. 35622	1. 78229	2. 17881	2. 68100	3. 05454	4. 31779
13	1. 35017	1. 77093	2. 16037	2. 65031	3. 01228	4. 22083
14	1. 34503	1. 76131	2. 14479	2. 62449	2. 97684	4. 14045
15	1. 34061	1. 75305	2. 13145	2. 60248	2. 94671	4. 07277
16	1. 33676	1. 74588	2. 11991	2. 58349	2. 92078	4. 01500
17	1. 33338	1. 73961	2. 10982	2. 56693	2. 89823	3. 96513
18	1. 33039	1. 73406	2. 10092	2. 55238	2. 87844	3. 92165
19	1. 32773	1. 72913	2. 09302	2. 53948	2. 86093	3. 88341
20	1. 32534	1. 72472	2. 08596	2. 52798	2. 84534	3. 84952
21	1. 32319	1. 72074	2. 07961	2. 51765	2. 83136	3. 81928
22	1. 32124	1. 71714	2. 07387	2. 50832	2. 81876	3. 79213
23	1. 31946	1. 71387	2. 06866	2. 49987	2. 80734	3. 76763
24	1. 31784	1. 71088	2. 06390	2. 49216	2. 79694	3. 74540
25	1. 31635	1. 70814	2. 05954	2. 48511	2. 78744	3. 72514
26	1. 31497	1. 70562	2. 05553	2. 47863	2. 77871	3. 70661
27	1. 31370	1. 70329	2. 05183	2. 47266	2. 77068	3. 68959
28	1. 31253	1. 70113	2. 04841	2. 46714	2. 76326	3. 67391
29	1. 31143	1. 69913	2. 04523	2. 46202	2. 75639	3. 65941
30	1. 31042	1. 69726	2. 04227	2. 45726	2. 75000	3. 64596
40	1. 30308	1. 68385	2. 02108	2. 42326	2. 70446	3. 55097
50	1. 29871	1. 67591	2. 00856	2. 40327	2. 67779	3. 49601
60	1. 29582	1. 67065	2. 00030	2. 39012	2. 66028	3. 46020
90	1. 29103	1. 66196	1. 98667	2. 36850	2. 63157	3. 40194
120	1. 28865	1. 65765	1. 97993	2. 35782	2. 61742	3. 37345

附表 4　　χ^2 分布的临界值表

$$P(\chi^2(n) > \chi^2_\alpha(n)) = \alpha$$

α / n	0.995	0.99	0.975	0.95	0.9	0.1	0.05	0.025	0.01	0.005
1	0.00004	0.00016	0.001	0.004	0.016	2.706	3.841	5.024	6.635	7.879
2	0.010	0.020	0.051	0.103	0.211	4.605	5.991	7.378	9.210	10.597
3	0.072	0.115	0.216	0.352	0.584	6.251	7.815	9.348	11.345	12.838
4	0.207	0.297	0.484	0.711	1.064	7.779	9.488	11.143	13.277	14.860
5	0.412	0.554	0.831	1.145	1.610	9.236	11.070	12.833	15.086	16.750
6	0.676	0.872	1.237	1.635	2.204	10.645	12.592	14.449	16.812	18.548
7	0.989	1.239	1.690	2.167	2.833	12.017	14.067	16.013	18.475	20.278
8	1.344	1.646	2.180	2.733	3.490	13.362	15.507	17.535	20.090	21.955
9	1.735	2.088	2.700	3.325	4.168	14.684	16.919	19.023	21.666	23.589
10	2.156	2.558	3.247	3.940	4.865	15.987	18.307	20.483	23.209	25.188
11	2.603	3.053	3.816	4.575	5.578	17.275	19.675	21.920	24.725	26.757
12	3.074	3.571	4.404	5.226	6.304	18.549	21.026	23.337	26.217	28.300
13	3.565	4.107	5.009	5.892	7.042	19.812	22.362	24.736	27.688	29.819
14	4.075	4.660	5.629	6.571	7.790	21.064	23.685	26.119	29.141	31.319
15	4.601	5.229	6.262	7.261	8.547	22.307	24.996	27.488	30.578	32.801
16	5.142	5.812	6.908	7.962	9.312	23.542	26.296	28.845	32.000	34.267
17	5.697	6.408	7.564	8.672	10.085	24.769	27.587	30.191	33.409	35.718
18	6.265	7.015	8.231	9.390	10.865	25.989	28.869	31.526	34.805	37.156
19	6.844	7.633	8.907	10.117	11.651	27.204	30.144	32.852	36.191	38.582
20	7.434	8.260	9.591	10.851	12.443	28.412	31.410	34.170	37.566	39.997
21	8.034	8.897	10.283	11.591	13.240	29.615	32.671	35.479	38.932	41.401
22	8.643	9.542	10.982	12.338	14.042	30.813	33.924	36.781	40.289	42.796
23	9.260	10.196	11.689	13.091	14.848	32.007	35.172	38.076	41.638	44.181
24	9.866	10.856	12.401	13.848	15.659	33.196	36.415	39.364	42.980	45.559
25	10.520	11.524	13.120	14.611	16.473	34.382	37.652	40.646	44.314	46.928
26	11.160	12.198	13.844	15.379	17.292	35.563	38.885	41.923	45.642	48.290
27	11.808	12.879	14.573	16.151	18.114	36.741	40.113	43.194	46.963	49.645
28	12.461	13.565	15.308	16.928	18.939	37.916	41.337	44.461	48.278	50.993
29	13.121	14.257	16.047	17.708	19.768	39.087	42.557	45.722	49.588	52.336
30	13.787	14.954	16.791	18.493	20.599	40.256	43.773	46.979	50.892	53.672

附录一

基本初等函数图像及其性质

一、常数函数 $y=C$（其中 C 为常数）

常数函数（$y=C$）	
$C\neq0$	$C=0$
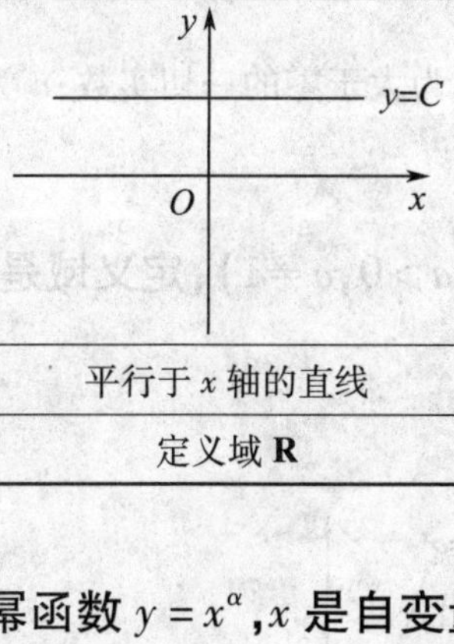	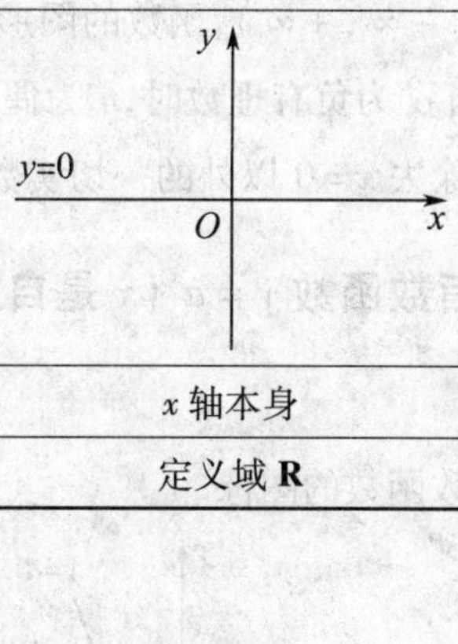
平行于 x 轴的直线	x 轴本身
定义域 **R**	定义域 **R**

二、幂函数 $y=x^{\alpha}$，x 是自变量，α 是常数

1. 幂函数的图像

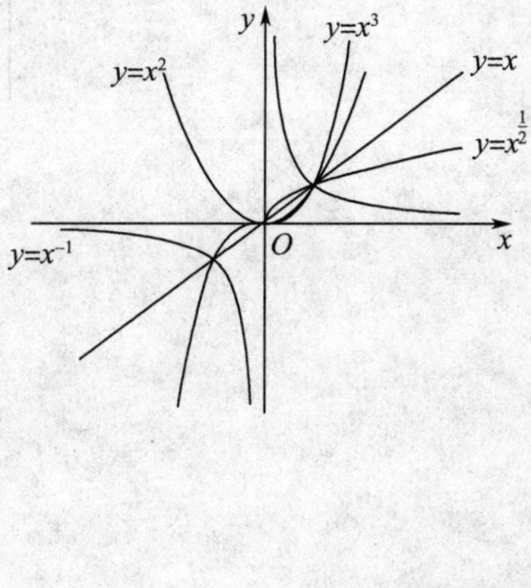

2. 幂函数的性质

函数 \ 性质	$y=x$	$y=x^2$	$y=x^3$	$y=x^{\frac{1}{2}}$	$y=x^{-1}$
定义域	**R**	**R**	**R**	$[0,+\infty)$	$\{x\mid x\neq 0\}$
值域	**R**	$[0,+\infty)$	**R**	$[0,+\infty)$	$\{y\mid y\neq 0\}$
奇偶性	奇	偶	奇	非奇非偶	奇
单调性	增	$[0,+\infty)$增 $(-\infty,0]$减	增	增	$(0,+\infty)$减 $(-\infty,0)$减
公共点	(1,1)				

(1)当 α 为正整数时,函数的定义域为区间 $x\in(-\infty,+\infty)$,它们的图形都经过原点.且 α 为奇数时,图形关于原点对称;α 为偶数时图形关于 y 轴对称;

(2)当 α 为负整数时,函数的定义域为除去 $x=0$ 的所有实数;

(3)当 α 为正有理数$\frac{m}{n}$时,n 为偶数时函数的定义域为$[0,+\infty)$,n 为奇数时函数的定义域为$(-\infty,+\infty)$,函数的图形均经过原点和(1,1);

(4)当 α 为负有理数时,n 为偶数时,函数的定义域为大于零的一切实数;n 为奇数时,定义域为除去 $x=0$ 以外的一切实数.

三、指数函数 $y=a^x$(x 是自变量,a 是常数且 $a>0,a\neq1$),定义域是 R[无界函数]

1. 指数函数的图像

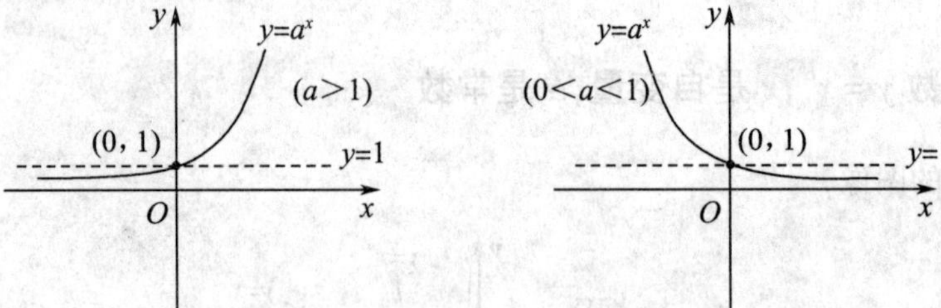

2. 指数函数的性质

函数 \ 性质	$y=a^x(a>1)$	$y=a^x(0<a<1)$
定义域	**R**	
值域	$(0,+\infty)$	
奇偶性	非奇非偶	
公共点	过点$(0,1)$，即$x=0$时，$y=1$	
单调性	在$(-\infty,+\infty)$是增函数	在$(-\infty,+\infty)$是减函数

(1)当$a>1$时函数为单调增函数，当$0<a<1$时函数为单调减函数；

(2)不论x为何值，y总是正的，图形在x轴上方；

(3)当$x=0$时，$y=1$，所以它的图形通过$(0,1)$点.

四、对数函数 $y=\log_a x$(a是常数且$a>0,a\neq1$)，定义域$x\in(0,+\infty)$[无界]

1. 对数的概念

如果$a(a>0,a\neq1)$的b次幂等于N，就是$a^b=N$，那么数b叫作以a为底N的对数，记作$\log_a N=b$，其中a叫作对数的底数，N叫作真数，式子$\log_a N$叫作对数式.

对数函数$y=\log_a x$与指数函数$y=a^x$互为反函数，所以$y=\log_a x$的图像与$y=a^x$的图像关于直线$y=x$对称.

2. 常用对数

$\log_{10}N$的对数叫作常用对数，为了简便，N的常用对数记作$\lg N$.

3. 自然对数

以无理数$e=2.7182\cdots$为底的对数叫作自然对数，为了简便，N的自然对数$\log_e N$简记作$\ln N$.

4. 对数函数的图像

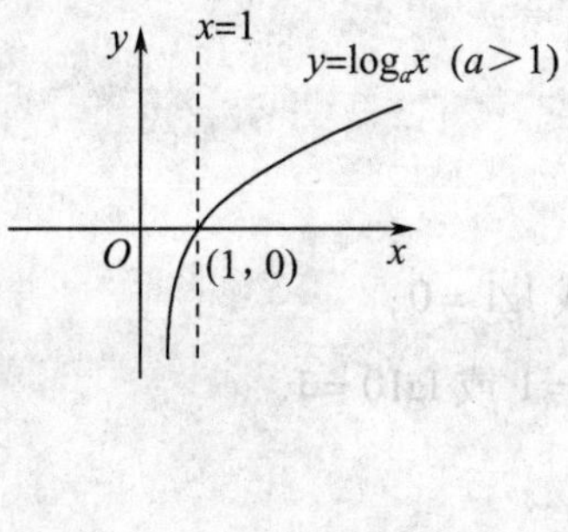

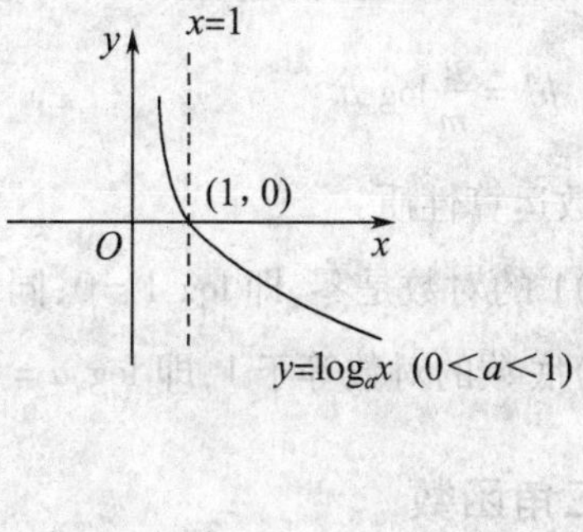

5. 对数函数的性质

性质 / 函数	$y=\log_a x(a>1)$	$y=\log_a x(0<a<1)$
定义域	$(0,+\infty)$	
值域	**R**	
奇偶性	非奇非偶	
公共点	过点(1,0),即 $x=1$ 时,$y=0$	
单调性	在$(0,+\infty)$上是增函数	在$(0,+\infty)$上是减函数

(1)对数函数的图形位于 y 轴的右方,并过点(1,0);

(2)当 $a>1$ 时,在区间(0,1),y 的值为负,图形位于 x 的下方;在区间$(1,+\infty)$,y 值为正,图形位于 x 轴上方,在定义域上是单调增函数. $a<1$ 在实际中很少用到.

6. 对数的运算法则(公式)

a. 如果 $a>0,a\neq1,M>0,N>0$,那么:

$\log_a(MN)=\log_a M+\log_a N$;

$\log_a \dfrac{M}{N}=\log_a M-\log_a N$;

$\log_a M^n=n\log_a M$.

b. 对数恒等式:

$a^{\log_a N}=N(a>0$ 且 $a\neq1,N>0)$.

c. 换底公式:

(1)$\log_b N=\dfrac{\log_a N}{\log_a b}$($a>0,a\neq1$,一般常常换为 e 或 10 为底的对数,即 $\log_b N=\dfrac{\ln N}{\ln b}$或 $\log_b N=\dfrac{\lg N}{\lg b}$);

(2)由公式和运算性质推导的结论:

$\log_{a^m} b^n=\dfrac{n}{m}\log_a b$.

d. 对数运算性质:

(1)1 的对数是零,即 $\log_a 1=0$;同理 $\ln1=0$ 或 $\lg1=0$;

(2)底数的对数等于 1,即 $\log_a a=1$;同理 $\ln e=1$ 或 $\lg10=1$.

五、三角函数

1. 正弦函数 $y=\sin x$,有界函数,定义域 $x\in(-\infty,+\infty)$,值域 $y\in[-1,1]$

图像：五点作图法：$0,\frac{\pi}{2},\pi,\frac{3\pi}{2},2\pi$

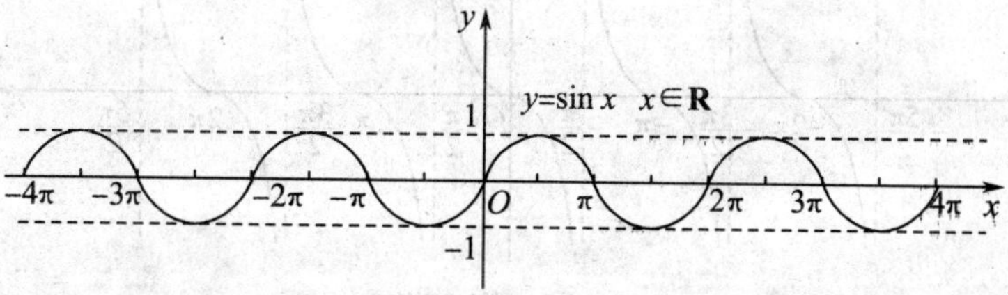

2. 余弦函数 $y=\cos x$，有界函数，定义域 $x\in(-\infty,+\infty)$，值域 $y\in[-1,1]$

图像：五点作图法：$0,\frac{\pi}{2},\pi,\frac{3\pi}{2},2\pi$

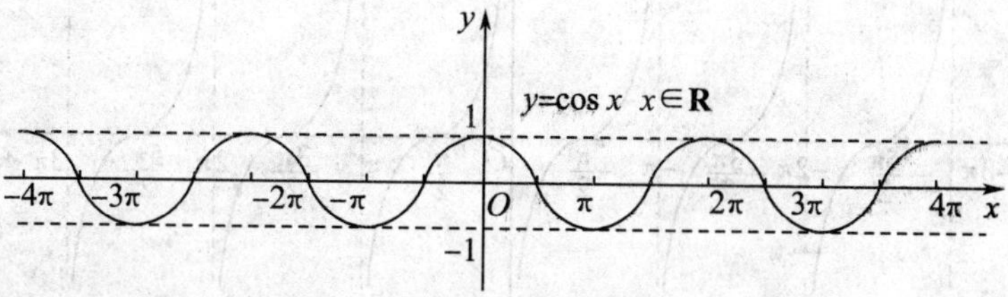

3. 正、余弦函数的性质

性质 / 函数	$y=\sin x(k\in\mathbf{Z})$	$y=\cos x(k\in\mathbf{Z})$
定义域	$\mathbf{R}$	
值域	$[-1,1]$	$[-1,1]$
奇偶性	奇函数	偶函数
周期性	$T=2\pi$	$T=2\pi$
对称中心	$(k\pi,0)$	$\left(k\pi+\frac{\pi}{2},0\right)$
对称轴	$x=k\pi+\frac{\pi}{2}$	$x=k\pi$
单调性	在 $x\in\left[2k\pi-\frac{\pi}{2},2k\pi+\frac{\pi}{2}\right]$ 上是增函数 在 $x\in\left[2k\pi+\frac{\pi}{2},2k\pi+\frac{3\pi}{2}\right]$ 上是减函数	在 $x\in[2k\pi-\pi,2k\pi]$ 上是增函数 在 $x\in[2k\pi,2k\pi+\pi]$ 上是减函数
最值	$x=2k\pi+\frac{\pi}{2}$ 时，$y_{\max}=1$ $x=2k\pi-\frac{\pi}{2}$ 时，$y_{\min}=-1$	$x=2k\pi$ 时，$y_{\max}=1$ $x=2k\pi+\pi$ 时，$y_{\min}=-1$

4. 正切函数 $y=\tan x$，无界函数，定义域 $\left\{x\mid x\neq k\pi+\frac{\pi}{2}(k\in\mathbf{Z})\right\}$，值域 $y\in(-\infty,+\infty)$

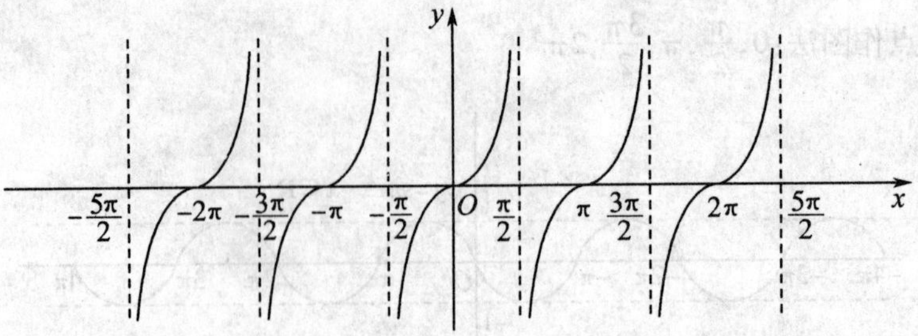

$y=\tan x$ 的图像

5. 余切函数 $y=\cot x$，无界函数，定义域$\{x|x\neq k\pi, k\in \mathbf{Z}\}$，$y\in(-\infty, +\infty)$

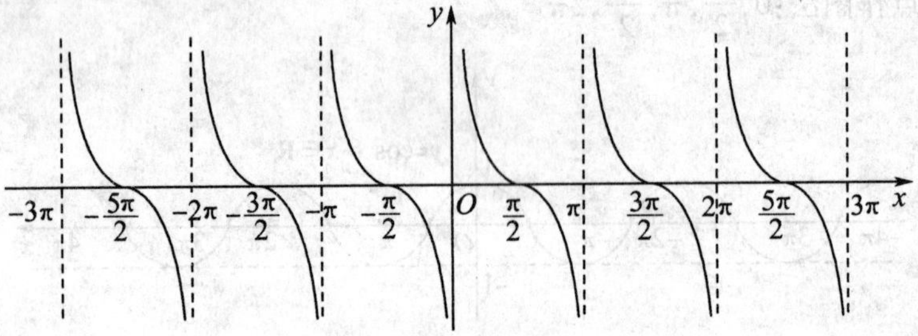

$y=\cot x$ 的图像

6. 正、余切函数的性质

性质 / 函数	$y=\tan x(k\in \mathbf{Z})$	$y=\cot x(k\in \mathbf{Z})$
定义域	$\left\{x \middle\vert x\neq k\pi+\frac{\pi}{2}, k\in \mathbf{Z}\right\}$	$\{x\vert x\neq k\pi, k\in \mathbf{Z}\}$
值域	$\mathbf{R}$	$\mathbf{R}$
奇偶性	奇函数	奇函数
周期性	$T=\pi$	$T=\pi$
单调性	在$\left(-\frac{\pi}{2}+k\pi, \frac{\pi}{2}+k\pi\right)$上都是增函数	在$(k\pi,(k+1)\pi)$上都是减函数
对称中心	$\left(\frac{k\pi}{2},0\right)$	$\left(\frac{k\pi}{2},0\right)$
零点	$(k\pi,0)$	$\left(k\pi+\frac{\pi}{2},0\right)$

六、反三角函数

1. 反正弦函数 $y=\arcsin x$，无界函数，定义域$[-1,1]$，值域$\left[-\frac{\pi}{2},\frac{\pi}{2}\right]$

反正弦函数的概念：正弦函数 $y=\sin x$ 在区间$\left[-\frac{\pi}{2},\frac{\pi}{2}\right]$上的反函数称为反正弦函数，

记为 $y = \arcsin x$.

2. 反余弦弦函数 $y = \arccos x$，无界函数，定义域$[-1,1]$，值域$[0,\pi]$

反余弦函数的概念：余弦函数 $y = \cos x$ 在区间$[0,\pi]$上的反函数称为反余弦函数，记为 $y = \arccos x$.

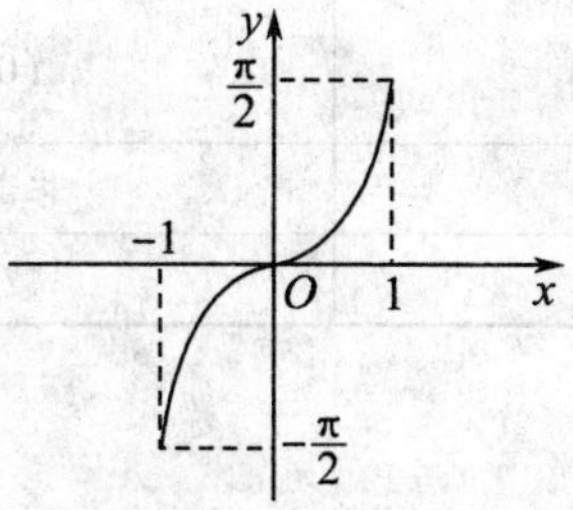

$y = \arcsin x$ 的图像

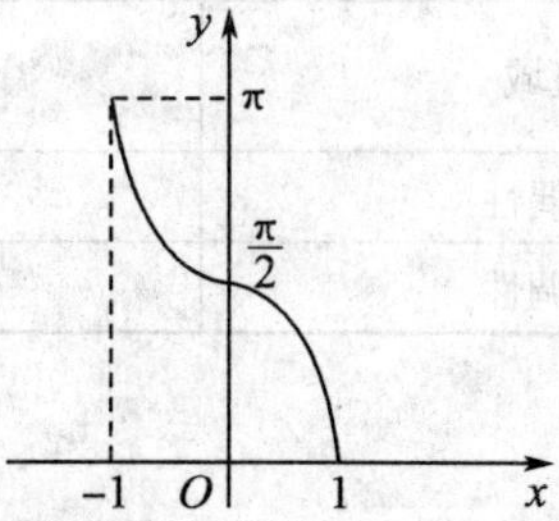

$y = \arccos x$ 的图像

3. 反正、余弦函数的性质

性质 / 函数	$y = \arcsin x$	$y = \arccos x$
定义域	$[-1,1]$	$[-1,1]$
值域	$[-\frac{\pi}{2},\frac{\pi}{2}]$	$[0,\pi]$
奇偶性	奇函数	非奇非偶函数
单调性	增函数	减函数

4. 反正切函数 $y = \arctan x$，有界函数，定义域 $x \in (-\infty, +\infty)$，值域$\left(-\frac{\pi}{2},\frac{\pi}{2}\right)$

反正切函数的概念：正切函数 $y = \tan x$ 在区间$\left(-\frac{\pi}{2},\frac{\pi}{2}\right)$上的反函数称为反正切函数，记为 $y = \arctan x$

5. 反余切函数 $y = \text{arccot}\,x$，有界函数，定义域 $x \in (-\infty, +\infty)$，值域$(0,\pi)$

反余切函数的概念：余切函数 $y = \cot x$ 在区间$(0,\pi)$上的反函数称为反余切函数，记为 $y = \text{arccot}\,x$

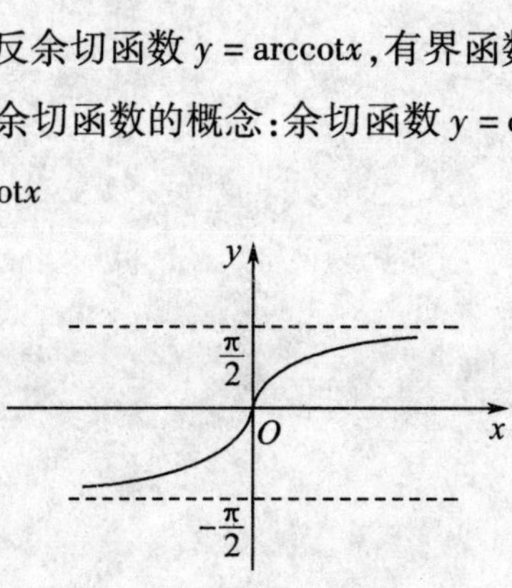

$y = \arctan x$ 的图像

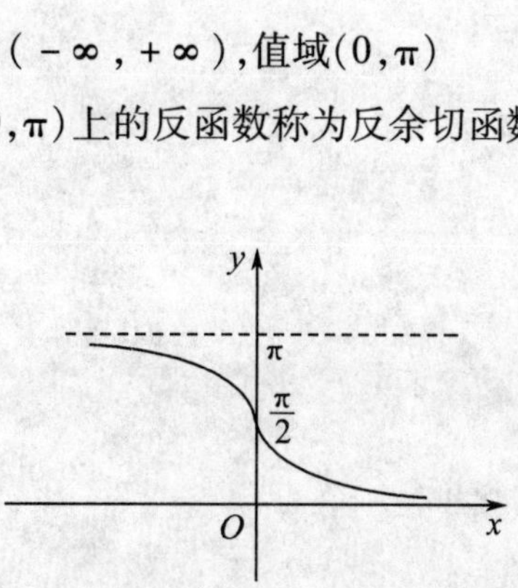

$y = \text{arccot}\,x$ 的图像

6. 反正、余弦函数的性质

性质 \ 函数	$y=\arctan x$	$y=\operatorname{arccot} x$
定义域	**R**	
值域	$\left(-\dfrac{\pi}{2},\dfrac{\pi}{2}\right)$	$(0,\pi)$
奇偶性	奇函数	非奇非偶
单调性	增函数	减函数

附录二

三角函数公式汇总

一、任意角的三角函数

在角 α 的终边上任取一点 $P(x,y)$，记 $r=\sqrt{x^2+y^2}$.

正弦：$\sin\alpha=\frac{y}{r}$　余弦：$\cos\alpha=\frac{x}{r}$

正切：$\tan\alpha=\frac{y}{x}$　余切：$\cot\alpha=\frac{x}{y}$

正割：$\sec\alpha=\frac{r}{x}$　余割：$\csc\alpha=\frac{r}{y}$

二、同角三角函数的基本关系式

倒数关系：$\sin\alpha\cdot\csc\alpha=1,\cos\alpha\cdot\sec\alpha=1,\tan\alpha\cdot\cot\alpha=1$

商数关系：$\tan\alpha=\frac{\sin\alpha}{\cos\alpha},\cot\alpha=\frac{\cos\alpha}{\sin\alpha}$

平方关系：$\sin^2\alpha+\cos^2\alpha=1,1+\tan^2\alpha=\sec^2\alpha,1+\cot^2\alpha=\csc^2\alpha$

三、诱导公式

x 轴上的角，口诀：函数名不变，符号看象限；

y 轴上的角，口诀：函数名改变，符号看象限.

四、和角公式和差角公式

$\sin(\alpha+\beta)=\sin\alpha\cdot\cos\beta+\cos\alpha\cdot\sin\beta$

$\sin(\alpha-\beta)=\sin\alpha\cdot\cos\beta-\cos\alpha\cdot\sin\beta$

$\cos(\alpha+\beta)=\cos\alpha\cdot\cos\beta-\sin\alpha\cdot\sin\beta$

$$\cos(\alpha-\beta)=\cos\alpha\cdot\cos\beta+\sin\alpha\cdot\sin\beta$$

$$\tan(\alpha+\beta)=\frac{\tan\alpha+\tan\beta}{1-\tan\alpha\cdot\tan\beta}$$

$$\tan(\alpha-\beta)=\frac{\tan\alpha-\tan\beta}{1+\tan\alpha\cdot\tan\beta}$$

五、二倍角公式

$$\sin2\alpha=2\sin\alpha\cos\alpha$$

$$\tan2\alpha=\frac{2\tan\alpha}{1-\tan^2\alpha}$$

$$\cos2\alpha=\cos^2\alpha-\sin^2\alpha=2\cos^2\alpha-1=1-2\sin^2\alpha$$

二倍角的余弦公式常用变形:(规律:降幂扩角,升幂缩角)

$$1+\cos2\alpha=2\cos^2\alpha$$

$$1-\cos2\alpha=2\sin^2\alpha$$

$$1+\sin2\alpha=(\sin\alpha+\cos\alpha)^2$$

$$1-\sin2\alpha=(\sin\alpha-\cos\alpha)^2$$

$$\cos^2\alpha=\frac{1+\cos2\alpha}{2},\sin^2\alpha=\frac{1-\cos2\alpha}{2},\tan\alpha=\frac{1-\cos2\alpha}{\sin2\alpha}=\frac{\sin2\alpha}{1+\cos2\alpha}$$

六、三倍角公式

$$\sin3\alpha=3\sin\alpha-4\sin^3\alpha=4\sin\alpha\sin\left(\frac{\pi}{3}-\alpha\right)\sin\left(\frac{\pi}{3}+\alpha\right)$$

$$\cos3\alpha=4\cos^3\alpha-3\cos\alpha=4\cos\alpha\cos\left(\frac{\pi}{3}-\alpha\right)\cos\left(\frac{\pi}{3}+\alpha\right)$$

$$\tan3\alpha=\frac{3\tan\alpha-\tan^3\alpha}{1-3\tan^2\alpha}=\tan\alpha\tan\left(\frac{\pi}{3}-\alpha\right)\tan\left(\frac{\pi}{3}+\alpha\right)$$

七、和差化积公式

$$\sin\alpha+\sin\beta=2\sin\frac{\alpha+\beta}{2}\cos\frac{\alpha-\beta}{2}$$

$$\sin\alpha-\sin\beta=2\cos\frac{\alpha+\beta}{2}\sin\frac{\alpha-\beta}{2}$$

$$\cos\alpha+\cos\beta=2\cos\frac{\alpha+\beta}{2}\cos\frac{\alpha-\beta}{2}$$

$$\cos\alpha-\cos\beta=-2\sin\frac{\alpha+\beta}{2}\sin\frac{\alpha-\beta}{2}$$